Pressão

Geir Jordet

Pressão

O que um especialista em cobranças de pênaltis nos ensina sobre negócios, vida e carreira

Tradução: Roberto W. Nóbrega

LIVROS DE
Valor

Texto fixado conforme as regras do Acordo Ortográfico da Língua Portuguesa (Decreto Legislativo nº 54, de 1995).

Título original: *Pressure*

Editora responsável: Amanda Orlando
Editora de produção: Viviane Rodrigues
Editor-assistente: Rodrigo Dutra
Assistente editorial: Camila Novaes
Preparação: Marcelo Vieira
Revisão: Bruna Brezolini e Mariana Donner
Diagramação: Abreu's System
Capa: Estúdio Insólito

CIP-BRASIL. CATALOGAÇÃO NA PUBLICAÇÃO
SINDICATO NACIONAL DOS EDITORES DE LIVROS, RJ

J69p

Jordet, Geir, 1974-
Pressão : o que um especialista em cobranças de pênaltis nos ensina sobre negócios, vida e carreira / Geir Jordet ; tradução Roberto W. Nóbrega. - 1. ed. - Rio de Janeiro : Livros de Valor, 2025.
280 p.

Tradução de: Pressure : lessons from the psychology of the penalty shootout
ISBN 978-65-83961-00-6

1. Pressão. 2. Pressão social. 3. Esportes - Aspectos psicológicos. 4. Condicionamento emocional. I. Nóbrega, Roberto W. II. Título.

25-99222.1 CDD: 155:2
CDU: 159.923.33

Carla Rosa Martins Gonçalves - Bibliotecária - CRB-7/4782

1ª edição, 2025

Direitos exclusivos de edição em língua portuguesa para o Brasil adquiridos por Editora Globo S.A.
Rua Marquês de Pombal, 25 — 20230-240 — Rio de Janeiro — RJ
www.globolivros.com.br

Para Yanique

Sumário

Prefácio
por Arsène Wenger

A disputa de pênaltis é o momento de maior pressão na vida de um jogador de futebol. É um teste mental, e não apenas técnico.

Os pênaltis mostram como o aspecto psicológico pode interferir na técnica. Na Copa do Mundo de 2022, quando testemunhei o jogador inglês Harry Kane perder um pênalti contra a França, eu teria entendido se o goleiro tivesse defendido, mas Kane chutou para fora. Isso mostra o quanto ele estava sob pressão.

Ao bater um pênalti, o jogador precisa se desconectar completamente. O que está ao seu redor não deve interferir em sua tomada de decisão. Fatores externos influenciam a pressão interna, e bloquear totalmente essas interferências é o segredo. Você deve se esforçar para se concentrar no que precisa ser feito.

Mesmo assim, nunca se sabe. Os pênaltis são como um jogo de pôquer.

Não gosto quando o goleiro sai do gol antes da batida e se coloca na frente da bola. Agora criamos uma nova regra que impede que eles façam tal palhaçada. Contudo, o que os goleiros fazem em cima da linha é aceitável. É bacana ver que estão se esforçando para fazer a diferença. Isso também faz parte do espetáculo que o público quer ver.

Minhas equipes praticavam pênaltis nos treinos. Não exageradamente, mas alguns. Eu tentava fazer com que o nível de concentração nos treinamentos se aproximasse ao máximo do que se exige nos jogos. Recompensar ajudava: os prêmios faziam com que todos ficassem mais concentrados.

Na pausa antes de uma disputa de pênaltis, ter uma estrutura clara e concisa é importante. Eu procurava deixar os nomes dos cobradores definidos com antecedência e, depois, informava aos jogadores a ordem. Alguns atletas pediam para bater o último, e eu não aceitava, era eu quem escolhia. "Não, você vai bater o segundo!" Quem decide é o técnico.

Naquele momento, eu também buscava fortalecer a determinação dos atletas e suas crenças. Eu lhes dizia: é hora de mostrarmos a eles que o nosso psicológico é mais forte; de nos concentrarmos naquilo que temos diante de nós agora. Esqueça o passado e foque no presente.

Como técnico do Arsenal, participei de quinze disputas de pênaltis. Ganhei as duas primeiras, depois perdi quatro seguidas, mas venci oito das nove últimas. Não havia considerado isso, mas Geir Jordet me fez lembrar.

Atualmente, a maneira como utilizamos os dados e fazemos as análises mudou completamente. Quando eu era jogador, nunca víamos os adversários batendo pênaltis. Talvez você soubesse quem era o principal cobrador da equipe, mas ignorava os outros. Não tínhamos treinadores de goleiros. Agora temos muito mais informações. Às vezes, não enxergamos as evidências que estão bem diante dos nossos olhos. Tendemos a acreditar que disputas de pênaltis não são tão importantes assim. Somos compelidos a nos concentrar muito mais em outros aspectos da partida. No entanto, os jogadores precisam ter em mente que os pênaltis decidem grandes sucessos e grandes fracassos. Muito mais do que gostaríamos.

Hoje, as disputas de pênaltis são importantes, e serão ainda mais no futuro. A FIFA aumentou o númerode participantes da Copa do Mundo de 32 para 48 seleções. Isso significa mais uma fase eliminatória e mais uma oportunidade para as equipes baterem pênaltis. Além disso, a partir de 2025, teremos uma Copa do Mundo de Clubes com 32 times, que também contará com disputas de pênaltis. Precisamos levar muito a sério essa etapa do jogo, como Geir Jordet faz neste livro.

Roberto Baggio afirma que ainda pensa na cobrança de pênalti que desperdiçou na final da Copa do Mundo de 1994. Isso deixa bem claro: vale a pena estar preparado.

Arsène Wenger, diretor de Desenvolvimento
Global do Futebol da FIFA
e ex-técnico do Arsenal FC *(1996-2018)*
Março de 2024

Introdução

Somente os grandes jogadores podem perder pênaltis,
porque os que não se destacam sequer os batem.
Ante Milicic,
técnico da seleção feminina da Austrália, 2019

Imagine a seguinte situação: você tem 23 anos e apenas uma oportunidade de mostrar do que é capaz. Uma chance, com o mundo inteiro assistindo. Se der certo, era exatamente o que todos já esperavam. Talvez alguém faça um aceno de cabeça discreto para você, no máximo. Se, por outro lado, fracassar, isso destruirá os sonhos de milhões de pessoas, incluindo os dos seus companheiros de equipe, familiares e amigos.

Você fracassou da última vez em que esteve nessa situação. As consequências foram devastadoras. Entretanto, no fim das contas, as pessoas o perdoaram. Se falhar desta vez, ninguém esquecerá. Isso o definirá para sempre. Seu nome será eternamente associado a esse fracasso.

Além disso, você está exausto. Passou duas horas fazendo um esforço físico hercúleo, depois de um mês inteiro trabalhando sem parar com sua equipe.

Quando está prestes a fazer sua cobrança, surge um adversário diante de você, sorrindo. Ele profere palavras cruéis e faz gestos perturbadores, com um único objetivo: mexer com o seu psicológico e acionar o gatilho dos seus piores medos, deixando-o totalmente desestabilizado.

E uma última coisa: você e sua equipe não se prepararam para isso. São expostos a essa situação sem praticar. Por quê? Porque seu técnico não acredita que momentos assim possam ser treinados.

Pânico. Ansiedade. Medo.

Seja bem-vindo à disputa de pênaltis.

Kylian Mbappé passou por isso quando caminhou do círculo central até a marca do pênalti, no dia 18 de dezembro de 2022. Era a final da Copa do Mundo entre França e Argentina.

Não seria exagero afirmar que todos que ele conhecia assistiam à cobrança naquele momento. Um bilhão e meio de pessoas grudadas na TV.[1] Somente na França, 29 milhões de telespectadores assistiram à partida, um número que quebrou todos os recordes no país.[2]

Mbappé estava diante do goleiro argentino Emi Martínez (Dibu), um dos mais notórios provocadores e cobradores de pênaltis do mundo. A seleção francesa estava terrivelmente despreparada — seu técnico, Didier Deschamps, afirmara diversas vezes que não acreditava ser possível treinar para uma disputa de pênaltis.

A última participação de Mbappé em uma disputa de pênaltis pela França havia sido em uma partida pelas oitavas de final da Eurocopa de 2020, realizada em 2021. Todos os cobradores da Suíça converteram, e todos os companheiros de equipe de Mbappé também, mas ele perdeu. O que aconteceu depois foi devastador. Ele levou a culpa pela derrota. A torcida passou a questionar seu caráter: ele era egoísta, só pensava em si mesmo, não jogava pelo coletivo. Dizia-se que ele não dava a mínima. Mbappé sofreu agressões raciais. Chegou um momento em que ele se reuniu com o presidente da Federação Francesa de Futebol para discutir sua possível aposentadoria da seleção. Ele seguiu jogando, mas as consequências daquela disputa de pênaltis eram dolorosamente nítidas.

Um ano depois, ele retornava à marca do pênalti, mas com riscos ainda maiores. A taça da Copa do Mundo estava em jogo. Mbappé era o maior astro da França, aquele que todos esperavam que correspondesse às expectativas.

Ele tinha tudo a perder.

Sempre fui fascinado por pênaltis. Mais precisamente, por aqueles perdidos. A ideia de ter de fazer algo que todos esperam que você consiga, fracassar naquilo e, depois, ver o seu fiasco afetar todos à sua volta: um cenário que sempre me pareceu particularmente aterrorizante. Minha obsessão começou quando eu mesmo jogava futebol. Embora tivesse sido um jogador decente nas divisões de base, até marcando alguns golzinhos e muitas vezes atuando como o capitão das equipes, eu temia os pênaltis. Nunca me oferecia para batê-los. Houve duas ocasiões, entretanto, em que não pude evitá-los.

Na primeira, eu tinha quinze anos e joguei uma partida de teste pela equipe regional de Oslo. Era meu sonho ser convocado para atuar por aquele time. Como eu já havia fracassado na fase de teste uma vez, ficava cada vez mais nervoso à medida que a nova chance se aproximava.

Aquilo pareceu não me afetar, ou pelo menos não no início. Tive a melhor atuação da minha vida: dribles, passes, tudo certo. Até marquei um belo gol.

O juiz então marcou um pênalti para a minha equipe.

Eu me afastei, como normalmente fazia. Outros poderiam cuidar daquilo. O técnico discordou: "Geir Jordet vai cobrar!".

Por um lado, eu nem imaginava que o técnico soubesse o meu nome, então aquilo já era algo positivo. Por outro... bater um pênalti? Em um jogo como *esse*? O pânico tomou conta de mim, mas eu não tinha escolha. Então, peguei a bola.

Minhas mãos tremiam tanto que eu mal conseguia segurar a bola para colocá-la na marca. Recuei, sem ter a menor ideia do que fazer, mas consegui focar. Essa lembrança é clara e vívida: mirei bem pertinho da trave direita. Corri até a bola o mais rápido que pude e chutei. Então, ela rolou vagarosamente para dentro do gol.

Ufa! Eu tinha convertido. Meus colegas de time estavam satisfeitos, o técnico parecia impressionado, mas havia algo em relação àquela cobrança que somente eu sabia. A bola entrara no gol pertinho da trave *esquerda,* do lado oposto ao que eu havia mirado. Eu tinha errado o alvo pretendido por uma distância de cerca de sete metros. O gol foi obra do acaso.

Consegui a vaga na equipe, mas nunca falei nada para ninguém sobre aquele pênalti. Até agora.

Minha segunda cobrança foi em uma disputa de pênaltis. Eu tinha dezessete anos e jogava, à época, no que era considerado o maior torneio internacional de base do mundo: a Copa da Noruega. Nosso time sub-19 era bom, com vários atletas que atuavam em outros países. Achávamos que tínhamos chance de conquistar o título. Passamos com muita facilidade pela fase de grupos e a autoconfiança estava nas alturas, mas a partida pelas oitavas de final foi para a prorrogação e, depois, para os pênaltis. Errei minha cobrança e fomos eliminados.

Um pequeno consolo foi que outro jogador do nosso time também havia errado. Além disso, ele era mais experiente, e provavelmente sentiu um pouco mais de responsabilidade pelo próprio erro. Ainda assim, para mim, aquele foi o verão em que despedacei os sonhos dos meus companheiros de equipe e amigos. Porque a sensação é essa. Nunca mais bati nenhum pênalti.

Entretanto, minha curiosidade pelos pênaltis se manteve. Na verdade, fui ficando cada vez mais fascinado por disputas de pênaltis e pela natureza única e complexa de seu drama. Em meados de 2004, depois de concluir meu doutorado em psicologia e futebol, enquanto aguardava o início do meu primeiro trabalho acadêmico, acontecia em Portugal a Eurocopa masculina. A maioria das pessoas se lembra desse torneio pela vitória clássica da zebra: a Grécia, que derrotou os anfitriões por 1 × 0 na final. Para mim, foi o torneio que marcou o início da minha busca profissional por compreender a psicologia das disputas de pênaltis.

Foram duas as disputas de pênaltis dramáticas nas quartas de final da Eurocopa de 2004. Primeiro, Portugal venceu a Inglaterra por 6 × 5. Então, dois dias depois, a Holanda ganhou da Suécia por 5 × 4. Todos falavam sobre David Beckham, que, à época, provavelmente era o jogador de futebol mais famoso do mundo. Ele foi o escolhido para abrir a disputa de pênaltis entre Inglaterra e Portugal. O goleiro português, Ricardo, se aproximou para cumprimentá-lo na marca do pênalti, antes da batida, provocando-o com gestos e falando besteiras. Alguns segundos depois, Beckham deu um chute que passou a um ou dois metros acima do travessão... um erro colossal. Assisti a esse momento ao vivo pela TV e mal pude acreditar. Não era, porém, a primeira vez que víamos algo assim. Ser um superastro é uma desvantagem em uma disputa de pênaltis. A pressão sobre eles é maior do que sobre os demais. E jogadores extraordinários de repente se tornam regulares.

A Noruega é um país pequeno, e não havia muitos especialistas em psicologia do futebol àquela época, então, no dia após a partida, recebi uma ligação de uma estação de rádio nacional, pedindo que eu comentasse sobre a disputa de pênaltis que havíamos acabado de testemunhar. Pouco antes de entrarmos ao vivo, o apresentador do programa me disse que outro convidado participaria do debate, conectado a partir de um estúdio remoto. Era Henning Berg. Ah, tudo bem. Berg era muito famoso na Noruega. Havia acabado de se aposentar após uma carreira distinta como jogador: cem convocações para a seleção e participações em duas Copas do Mundo. Ele também disputou 66 partidas da Premier League pelo Manchester United.

Fui escalado para falar primeiro. "Como alguém como Beckham pode errar um pênalti?" foi a pergunta. Apresentei algumas observações e especulações psicológicas pré-ensaiadas.

— A pressão sobre Beckham é enorme. Ele é o maior superastro do esporte, e todos esperam vê-lo marcar gols. Provavelmente, ele começou a pensar demais na sua cobrança, e...

Uma voz grave e contundente me interrompeu.

— Quanta bobagem. Você não poderia estar mais enganado!

Era Henning Berg.

— Joguei ao lado de David Beckham durante três anos — continuou Berg. — Eu o conheço muito bem. Ele tem um psicológico extremamente forte. O pênalti desperdiçado não teve nada a ver com pressão.

Fiquei tão atordoado que nem sequer ouvi o restante do que ele disse. De modo algum eu poderia questionar a autoridade de Berg, nem sua autoconfiança. Eu não tinha argumentos para defender o meu ponto de vista e praticamente não falei mais nada depois daquilo. Saí do estúdio me sentindo um zero à esquerda.

Em compensação, eu também estava determinado. Apesar da entrada agressiva de Berg na minha canela, eu realmente acreditava que bater um pênalti era, sim, uma questão de saber administrar a pressão do momento, e que disputas de pênaltis tinham uma dimensão psicológica que merecia mais atenção. Tinha certeza de que queria me aprofundar nesse tema. Então, comecei um período de intensa exploração. Procurei estudos existentes e descobri que a metodologia mais comum era recrutar alunos atletas para realizar tarefas de simulação de cobrança de pênalti em um ambiente controlado de laboratório. Fiquei perplexo. Como eles poderiam sequer chegar perto de simular a pressão real de uma disputa de pênaltis importante? Eu sabia que precisava me concentrar mais no que acontecia de verdade, no mundo real. Meu interesse rapidamente se transformou em uma missão. Assisti a vídeos, li autobiografias, entrevistas, explorei o drama e as emoções envolvidas nas cobranças de pênaltis e tentei identificar os comportamentos que pudessem significar algo. Eu me perguntei: o que os jogadores que convertiam os pênaltis faziam de diferente dos que perdiam?

Sem dúvida, parecia que seria útil saber disso. Na Copa do Mundo masculina, houve 35 disputas de pênaltis desde que esse método para a decisão de uma partida empatada foi introduzido em 1974, o que significa que 20% — ou um em cada cinco — de todos os jogos eliminatórios da Copa do Mundo vão para os pênaltis. A quantidade de disputas de pênaltis é maior na Eurocopa, 26%; e ainda maior na Copa América, 30%. No feminino, as porcentagens equivalentes são: 11% na Copa do Mundo; 15% na Eurocopa; e 30% na Copa América. Isso significa que qualquer seleção que vá a um desses torneios com a ambição de ser campeã será ingênua se não esperar e não planejar a participação em pelo menos uma disputa de pênaltis.

Entretanto, no que diz respeito aos pênaltis marcados dentro do tempo regulamentar de uma partida, pelo menos um é marcado em 27% dos jogos das ligas masculinas mais importantes da Europa.[3] Considerando que mais da metade de todas as partidas de futebol ou terminam empatadas ou são decididas por apenas um gol, parece lógico que qualquer pênalti marcado provavelmente será importante no resultado da maioria dos jogos.[4] Mais uma vez, entender a cobrança de pênalti em todas as suas nuances parecia uma boa ideia.

Meu primeiro avanço ocorreu depois que comecei a trabalhar na Universidade de Groningen, na Holanda, no segundo semestre de 2004. Holanda e Inglaterra têm históricos de disputas de pênaltis muito semelhantes: marcados por traumas e dores profundas. Até a Eurocopa de 2004, a seleção holandesa havia participado de quatro disputas decisivas — nas Eurocopas de 1992, 1996 e 2000, e na Copa do Mundo de 1998. Perdeu todas. A derrota mais devastadora provavelmente ocorrera na Eurocopa de 2000, quando foram os anfitriões da competição. A Holanda enfrentou a Itália na semifinal na Amsterdam ArenA. Durante o tempo regulamentar, os holandeses desperdiçaram dois pênaltis, mantendo o placar em 0 × 0, e a partida foi para a decisão nos pênaltis, na qual três dos quatro cobradores holandeses erraram suas batidas. A Itália ganhou com folga. Consequentemente, quando a seleção holandesa venceu sua disputa de pênaltis contra a Suécia nas quartas de final da Eurocopa de 2004, foi um momento de catarse para um país tão obcecado por futebol.

Mesmo antes de iniciar meu trabalho na universidade, eu já havia planejado conduzir um estudo sobre pênaltis, juntamente com meus novos colegas holandeses. Ao chegar, descobri que um desses colegas, Chris Visscher, tinha contatos que poderiam nos conceder acesso à seleção holandesa. Coincidentemente, eu também conhecia alguns dos jogadores suecos que participaram daquela disputa na Eurocopa. Minha ideia era de que talvez eu conseguisse fazê-los falar sobre o que vivenciaram. Foi um processo longo, e foram necessários todos os nossos poderes de persuasão, mas, no fim das contas, conseguimos marcar entrevistas com jogadores dos dois lados, e eu tinha material para um estudo diferenciado, explorando profundamente os atletas de duas seleções que estavam entre as melhores do mundo e que se enfrentaram em uma disputa de pênaltis.

Ficou perfeitamente claro para mim que a disputa de pênaltis no futebol era um laboratório natural para o estudo da pressão e do desempenho humano, além de apresentar enormes vantagens. Em primeiro lugar, ela permite algo que estudos convencionas não conseguem: produzir elevados níveis de pressão do mundo real que seria impossível, e certamente antiético, induzir em participantes de experimentos tradicionais. Essa, em outras palavras, é a pressão em estado bruto, que ocorre naturalmente e está pronta para ser examinada.

Um segundo benefício é que podemos utilizar a disputa de pênaltis para estudar os efeitos da pressão em atletas de alto desempenho. Esse é um grupo exclusivo que seria difícil de convocar para estudos laboratoriais de universidades.

E um terceiro benefício: embora o resultado binário de uma cobrança ou disputa de pênaltis seja simples — marcar ou não o gol, vencer ou perder —, as variáveis cognitivas, emocionais, sociais, técnicas e táticas que envolvem a cobrança de um pênalti são incrivelmente ricas e nos oferecem uma perspectiva única, completa e esclarecedora da experiência da pressão.

Aqueles anos na Holanda foram o início de uma paixão duradoura que me levou a publicar diversos estudos de pesquisa acadêmica sobre disputas de pênaltis. Nesse processo, entrevistei mais de trinta dos melhores jogadores do mundo de maneira aprofundada sobre seus pensamentos, emoções e experiências durante os pênaltis, e realizei detalhadas observações de vídeos de mais de duas mil cobranças. Com isso, fui capaz de testar minhas previsões na prática enquanto consultava mais de vinte seleções de elite, incluindo a masculina da Alemanha (para a Copa do Mundo de 2022), a feminina da Grã-Bretanha/Inglaterra (para as Olimpíadas de 2020), a masculina da Holanda (para a Copa do Mundo de 2006), as seleções masculina e feminina da Noruega (com frequência ao longo da última década), bem como diversos dos principais clubes europeus da Premier League e de outros campeonatos importantes.

Neste livro, serão apresentados os destaques da minha pesquisa. Ao me aprofundar nos elementos que compõem a pressão e em como ela se manifesta nas disputas de pênaltis, descreverei e explicarei como os melhores (e alguns dos piores) cobradores de pênaltis do mundo lidam com ela e mantêm o bom desempenho em uma das condições mais extremas que existem no esporte. A maior parte da minha pesquisa abarca os homens, o que está relacionado à histórica indisponibilidade de vídeos e dados do futebol feminino. Esperamos que haja mais pesquisas sobre o futebol feminino em um futuro próximo.

Entretanto, o foco aqui não está apenas nos jogadores de futebol e suas cobranças de pênaltis — trata-se tanto da experiência quanto da gestão do estresse em si. Como veremos, o modo como os cobradores de pênaltis de sucesso atuam sob pressão não se trata apenas de um ato físico, um chute dado na bola. Para ser sincero, pessoalmente nem me interesso tanto pela cobrança do pênalti em si. O que acontece com a bola depois o pé do atleta acertá-la não é o meu foco. O que conta para mim é a pressão que *antecede* à cobrança, o que os jogadores pensam e sentem, o que fazem, como se solidarizam e se comunicam com terceiros. É aqui que a mágica acontece. E é onde estão as maiores lições. Poucas pessoas serão chamadas para bater um pênalti por seu país em uma Copa do Mundo. Porém, todas enfrentarão pressões de alguma espécie em suas vidas, e talvez seja útil saber o que podemos fazer para nos preparar, superar o medo do fracasso e sobreviver, e até mesmo prosperar, nesses momentos.

Isso se tornou uma missão de vida para mim, mas talvez não tivesse acontecido se não levasse aquela cortada do Henning Berg no ar. Em um momento no qual a história se completa, exatamente dez anos depois daquela experiência devastadora, no dia 1º de junho de 2014, o clube polonês Legia Varsóvia havia acabado de derrotar o Lech Poznań por 2 × 0. Era a última partida da temporada, e eles recebiam o troféu de campeão da temporada 2013-2014 do Ekstraklasa, campeonato polonês de futebol. Eu estava no estádio e fui ao vestiário após a partida, comemorar com os jogadores e com meus bons amigos, a comissão técnica do Legia Varsóvia — Pål Arne Johansen, Kaz Sokolowski e o técnico... Henning Berg. No ano seguinte, o Legia Varsóvia sagrou-se campeão da Taça da Polônia. A partida mais dramática foi nas quartas de final, quando os homens de Henning Berg venceram após uma disputa de pênaltis muito bem executada.

Naquela final da Copa do Mundo de 2022, Kylian Mbappé não só bateu a primeira cobrança para a França na disputa de pênaltis, mas também cobrou *dois* pênaltis durante o jogo — um deles, dez minutos antes do tempo regulamentar encerrar, e o outro, dois minutos antes do fim da prorrogação.

Cada um desses chutes era extremamente decisivo, pois desperdiçá-los significaria quase necessariamente que a França perderia o jogo. Pênalti é assim. Um pequeno ato com repercussões gigantescas. E, consequentemente, uma pressão absurda.

Muito embora a França tenha sido derrotada, Mbappé converteu todas as três cobranças, produzindo uma das atuações sob pressão mais extraordinárias já vistas no futebol.

O que ele fez de diferente do ano anterior nessas cobranças?

Isso, em última análise, é o objeto deste livro.

1
Sentindo a pressão

Pênaltis parecem tão simples, por isso são difíceis.
Johan Cruyff

A disputa de pênaltis foi adotada pela FIFA, em 1970, como modo oficial para decidir partidas de futebol empatadas em competições eliminatórias. As primeiras disputas foram, talvez inevitavelmente, eventos sem a menor atenção aos detalhes, sem acabamento ou sofisticação. Os cobradores ainda não haviam aprendido como deveriam ou não se comportar naquele novo cenário extraordinário. Os árbitros eram inexperientes e muito frouxos no controle da situação e dos participantes envolvidos. Assistindo aos registros daquelas disputas hoje, elas parecem nuas e cruas, não mediadas — e até mágicas, especialmente se você for um pesquisador interessado na pressão e seus efeitos. Podemos ver a performance sob pressão em sua forma mais pura.

Vejam, por exemplo, a disputa da final da Recopa Europeia da UEFA de 1980 entre Arsenal e Valencia.[1] A partida havia terminado 0 × 0 após a prorrogação, portanto, pela primeira vez, uma final importante de torneio entre clubes europeus seria decidida nos pênaltis.

O Valencia, naturalmente, mandou seu batedor mais confiável para iniciar a sequência. Era Mario Kempes, um dos superastros mais brilhantes do futebol, campeão da Copa do Mundo pela Argentina em 1978, artilheiro do torneio com seis gols (incluindo dois na final contra a Holanda) e vencedor do prêmio de Melhor Jogador Sul-Americano de Futebol do Ano. Ele errou a cobrança. Era a primeira vez que o mundo via uma das lendas vivas do esporte ter sua dignidade arrancada pelo espetáculo cruel de uma disputa de pênaltis. E certamente não seria a última.

Pouco depois, com o placar ainda empatado após as cinco cobranças de cada time, pareceu reinar brevemente uma certa confusão quanto ao que deveria acontecer em seguida. Os cinco primeiros cobradores de cada equipe deveriam repetir a cobrança? Ou a vez seria dos demais jogadores? Enquanto os goleiros reunidos discutiam o assunto, a comissão técnica correu até o árbitro em busca de esclarecimentos. A instrução foi para que os jogadores que ainda não haviam batido prosseguissem com as cobranças.

O Valencia cobrou o sexto pênalti e converteu. Graham Rix, que tinha 22 anos à época, havia tido uma boa atuação na partida, e agora era quem iria cobrar pelo Arsenal. Ele precisava converter sua cobrança para manter o time na disputa. Se perdesse, a taça seria do Valencia.

Rix chegou à área do pênalti com o ar de alguém ansioso para que aquilo acabasse logo. Quando se aproximou para colocar a bola na marca da cal, ele olhou para Carlos Pereira no gol do Valencia e tentou ser um pouco atrevido, fingindo que iria chutar de lado para despistar o goleiro. Vendo as imagens do lance agora, a brincadeira é meio engraçada e, ao mesmo tempo, sem graça; em grande parte, reflete certo nervosismo, como era de esperar. Estavam todos apreensivos, e deixavam isso claro de diversas maneiras.

Rix, então, recuou alguns passos de onde estava a bola e, ao apito do árbitro, imediatamente disparou em sua direção. Não foi uma cobrança ruim, mas o goleiro adivinhou o canto e fez uma defesa relativamente simples. O Arsenal fora derrotado — a primeira equipe a conhecer o sofrimento único de perder uma final europeia nos pênaltis. Enquanto os entusiasmados jogadores do Valencia passavam por ele correndo para comemorar com seu goleiro, Rix, com as meias arriadas, não conseguia sair do lugar, curvado em uma forma totalmente inédita de mortificação.

Também podemos avançar um pouco até 1984 e assistir à disputa de pênaltis que decidiu a final da Copa da UEFA (que agora conhecemos como Europa League) entre Tottenham, da Inglaterra, e Anderlecht, da Bélgica. Comparando ao que acontece atualmente, é incrível o quão impacientes e apressados parecem esses jogadores. Nove em cada dez cobradores reagem ao apito do árbitro como se fosse o disparo de largada de uma prova de atletismo de velocidade. Como o árbitro dessa disputa apita enquanto os jogadores recuam da marca da cal, eles nem sequer fazem uma pausa ou se recompõem de algum modo, nem mesmo por um segundo, antes de começarem a correr em direção à bola. Além disso, quatro dos cinco jogadores do Tottenham viram as costas para o goleiro ao se afastarem depois de colocar a bola na marca e, assim, o apito do árbitro provoca neles um movimento rápido, contínuo e, certamente, bastante difícil de coordenar: caminhar, virar para o outro lado, correr, chutar. O único atleta do Tottenham que não vira as costas para o goleiro, Gary Stevens, começa sua corrida até a bola antes de o apito soar, passando a impressão de que o árbitro reage a *ele*, e não o contrário. Stevens, então, passa a ser o único jogador na história das grandes disputas de pênaltis a chutar a bola no mesmo momento em que o árbitro apita. Ele converte a cobrança, e o goleiro belga, Jacky Munaron, compreensivelmente protesta com amargura na sequência, mas de nada adianta.

Os futebolistas belgas também são rápidos, porém, não tanto quanto os ingleses. O único atleta da disputa de pênaltis que, notadamente, demora um pouco mais é Enzo Scifo. Com apenas dezoito anos, estava incrivelmente sereno antes de sua corrida até a bola. A pausa de um segundo que ele faz após o apito parece uma eternidade em comparação com o restante. Posteriormente, Scifo desfrutou de uma carreira marcante, tendo acumulado 84 convocações para a seleção belga. Contudo, foi o Tottenham que se sagrou vitorioso por 4 × 3 nos pênaltis e conquistou a taça.

Agora, vamos observar o que acontece quando Uli Stielike faz sua cobrança pela Alemanha Ocidental na disputa de pênaltis que decidiu a semifinal da Copa do Mundo de 1982 contra a França, em Sevilha, na Espanha. Foi a primeira vez que os pênaltis decidiram uma partida de Copa do Mundo e, portanto, a primeira vez que esse drama extremamente tenso se desenrolou para o mundo inteiro assistir.

Após 120 minutos de uma competição intensa por uma vaga na final, as seleções estavam exaustas. (A certa altura, a França chegou a estar vencendo por 3 × 1 na prorrogação, mas a Alemanha Ocidental empatou em 3 × 3.) No círculo central, em vez do grande abraço ombro a ombro a que estamos acostumados a ver nas disputas de pênaltis, os jogadores estavam espalhados, deitados no gramado. Nenhuma tentativa de preservar o tônus muscular, nenhuma tentativa de parecer preparados ou competitivos. Eles simplesmente sucumbiram ao cansaço e desabaram.

Uli Stielike era o terceiro cobrador da Alemanha Ocidental, e o sexto no geral. Ninguém havia desperdiçado sua cobrança ainda. Quando Stielike caminha até a bola, não parece nem um pouco confiante. Ele também reage rapidamente ao apito do árbitro, mas prossegue relativamente devagar até a bola enquanto olha para o goleiro. Em seus últimos passos, ele olha para baixo e, em seguida, faz uma cobrança a meia altura, porém, apenas um ou dois metros à esquerda do goleiro.

Pênalti defendido. Sim — um alemão desperdiçou uma cobrança. Esse momento só volta a acontecer em um torneio importante 34 anos depois.

Todavia, observem Stielike. Antes mesmo de o goleiro pousar os pés no chão após se lançar para defender a cobrança, ele já havia caído de joelhos com as mãos cobrindo o rosto. Então, rendeu-se a um misto de vergonha e gravidade, encolhendo-se no gramado em posição fetal, enrolando-se como se fosse uma bola rígida de sofrimento. Durante uns dez segundos, ele permanece daquele jeito próximo à marca da cal, até que seu próprio goleiro, Harald Schumacher, literalmente o levanta do gramado antes de tirá-lo, meio carregando-o, meio arrastando-o, da grande área. Pierre Littbarski, que seria o próximo cobrador pela Alemanha Ocidental, então, pega o ainda arrasado Stielike em seus braços, depois abraça e consola o companheiro.

Enquanto isso, o francês Didier Six está se dirigindo para fazer sua cobrança... e também desperdiça. No entanto, a audiência televisiva não vê o pênalti perdido, pois as câmeras ainda estão focadas em Littbarski consolando Stielike. Os telespectadores só descobrem que Six desperdiçou sua cobrança pela reação eufórica de Littbarski. O que os telespectadores veem, *de fato*, antes da repetição da cobrança desperdiçada de Six, é esse atleta também desabar no gramado, escondendo o rosto com as mãos e se colocando em posição fetal dentro da grande área. Six segue no chão durante dez a quinze segundos, até que seu goleiro o incentiva a se levantar, o que ele acaba por fazer. Só que ele não sai da grande área: permanece de pé onde estava, observando, encurvado e derrotado, quando Littbarski converte seu pênalti, acertando o ângulo direito da baliza. Enquanto isso, mais adiante no gramado, Stielike continua em posição fetal no gramado pelo resto da disputa de pênaltis, às vezes olhando disfarçadamente para ver o que está acontecendo, mas, na maior parte do tempo, escondendo o rosto com as mãos. No final, a França desperdiça mais uma cobrança, e a Alemanha Ocidental vence, mas as lembranças do sofrimento de Stielike e Six e da intensidade de suas reações perdurarão. No caso de Six, que não só desperdiçou sua cobrança, como também saiu derrotado, o trauma não ficou para trás em Sevilha: "Tive dificuldade em encontrar um clube para jogar porque diziam que eu era instável. Tudo isso por causa daquele pênalti perdido".[2]

Se houve algo que o mundo aprendeu rapidamente com aquelas imagens dolorosas foi que uma disputa de pênaltis é uma fera implacável. Era um formato que, em uma fração de segundo, poderia transformar homens em ratos, superastros em bodes expiatórios e atletas de renome internacional em figuras curvadas em posição fetal sobre o gramado.

Stielike e Six figuraram entre os primeiros a demonstrar intenso trauma e constrangimento após desperdiçarem uma cobrança em disputa de pênaltis, mas não foram os únicos. Para uma simples análise descritiva neste livro, reuni vídeos de absolutamente todos os pênaltis (718 no total) batidos em absolutamente todas as disputas de pênaltis na Copa do Mundo, na Eurocopa e na Champions League masculinas de 1970 até 2023. O resultado mostra que 53% dos jogadores que desperdiçaram suas cobranças comportam-se de maneira semelhante, assumindo posturas que os fazem parecer menores: desabando no chão, escondendo os rostos com as mãos ou olhando para baixo sem encarar os colegas de time enquanto recuam.

Disputas de pênaltis são cruéis e impiedosas. O que ficou claro nessas demonstrações de emoção após uma cobrança desperdiçada foi que a forma como você se recupera do seu encontro com a fera da disputa de pênaltis varia significativamente dependendo de como você lida com a pressão — seja lidando bem ou sucumbido a ela.

Futebol e o sucumbimento diante da pressão

Existem muitos exemplos de pessoas que sucumbiram diante da pressão em competições de elite, porém essa situação tende a ocorrer nos esportes individuais: o golfista Jean van de Velde desperdiçando uma vantagem de três tacadas no 18º e último buraco do British Open de 1999; Jana Novotná perdendo uma vantagem imensa sobre Steffi Graf no último set da final feminina do Torneio de Wimbledon de 1993; a nadadora australiana Cate Campbell chegando na final dos 100 metros nado livre nas Olimpíadas de 2016 como a recordista mundial favoritíssima e terminando em quinto lugar, "possivelmente o maior exemplo de alguém sucumbindo à pressão na história dos Jogos Olímpicos", como a própria Campbell reconheceu posteriormente.

Identificar exemplos de pessoas que sucumbiram diante da pressão em esportes coletivos, como o futebol, é mais complicado. As equipes que entram em colapso drasticamente nos maiores cenários e nos momentos mais importantes parecem fortes candidatas: o AC Milan, que perdeu uma vantagem de 3 × 0 no intervalo na final da Champions League de 2005, em Istambul, e a disputa de pênaltis que veio na sequência, contra o Liverpool; o Bayern de Munique, que vencia por 1 × 0 a final da Champions League de 1999 aos 45 minutos do segundo tempo, mas, três minutos depois, perdeu de 2 × 1 para o Manchester United; e a seleção brasileira, que, como anfitriã, apanhou de forma humilhante por 7 × 1 para a Alemanha na semifinal da Copa do Mundo de 2014. No entanto, todos esses exemplos podem não representar o sucumbimento diante da pressão, e sim a consequência da atuação brilhante de seus oponentes.

Os pênaltis, contudo, tanto durante o tempo regulamentar quanto nas disputas que decidem partidas, são o momento em que o futebol subitamente se aproxima da condição de um esporte individual — um confronto direto, com a maior parte da pressão sobre o cobrador. Normalmente, no futebol, cerca de 80% dos pênaltis marcados durante a partida são convertidos — embora vejamos, no devido momento, que existe uma grande variação individual e que essas porcentagens despencam no caso de competições importantes. Ainda assim, quando o cobrador chega à marca da cal, existe a expectativa de que ele vá converter a cobrança. A probabilidade parece claramente estar a seu favor. Tive o privilégio de estar presente em sessões de treinamento de cobranças de pênaltis no nível de elite, e posso afirmar que a mesma coisa acontece o tempo todo: quase todos convertem. Para ser preciso, em uma equipe com cerca de vinte atletas, se cada um cobra apenas um pênalti, muitas vezes dezenove ou vinte converterão. A cobrança do pênalti executada sem a pressão e sem público é relativamente fácil. Entretanto, quando se acrescentam torcida, telespectadores, consequências, pressão... bem, como em nenhum outro momento do futebol, o jogo muda de forma súbita e drástica, e a probabilidade de sucumbimento diante da pressão dispara como um foguete.

Apenas para que fique claro, um pênalti perdido nem sempre significa que o cobrador sucumbiu à pressão do momento. Pode ser uma bela defesa, ou azar, ou uma ausência inexplicável de habilidade do cobrador, com a ansiedade desempenhando um papel pequeno ou absolutamente nulo. (Essa, em essência, era a visão de Henning Berg sobre aquele pênalti perdido por Beckham na Eurocopa de 2004, embora eu ainda discorde.) Sem dúvida, um pênalti pode ser um evento surpreendentemente complexo, com camadas que precisam ser cuidadosamente identificadas e analisadas antes que se tire qualquer conclusão sobre causa e efeito. Ainda assim, é evidente que as cobranças de pênaltis e as disputas de pênaltis representam cenários únicos para observar o que acontece com o desempenho na presença de estresse e ansiedade intensos. Nem sempre é bonito.

Estresse intenso

Em um dia normal de verão em Munique, na Alemanha, cerca de vinte pessoas são hospitalizadas devido a problemas cardiovasculares como infartos ou derrames. No dia30 de junho de 2006, todavia, esse número mais que triplicou, chegando a 64. Então, o que aconteceu de diferente naquela quinta-feira? Bem, havia pelo menos uma coisa: foi o dia em que o confronto entre Argentina e Alemanha pelas quartas de final da Copa do Mundo foi decidido nos pênaltis.

Atendimentos hospitalares relacionados a doenças do coração registraram alta em todos os sete dias em que a Alemanha jogou na Copa do Mundo daquele verão. Foram 43 atendimentos no jogo de estreia do torneio contra a Costa Rica e 49 na partida da fase de grupos contra a vizinha Polônia, mas o confronto que foi para a disputa de pênaltis (que a Alemanha ganhou, quase desnecessário dizer) foi o que registrou mais hospitalizações entre todos.[3]

De forma alguma isso é exclusividade dos alemães. Na Holanda, quando a seleção masculina perdeu nos pênaltis para a França nas quartas de final da Eurocopa de 1996, *morreram* quatorze pessoas a mais do que o normal em decorrência de infartos e derrames.[4] E mais de vinte outros estudos documentam os mesmos efeitos mórbidos em todo o mundo — simplesmente assistir a uma partida empolgante pode provocar consequências devastadoras.[5] Quando lemos estudos como esses, começamos a nos perguntar se assistir a disputas de pênaltis deveria ser categorizado como um esporte radical.

E se esse for o efeito de meramente assistir a esses eventos, que espécie de estresse enfrentam as pessoas que participam deles? Jogadores que já cobraram pênaltis em uma disputa às vezes fornecem descrições bastante marcantes de como é a sensação. Stuart Pearce, que perdeu um pênalti pela Inglaterra na disputa da semifinal da Copa do Mundo de 1990 contra a Alemanha Ocidental, expressou a sensação da seguinte maneira: "Tudo o que você precisa fazer é caminhar 45 metros, cobrar um pênalti e fazer o gol. Aquela é a pior parte, aquela maldita caminhada saindo da linha do meio de campo. Por que fazem a gente ficar ali, tão longe?

Só Deus sabe quem foi o masoquista que decidiu isso. Foi claramente alguém que nunca esteve nessa posição estressante, porque eleva a tensão a um nível inacreditável".[6]

Da mesma maneira, um dos jogadores que entrevistei sobre sua experiência de participar de uma disputa de pênaltis em uma partida da Eurocopa me disse que estava quase dominado pela ansiedade: "Quando estávamos no círculo central, fiquei extremamente nervoso. Achei que tinha aparecido na TV que minhas pernas estavam tremendo, era esse o meu nível de nervosismo".[7]

Esporadicamente, surgem imagens da cena no círculo central durante disputas de pênaltis que ilustram com perfeição a intensidade do estresse enfrentado por esses jogadores. Uma das minhas favoritas é do brasileiro Marcelo, um futebolista repleto de títulos e extremamente experiente — 386 partidas oficiais pelo Real Madrid e 58 convocações para a seleção de seu país. Ainda assim, a linguagem corporal dele, quando fica entre seus companheiros de equipe no círculo central durante disputas de pênaltis, é comparável à de uma criança petrificada. Enfrentando o Chile na disputa de pênaltis pelas oitavas de final da Copa do Mundo de 2014, todos os jogadores da seleção brasileira estavam claramente afetados pela pressão, mas Marcelo se destacava. Um fotógrafo revelou que o lateral brasileiro, nesse momento de elevada pressão, agarrou firmemente os shorts de dois colegas de time, um com a mão esquerda e o outro, com a direita.

Também é possível vê-lo fazer algo semelhante no Real Madrid em uma disputa de pênaltis na Champions League de 2011-2012. Dessa vez, o que Marcelo se agarrou para se tranquilizar, sentado sobre seus tornozelos, foi a coxa de Pepe, seu companheiro de equipe.

A maioria das pessoas provavelmente se solidariza. O toque é reconfortante e, de fato, agarrar-se a alguma coisa traz segurança quando se está estressado. Para mim, por exemplo, quando ministro palestras ou faço discursos para grandes plateias — um dos meus momentos de pressão habituais — sempre me acalma ter na mão um controle para troca de slides. Controle, coxa do Pepe — tanto faz.

Quando somos colocados sob uma pressão intensa — e isso não se aplica só a cobradores de pênaltis, mas a todos — nossos batimentos cardíacos se aceleram, nossa respiração fica mais rápida, nossos músculos ficam tensos e começamos a sentir uma sensação de frio na barriga. A pressão, assim como a ameaça, provoca o surgimento de uma cascata de processos psicofisiológicos: as glândulas adrenais liberam cortisol na corrente sanguínea;[8] as pupilas se dilatam para permitir maior entrada de luz, enquanto a visão periférica se torna embaçada e a percepção se estreita, às vezes causando a "visão de túnel";[9] a audição também se altera, quase como se as orelhas estivessem cobertas, dificultando a localização da origem de sons específicos;[10] e a atenção se concentra no agente estressor, prejudicando a memória de trabalho e a flexibilidade cognitiva, deixando-nos rigidamente focados.[11]

Alguns desses processos são úteis para o desempenho. Por exemplo, o estreitamento e a concentração das atenções e das energias de uma pessoa podem ser úteis porque claramente há ocasiões em que ser menos propenso a distrações é vantajoso. Contudo, esses processos psicofisiológicos também podem acabar se voltando contra nós mesmos devido a outras consequências menos bem-vindas: consciência situacional insuficiente, julgamento situacional prejudicado, mais erros cognitivos, assunção de riscos ampliada e diminuição da coordenação motora fina.[12]

Essas reações ao estresse são respostas humanas universais, provavelmente verdadeiras para todas as situações de estresse elevado, seja preparando-se para cobrar um pênalti valendo uma vaga na final da Copa do Mundo, subir no palco de um teatro na noite de estreia da peça ou se levantar à mesa para fazer um discurso no casamento do seu melhor amigo. Infelizmente, ainda não conseguimos colocar dispositivos de medição psicofísica nos jogadores que estão prestes a fazer uma cobrança de pênalti importante, mas temos captado, sistematicamente, seus pensamentos e emoções. O que sabemos com clareza sobre a pressão que os cobradores sentem na hora de bater o pênalti?

Em nossas entrevistas com os dez jogadores que participaram da disputa de pênaltis da partida pelas quartas de final da Eurocopa de 2004 entre Suécia e Holanda, demos a eles uma lista com 24 emoções, entre as quais 14 tinham um viés positivo e 10 traziam um viés negativo. Solicitamos que os participantes relembrassem a disputa de pênaltis e identificassem, na lista, as emoções correspondentes.[13] Embora os jogadores também tenham vivenciado emoções positivas (determinação foi a mais votada — identificada por oito jogadores), a que mais apareceu entre todas foi ansiedade. De fato, era a única emoção na lista que todos os dez jogadores disseram ter vivenciado. Nada surpreendente.

Entretanto, olhando mais de perto, a ansiedade não foi uma constante que durou do início ao fim da disputa de pênaltis.[14] Pelo contrário, ela foi constantemente evoluindo, indo e vindo, dependendo da maneira como as coisas aconteciam. Um jogador nos contou que sua experiência de ansiedade foi mais intensa no início: "O momento em que fiquei mais nervoso foi aqui, entre a primeira e a segunda cobranças. Sim. Mais nervoso. Com certeza. Sem dúvida. Sem a menor dúvida". Entretanto, a ansiedade desapareceu assim que um de seus companheiros de equipe desperdiçou a cobrança: "Primeiro, senti amargura e raiva, mas depois o nervosismo sumiu. Fiquei muito mais calmo".

O interessante é que, para vários jogadores, a ansiedade pareceu ser mais pronunciada e presente enquanto estavam de pé no círculo central do que quando iam fazer suas cobranças. Esperar e assistir aos outros jogadores cobrarem, com sua impotência associada, foi percebido como algo muito difícil: "Quando um deles ou um dos nossos cobra, a tensão fica muito mais elevada do que para aquele que está indo bater o pênalti, porque não está no seu controle". Essa é uma parte importante da ameaça que envolve uma disputa de pênaltis para esses jogadores — resultados possivelmente muito negativos, caso algo dê errado, e pouquíssimo controle para influenciar os acontecimentos.

Em nossas entrevistas com cobradores de pênaltis, três afirmaram que sua ansiedade foi diminuindo gradualmente entre o círculo central, a caminhada e a marca do pênalti: "Quando [a disputa de pênaltis] começou, eu estava realmente estressado. Sentia calafrios. Quando caminhei até a bola, pararam". A ansiedade se fazia menos presente durante a caminhada provavelmente porque os jogadores, àquela altura, podiam adotar ativamente alguma medida de controle. A atuação deles havia começado, e eles podiam se concentrar no que era preciso: chutar a bola e tentar colocá-la dentro do gol. Dito isso, os jogadores também ficavam nervosos durante a caminhada, porém, diferentemente de Stuart Pearce, eles não destacaram a caminhada como a fase mais estressante. A experiência de ansiedade dos jogadores durante o percurso até a bola variou muito mais do que se poderia presumir.

A teoria de que a atuação deles começa no momento em que saem do círculo central coincide com algumas das principais teorias sobre ansiedade no esporte, que preveem que a ansiedade atinge seu pico imediatamente antes do início da competição e se dissipa logo que ela começa.[15] Assim, quando os jogadores chegavam à marca do pênalti, experimentavam menos preocupação, passando a adotar um foco construtivo. Dois jogadores disseram que precisavam ter a sensação certa antes que pudessem fazer sua cobrança: "Eu só cobrava quando estivesse pronto. É preciso dedicar um tempo para isso. Era muito importante para mim ter essa sensação". Quatro jogadores até contaram como se acalmaram quando chegaram à marca do pênalti ("Eu estava calmo, muito calmo, é só colocar a bola lá dentro, moleza"), enquanto outros dois claramente sentiram ansiedade: "Quando você está caminhando até a bola, está tudo bem, mas naquele momento em que você posiciona a bola no chão, uma sensação especial toma conta do seu corpo". Outros dois indicaram que sua ansiedade foi diminuindo progressivamente durante a aproximação final da marca do pênalti: "Em um determinado momento, coloquei a bola no chão e tudo simplesmente desapareceu. Antes daquele momento, eu estava muito nervoso e tenso".

Ansiedade é uma reação normal em situações de pressão. A forma como ela impactará seu desempenho se resume a como você a interpreta e ao que faz com essa informação. Mais à frente, mostrarei como os atletas de elite, sobretudo os cobradores de pênaltis, conseguem assumir o controle diante da ansiedade e, consequentemente, ter um desempenho melhor. Porém, primeiramente, precisamos analisar o que pode acontecer quando os cobradores de pênaltis deixam a ansiedade dominar.

Na disputa de pênaltis que decidiu a final da Eurocopa de 2020, em Wembley, Marcus Rashford, da Inglaterra, encarou o goleiro italiano Gianluigi Donnarumma. O inglês não tinha como saber disso, mas estava prestes a estabelecer um recorde. Depois que o árbitro apitou, o atleta inglês permaneceu imóvel durante onze segundos antes de se movimentar rumo à bola. Em todas as 718 cobranças de pênalti feitas na Copa do Mundo, nas Eurocopas e nas Champions League masculinas, entre 1976 e hoje, nenhum outro jogador fez uma pausa tão longa quanto essa antes de decidir o que fazer.

Então, por que ele fez isso? No dia após a final, Rashford declarou o seguinte: "Tive uma sensação meio esquisita. Durante a longa caminhada até a área, eu estava me dando um pouco de tempo e, infelizmente, o resultado não foi o que eu queria".[16] Em seu livro publicado no ano seguinte, ele elaborou: "Normalmente, não fico nervoso quando jogo futebol. Porém, naquele dia, quando peguei a bola para cobrar meu pênalti, me senti diferente, como se algo estivesse fora do lugar".[17]

Além disso, enquanto colocava a bola na marca da cal, ele parecia impor a si mesmo um desafio complicado: "Por algum motivo, meu cérebro não estava me dizendo 'Apenas dê o seu melhor', como costuma fazer. Em vez disso, ele me dizia que eu tinha que ser perfeito". Então, Rashford fez algo novo: "Tentei um estilo diferente do que costumo bater. Minha aproximação da bola foi meio vacilante, fiz uma pequena pausa no meio do caminho para tentar fazer Donnarumma escolher o canto e facilitar para mim".

Chegando ao fim da aproximação, ele pareceu hesitar um pouco antes de chegar à bola, que, por fim, acertou o pé da trave. Pênalti desperdiçado. A Inglaterra não chegou a se recuperar na disputa de pênaltis. Jadon Sancho e Bukayo Saka também desperdiçaram suas cobranças, e a Itália sagrou-se campeã europeia.

Onze segundos é, de longe, o maior tempo de pausa que Rashford já fez antes de cobrar um pênalti em toda a sua carreira. É normal ele fazer pausas demoradas — mas não tão longas. Nas últimas dez cobranças de pênalti antes da disputa contra a Itália, ele fez pausas, em média, de cerca de 5,7 segundos (vide o diagrama a seguir). Converteu absolutamente todas elas, mas desperdiçou a cobrança contra a Itália.

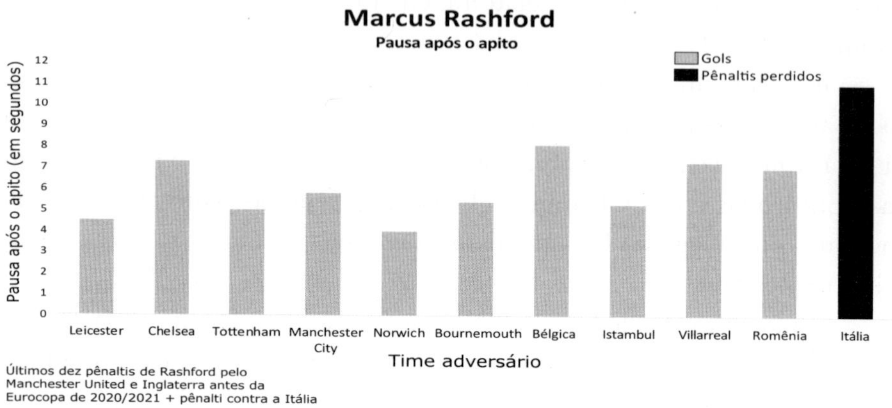

Então, será que essa pausa extralonga contribuiu para prejudicar o desempenho dele naquele momento crucial? Antes de tentar responder a essa pergunta, veja outro exemplo de algo semelhante que aconteceu na Copa do Mundo Feminina de 2023. Aquele torneio teve diversas disputas de pênaltis dramáticas e espetaculares. O primeiro confronto foi entre as seleções da Suécia e dos Estados Unidos, que então detinha o título mundial, após vencer a Holanda em 2019. Naquela oportunidade, Megan Rapinoe marcou o primeiro gol cobrando de forma brilhante uma penalidade máxima. A Copa do Mundo de 2023 marcou sua última atuação pelo país antes de aposentar-se da seleção, algo que ela já havia anunciado antes do torneio. Quando ela se aproximou para fazer a quarta cobrança da disputa contra a Suécia, muitas coisas estavam em jogo: aquele momento em sua história pessoal, seu enorme perfil no esporte e as expectativas de praticamente todos de que ela converteria a cobrança. Era muito peso nas costas. Uma pressão enorme.

Antes da cobrança, tudo parecia normal. Rapinoe estava obviamente nervosa, mas isso era de esperar. A árbitra apitou e a jogadora fez uma pausa. Como este era um hábito dela, não havia com o que se preocupar. Ou será que havia? Ela fez uma pausa de 5,7 segundos após o apito. Foi a espera mais longa de Rapinoe em comparação com qualquer uma de suas últimas vinte cobranças de pênalti (vide o diagrama a seguir).[18] E ela desperdiçou. A bola voou por cima do travessão. O primeiro pênalti que ela perdia depois de 15 convertidos, e o primeiro em 21 pênaltis que ela errava o gol completamente.

Por que isso aconteceu com Rashford e Rapinoe? Eram cobradores de pênaltis experientes, que estavam encarando, provavelmente, os chutes mais importantes de suas carreiras. Ambos fizeram as maiores pausas de suas carreiras antes de suas cobranças, e as desperdiçaram.

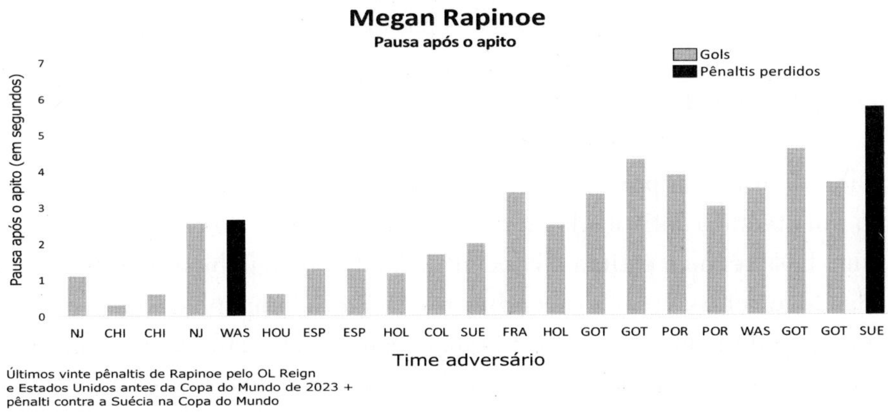

Vamos especular um pouco. Quando os jogadores fazem uma pausa excepcionalmente longa antes de começar a aproximação da bola, às vezes (mas nem sempre) isso indica que eles entraram na armadilha que denominamos excesso de preocupação, tema recorrente nas teorias clássicas sobre por que as pessoas sucumbem sob pressão.[19]

Teorias sobre o fracasso sob pressão sugerem que a ansiedade de performance pode prejudicar a execução de tarefas que, em condições normais, seriam realizadas de forma automática. Em vez de prestar atenção exclusivamente às informações externas relevantes para a realização bem-sucedida daquela tarefa (a posição da bola, o posicionamento do goleiro, a área do gol que se está mirando e assim por diante), a atenção é voltada para dentro, para a produção dos seus próprios movimentos. Subitamente, com a pressão e a ansiedade, essas pessoas se veem controlando e/ou monitorando conscientemente decisões e movimentos que realizariam normalmente sem pensar. O que costuma ser tranquilo, natural e sem esforço se torna comedido, reprimido e complicado, prejudicando a atuação.

Esse tipo de sucumbimento diante da pressão foi estudado pela primeira vez, em 1984, por um dos principais psicólogos sociais do mundo, Roy Baumeister. Ao longo de seis experimentos, ele identificou uma relação entre pressão, autoconsciência e desempenho insuficiente (sucumbimento diante da pressão).[20] Estudos posteriores elaboraram melhor essas conclusões. Por exemplo, em um experimento driblando a bola, mostrou-se que o desempenho de um especialista é prejudicado quando ele volta sua atenção para monitorar o passo a passo envolvido naquela habilidade, enquanto pessoas menos experientes, pelo contrário, se beneficiam desse foco na habilidade.[21]

A base para o funcionamento dessa teoria em cobranças de pênaltis foi identificada por um grupo holandês de neurocientistas, que utilizou uma técnica sofisticada de monitoramento ótico do cérebro chamada fNIRS. Essa técnica estima a concentração de hemoglobina no sangue em todas as diversas áreas do cérebro e permite acompanhar como ela varia de acordo com as condições, emoções e desempenhos em diferentes situações de cobrança de pênaltis. Uma das conclusões significativas a que chegaram foi que jogadores de futebol experientes com ansiedade demonstraram uma ativação relativamente mais elevada do córtex temporal esquerdo. Como essa é uma área do cérebro ligada à autoinstrução e à reflexão, a implicação foi que esses jogadores haviam parado de executar suas habilidades automaticamente, passando a pensar sobre elas.[22]

No caso de Rashford e Rapinoe, é possível que essas teorias expliquem seus pênaltis desperdiçados. As pausas extraordinariamente longas podem indicar que eles dedicaram algum tempo para planejar, controlar e monitorar explicitamente os detalhes de seus movimentos antes da cobrança. As declarações de Rashford parecem atestar isso. Claramente, ele sentiu a pressão: "me senti diferente" e "como se algo estivesse fora do lugar". Por esse motivo, ele se concentrou nos ingredientes da habilidade: "tinha que ser perfeito" e "tentei um estilo diferente do que costumo bater". Isso parece coincidir com as teorias de sucumbimento diante da pressão de "se voltar para dentro" e do excesso de preocupação.

Para ser justo, as margens nessas cobranças são incrivelmente pequenas, e interpretar os mecanismos cognitivos específicos envolvidos é inevitavelmente especulativo. Os dois pênaltis importantes desperdiçados por Rashford e Rapinoe ainda podem ser meras coincidências; vacilos que acontecem de vez em quando por nenhum motivo real ou determinável. Dito isso, as cobranças de ambos foram anomalias. Suas pausas foram muito mais longas do que aquelas que ambos costumavam fazer antes de cobrar pênaltis, e errar completamente o gol é igualmente raro para os dois. Além disso, as declarações de Rashford expressam claramente que, para ele, aquela cobrança foi diferente. Aquele pênalti perdido, assim como o de Rapinoe, realmente apresenta muitos dos aspectos de um clássico sucumbimento diante da pressão por excesso de preocupação.

Enquanto isso, há teorias sobre por que os atletas sucumbem à pressão, que implicam uma visão quase *contrária* do mecanismo envolvido. Vejamos algumas delas.

Processos irônicos

Os melhores cobradores de pênaltis do mundo não apenas desejam converter suas cobranças; eles almejam *intensamente* não os perder. Nossas entrevistas com jogadores que participaram de disputas decisivas são enfaticamente conclusivas nesse sentido. Um jogador disse: "Você não quer ser o responsável pela derrota. Não quer deixar de jogar a próxima fase porque VOCÊ desperdiçou a sua cobrança. Então, simplesmente torce para não perder o seu pênalti. E fica repetindo para si mesmo: 'Não desperdice, não desperdice, não desperdice. NÃO DESPERDICE!' É só nisso que penso".[23]

Ironicamente, contudo, esse desejo inflexível de não desperdiçar o pênalti pode ser algo que torna mais provável o desperdício. Muitas pesquisas (e talvez as experiências pessoais) mostram como instruir-se a *não* fazer uma coisa, sob carga física ou cognitiva (ex.: pressão de atuação), aumentará a probabilidade de fazer justamente o que você estava tentando evitar.[24] Uma série de estudos feitos por um grupo de pesquisas da Universidade Livre de Amsterdã mostrou que os cobradores de pênaltis são pelo menos tão vulneráveis quanto qualquer pessoa a esses processos irônicos.[25] Futebolistas experientes receberam instruções diferentes para suas cobranças feitas em laboratório. Curiosamente, os jogadores que receberam a instrução de não chutar ao alcance do goleiro acabaram olhando mais para ele e direcionando seus chutes em sua direção com mais frequência do que aqueles orientados a focar na precisão ou nas áreas desprotegidas da baliza.

Comportamento do olho quieto e do olho desordenado

Na Copa do Mundo Feminina de 2023, na disputa de pênaltis entre Suécia e Estados Unidos, as três primeiras cobradoras de pênalti dos Estados Unidos, Andi Sullivan, Lindsey Horan e Kristie Mewis, deram uma demonstração deslumbrante de compostura e concentração absoluta. Suas expressões faciais revelavam claramente o quanto estavam nervosas, mas as três exibiram uma rotina pré-cobrança quase idêntica, que provavelmente ajudou a manter os nervos sob algum controle: uma pausa de três segundos após o apito da árbitra, uma respiração profunda antes da aproximação e olhos fixos na bola o tempo todo. Resultado: três gols. Três indícios de que a seleção e suas cobradoras de pênaltis estavam preparadas e treinadas para as exigências específicas das cobranças sob pressão intensa.

A Suécia converteu duas e desperdiçou duas de suas quatro primeiras cobranças, até que Megan Rapinoe desperdiçou sua cobrança para a equipe dos Estados Unidos, o incidente que descrevemos acima. Isso levou à seguinte situação: se Sophia Smith convertesse seu pênalti, os Estados Unidos estariam classificados para as quartas de final. Uma cobrança importantíssima, porém, com um incentivo positivo — se você converte, você ganha.

Assim como suas companheiras de equipe, Smith fez uma pausa de três segundos após o apito. Também fez uma respiração profunda. Todavia, ao contrário das outras, que mantiveram os olhos fixos na bola durante todos os segundos antes da cobrança, os olhos de Smith sugeriam uma enorme inquietação. Ela alternava constantemente seu olhar — da bola para a goleira, de novo para a bola, de novo para a goleira, reajustando-se o tempo todo. Então, ela correu para a cobrança. A goleira sueca se adiantou para a esquerda da cobradora, mas Smith bateu no canto direito. No entanto, a batida foi displicente e a bola passou longe da trave. Pênalti perdido.

Será que esse tipo de comportamento ocular faz alguma diferença no desempenho das cobranças de pênaltis? Antes que eu diga mais alguma coisa, preciso deixar claro que não há conceitos absolutos no que diz respeito ao que funciona e ao que não funciona nos momentos anteriores a uma cobrança de pênalti. O olhar de Rapinoe, resoluto e focado na bola, foi oposto ao de Smith, e ela também desperdiçou sua cobrança. Apesar disso, alguns comportamentos podem tornar o sucesso mais ou menos provável. O que diz a pesquisa?

Muitos trabalhos têm sido feitos sobre o desempenho dos atletas sob pressão e sobre um fenômeno conhecido como "olho quieto". O olho quieto é definido como a duração da fixação visual final em um alvo relevante antes do início do movimento decisivo.[26] Mais de trinta estudos foram realizados e, juntos, eles documentam um efeito positivo significativo de um período mais longo de olho quieto para atuação em muitas tarefas esportivas diferentes.[27] Isso significa que, quanto mais tempo uma pessoa conseguir manter um olhar focado e concentrado, direcionado para o seu alvo, maior a probabilidade de ter uma boa performance.

Muitos estudos também mostram que, quando colocados sob pressão, atletas reduzem a duração de seu olho quieto. Por exemplo, em um estudo com arremessadores de lances livres no basquete, as razões de conversão diminuíram de 68% sob pouca pressão para 57% sob pressão elevada.[28] A duração do olho quieto também diminuiu significativamente sob essas condições, sugerindo que a pressão faz com que os arremessadores de lances livres mantenham sua última fixação visual por um período mais curto, e que isso pode contribuir para um desempenho prejudicado nos lances livres.

Entretanto, não é todo mundo que, sob pressão, sofre redução da duração de olho quieto. Estudos mostram que, quando atletas são colocados nas mesmas circunstâncias de pressão, alguns interpretarão a situação de estresse como ameaçadora (e negativa) e outros como desafiadora (e positiva). É mais provável que aqueles que se sentem ameaçados mostrem períodos curtos de olho quieto, enquanto aqueles que se sentem desafiados vivenciem períodos mais longos.[29] Assim, com a mentalidade apropriada, os efeitos negativos da pressão podem ser combatidos.

Por que será que reduções de olho quieto impactam o desempenho? Pesquisadores relacionam isso a teorias da distração, que explicam o fracasso sob pressão. Essas teorias postulam que a ansiedade ou a fadiga aumentam a suscetibilidade à distração durante a realização de uma tarefa. Isso significa que, em situações de pressão, a ansiedade prejudica a capacidade de uma pessoa de manter a atenção visual (fixação dos olhos) nas informações essenciais para a sua atuação.[30] Cobradores de pênaltis sob pressão ficam mais propensos a se distrair e, consequentemente, a não se atentar de maneira ideal para os aspectos mais relevantes de sua situação — a bola, o goleiro, a área do gol em que está mirando. Resultado: mais pênaltis perdidos.

Comportamento do olhar de evitação

"Não suporto olhar." Todos já sentimos ou, possivelmente, dissemos isso, talvez até tenhamos tapado nossos olhos para não ver. E isso inclui técnicos e integrantes da comissão técnica durante cobranças de pênaltis.

Quando a final da Euro masculina de 2020 entre Itália e Inglaterra foi para os pênaltis, o finado Gianluca Vialli, auxiliar técnico do italiano Roberto Mancini, se posicionou de costas para o campo e só se virou depois que a Itália venceu. Zlatko Dalić, o técnico da Croácia, que enfrentou a Rússia em uma disputa de pênaltis nas quartas de final da Copa do Mundo de 2018, permaneceu sentado no banco do início ao fim do tormento com as mãos cobrindo o rosto. A Croácia também venceu a partida. O técnico do Liverpool, Jürgen Klopp, costuma ficar de costas para o campo quando sua equipe bate pênaltis decisivos durante um jogo. Ele fez isso quando James Milner bateu um pênalti no final do jogo contra o Swansea em novembro de 2015; e quando Bukayo Saka fez 3 × 2 em cima do Arsenal, com um pênalti aos trinta minutos do segundo tempo no Emirates Stadium, em outubro de 2022. Por fim, podia-se ver a técnica do futebol feminino do Chelsea, Emma Hayes, olhando para baixo ou para longe dos pênaltis na partida pelas quartas de final da Champions League contra o Lyon, em 2023. Todos os técnicos que dão as costas para o campo nessas situações captam rapidamente o que está acontecendo, é claro, devido à reação das pessoas ao seu redor e da torcida, mas preferem não ver com os próprios olhos.

Os jogadores também. Quando o Bayern de Munique teve um pênalti possivelmente decisivo marcado a seu favor na partida final da Champions League de 2012 contra o Chelsea, Bastian Schweinsteiger sentou-se no gramado do lado oposto do campo, na área de pênalti do Bayern, de costas para o que estava acontecendo. O pênalti não entrou, e Schweinsteiger depois viu-se cobrando, e perdendo, um pênalti na disputa final e terminando do lado perdedor.

Na Copa do Mundo de 2014, Kun Agüero ficou de pé com seus companheiros de seleção da Argentina no círculo central durante a disputa de pênaltis na semifinal contra a Holanda. Contudo, enquanto os outros assistiam nervosos às cobranças, Agüero deu as costas para o campo e olhou para o lado contrário. O zagueiro português Ricardo Carvalho, do Chelsea, adotou a mesma postura na final da Champions League de 2008 contra o Manchester United, e o inglês Paul Ince foi fortemente criticado pelos meios de comunicação ingleses por sentar-se no círculo central de costas para os pênaltis durante a épica disputa contra a Alemanha na semifinal da Euro de 1996. Mesmo lá atrás, em 1980, nos primórdios dos dramas desse tipo, na final da Recopa Europeia da UEFA, as câmeras de TV captaram Paul Barron, o goleiro reserva do Arsenal, de pé na linha lateral, de costas para a disputa de pênaltis que se desenrolava.

O misto de emoções desagradáveis vivenciadas por esses jogadores quando participam de uma disputa de pênaltis pode ser explosivo, e algumas pessoas decidem que a melhor coisa a fazer é não assistir. Essa "evitação perceptiva", ou "evitação experiencial",[31] é algo com que todos provavelmente conseguimos nos identificar. Todos fazemos mais ou menos a mesma coisa em algum momento, seja quando estamos prestes a passar com o carro por cima de um animal atropelado na estrada, ou prestes a testemunhar uma cena particularmente pavorosa de um filme de terror, ou (sim) quando nosso time está prestes a cobrar um pênalti importante em uma partida de futebol. Evitamos olhar para nos poupar do trauma.

Para ser justo, assistir a uma disputa de pênaltis é uma atividade estressante: faz sentido a pessoa querer se proteger. Isso serve tanto para quem está assistindo da linha lateral quanto para aqueles vendo pela TV. No entanto, obviamente, existe uma grande diferença para quem faz parte da equipe que está em campo. Talvez devêssemos traçar um limite na evitação perceptiva nesse caso. Se você for um jogador que está ativo na disputa, suas ações e seus comportamentos sempre poderão falar com os outros jogadores e afetá-los. Você não consegue não se comunicar.[32] E talvez precise ficar atento quanto à transmissão de emoções que impactarão negativamente os seus companheiros de equipe.

Voltaremos a esse assunto no Capítulo 4, quando considerarmos maneiras pelas quais os pênaltis podem até ser vistos como uma modalidade coletiva. Enquanto isso, o que é que os próprios cobradores de pênaltis fazem com relação ao seu olhar e ao seu instinto natural de evitação? Obviamente, é impossível cobrar um pênalti de costas para a bola...

Ou será possível?

Dois anos depois de Paul Ince ter se sentado no círculo central voltado para o lado contrário, ele se viu envolvido em outra disputa de pênaltis pela Inglaterra. Dessa vez, foi no magnífico (para os neutros, certamente) confronto contra a Argentina pelas quartas de final da Copa do Mundo de 1998. Naquele jogo, Ince não ficou assistindo do início ao fim da disputa porque teve que cobrar um dos pênaltis. Quando caminhou na direção da bola, ele abriu um leve sorriso. Autoconfiança genuína ou simples fachada? Difícil dizer. Entretanto, o que aconteceu ali, embora de algum modo tenha sido banal e nada dramático, poderia servir de evidência.

Depois de colocar a bola na marca do pênalti, o jogador tem duas formas de caminhar em direção ao local de onde iniciará posteriormente sua aproximação. Ele pode andar de costas enquanto mantém o rosto na direção do goleiro (chamo isso de olhar de aproximação). Ou pode se virar e caminhar de volta de costas para o goleiro (olhar de evitação). Essa última estratégia dá ao cobrador uma libertação de ter que olhar para o goleiro e interagir com ele, e é totalmente consistente com a teoria da "evitação perceptiva" descrita acima. Essa foi a estratégia utilizada por Ince. Ele colocou a bola na marca e imediatamente deu as costas para o goleiro ao se afastar para preparar sua aproximação. Fazendo isso, deu a si mesmo uma pausa da troca de olhares com o goleiro. Ele prorrogou o período de evitação perceptiva. Então, Ince se virou para ficar de frente para a bola e o goleiro. Por fim, correu rapidamente para a cobrança. E desperdiçou o chute.

O que sabemos exatamente sobre essa estratégia visual em uma disputa de pênaltis? Em 1982, quando o francês Alain Giresse foi o primeiro cobrador daquela que seria a primeira disputa de pênaltis da história das Copas do Mundo, ele, a princípio, ficou de costas para Harald Schumacher, o goleiro alemão. Ele deu a seguinte declaração sobre isso: "Não quero olhar para o Schumacher. Não quero. Desvio o olhar. Nunca se sabe, ele podia ter me tirado do rumo com gestos, então, eu não queria olhar para ele".[33] Em nossas entrevistas, vários jogadores falaram sobre o quanto é estressante ficar olhando para o goleiro enquanto se preparam para chutar. Por exemplo, um jogador desviou o olhar após observar as ações do goleiro, que demorara para se posicionar no centro do gol, atirara ostensivamente sua garrafinha de hidratação para longe, e depois questionara verbalmente a posição em que o cobrador colocou a bola. "Normalmente não dou as costas para o goleiro depois que coloco a bola," disse o jogador. "Mas foi boa a sensação de ter um segundo em que eu não precisava olhar para ele."

Sabemos que, sob as condições de maior intensidade em uma disputa de pênaltis, os jogadores utilizam mais o olhar de evitação do que em outras situações. Publicamos um trabalho em 2008 mostrando que, até então, nos torneios mais importantes, sempre que havia uma daquelas cobranças de pressão extraordinariamente alta, em que o desperdício levaria imediatamente à derrota da equipe, os jogadores davam as costas para o goleiro em 44% das vezes.[34] Esse número era significativamente maior do que quando fariam cobranças em que um gol produziria imediatamente a vitória (14%), e também maior do que quando suas cobranças não levariam a uma decisão imediata (30%). Realmente parece que, quando a pressão atinge seu ponto mais alto, os jogadores de futebol buscam auxílio desviando o olhar.

Também há algumas diferenças nacionais distintas quando se trata do olhar de evitação. Em 2009, publiquei um trabalho intitulado "Por que os jogadores ingleses fracassam em disputas de pênaltis no futebol?".[35] Analisei as diferenças entre os países em relação a diversas variáveis e comportamentos. Jogadores de países que são tradicionalmente considerados fortes no futebol com os campeonatos nacionais mais competitivos, entre os quais indubitavelmente figurava a Inglaterra, mostraram mais comportamentos de evitação do que jogadores de outros países. Por exemplo, 57% dos cobradores de pênaltis ingleses davam as costas para o goleiro ao se afastarem para fazer a cobrança. Essa foi, de longe, a proporção mais alta entre os oito países europeus analisados no estudo, e consideravelmente mais alta do que o país com o segundo maior olhar de evitação (vide o diagrama a seguir).

Concluí, naquele trabalho, que os jogadores ingleses provavelmente sofriam mais pressão do que os de outros países europeus, cujas raízes consistiam nas expectativas nacionais muito altas (talvez irracionalmente altas), no longo período sem um título em torneio importante (o último fora a Copa do Mundo de 1966) e na singular crueldade dos meios de comunicação ingleses. Provavelmente, esses fatores produziram uma experiência de estresse mais intensa para os jogadores ingleses em momentos de pressão elevada, com ansiedade ampliada e outras emoções perturbadoramente desagradáveis. Talvez tenha sido por isso que tiveram a tendência de dar as costas para o goleiro.

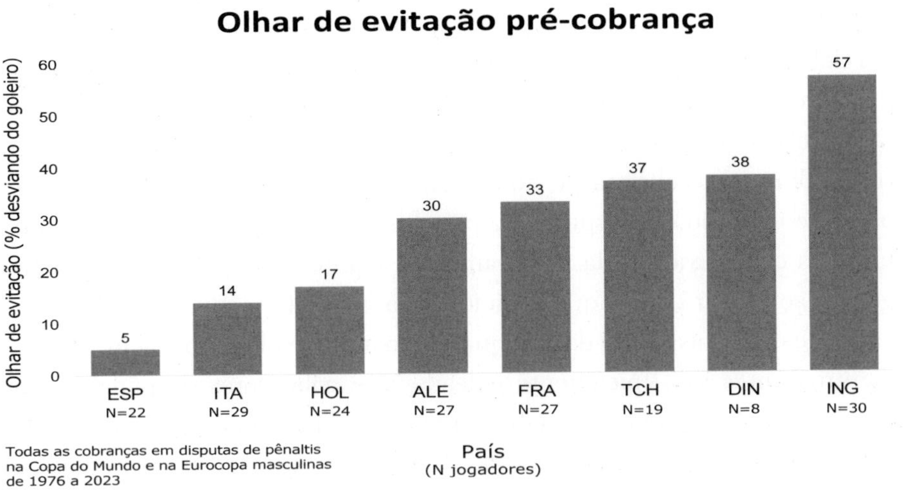

Entretanto, será que o olhar de evitação impacta o desempenho? Depende. Minha análise de todas as disputas de pênaltis em torneios masculinos importantes, entre 1976 e 2023, mostra que os jogadores que praticam o olhar de evitação convertem 72% de suas cobranças, enquanto os jogadores que não praticam, os que se afastam da bola andando para trás e de frente para o goleiro, convertem 74%. Essa diferença é pequena e estatisticamente insignificante, contudo, uma série de estudos de laboratório, realizados por pesquisadores ingleses, alemães e franceses, descobriram que os goleiros que enfrentam cobradores de pênaltis que olham para baixo ou desviam o olhar se sentem significativamente mais confiantes do que os que enfrentam cobradores que não tiram os olhos deles.[36] Outros estudos mostram que goleiros, de fato, atuam melhor contra cobradores de pênaltis que desviam o olhar.[37]

Ricardo, goleiro de Portugal na disputa de pênaltis da Copa do Mundo de 2006 contra a Inglaterra, pode ter se sentido superior quando olhou para jogadores como Frank Lampard, Steven Gerrard e Jamie Carragher, que não retribuíram o olhar: "Eles não quiseram olhar nos meus olhos", disse Ricardo, posteriormente, com um tom bastante satisfeito.[38]

Todavia, além daquilo que o comportamento do olhar comunica ao oponente, uma pergunta fundamental, para mim, é *por que* os jogadores viram as costas para o goleiro antes de suas cobranças. Seria a virada uma parte intencional e planejada de uma estratégia ensaiada para suportar a pressão? Ou seria ela uma reação mais espontânea para reduzir a inquietação? Eu defenderia que a primeira pode ser adaptável e inteligente. Quando os jogadores desviam o olhar de forma estratégica e intencional, eles assumem o controle, sentem-se mais no controle e possivelmente até *obtêm* mais controle. Uma parte curiosa de nossas análises dos vídeos de aproximação e olhar de evitação em disputas de pênaltis em partidas importantes é que, entre os centroavantes da nossa amostra, aqueles que evitam olhar para o goleiro ao recuar depois que posicionam a bola, eles convertem significativamente mais gols (87%) do que quando mantêm o olhar no goleiro (70%).[39] Centroavantes são tipicamente goleadores e cobradores de pênaltis mais experientes. Considere o superatacante e especialista em cobranças de pênaltis polonês Robert Lewandowski. Ele sempre dá as costas para o goleiro antes de cobrar seus pênaltis. Essa é uma parte integrada da rotina dele, que proporciona um momento de descanso para sua atenção antes de ele aplicar velocidade máxima e fazer a cobrança. Outros cobradores de pênaltis magistrais que costumam dar as costas para os goleiros são Ivan Toney, do Brentford (às vezes, contra goleiros que são espalhafatosos e ocupam muito espaço), e o brilhante Néstor Ortigoza, do San Lorenzo, da Argentina, e da seleção paraguaia, que sempre dá as costas para os goleiros antes de sua cobrança. Para esses jogadores, olhar de evitação é provavelmente a denominação errada. Um termo mais apropriado pode ser desligamento estratégico (veja mais sobre isso no Capítulo 3).

E quanto àquelas pessoas cuja evitação visual é não planejada, mas uma reação espontânea? Esses jogadores talvez sejam cobradores de pênaltis menos experientes, que podem se sentir um tanto sobrecarregados pela ansiedade e, portanto, compelidos a buscar um momento de alívio. Desviar o olhar tampouco é necessariamente ruim para esses jogadores; pode simplesmente não ser suficiente, e, enquanto tentam se sentir melhores, eles também se distraem de sua tarefa. Quando viram para encarar o goleiro novamente, a situação ainda está ali, não é o fim da história, e agora precisam confrontar o medo do que vinham evitando reativamente — o cenário de Paul Ince. O alívio temporário nem sempre produz resultados.

Logo, desde que publicamos nossas conclusões sobre pressão e comportamento do olhar pela primeira vez, em 2008, houve uma mudança bem nítida nas ações dos jogadores. Com algumas exceções notáveis como as citadas acima, quase nenhum jogador dá mais as costas para o goleiro nem utiliza mais a estratégia do olhar de evitação (vide o diagrama a seguir). Praticamente todos os cobradores de pênaltis agora continuam a encarar o gol enquanto recuam depois de colocar a bola na marca da cal.

Por quê? Uma boa explicação para isso pode ser o fato de que alguns jogadores famosos, respeitados e bem-sucedidos começaram a se comportar de uma determinada maneira e os outros copiaram. Por exemplo, em meados dos anos 2000, Cristiano Ronaldo se destacou e estabeleceu novos padrões em muitos aspectos do esporte, incluindo sua rotina pré-cobrança de pênalti extremamente determinada e intencional, que envolvia uma caminhada para trás muito dominante e com um semblante de extrema confiança, direcionando seu olhar de modo assertivo para a frente, na direção do goleiro. Talvez seja tudo culpa dele.

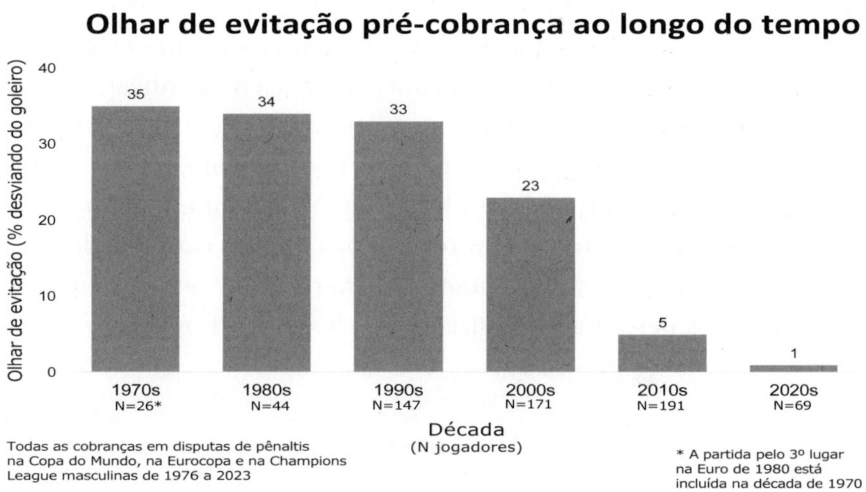

Uma outra possibilidade é que talvez as pesquisas publicadas por nós e por outros pesquisadores, desde mais ou menos 2008 em diante, tenham lançado luz a essas duas maneiras de recuar após a colocação da bola na marca do pênalti e levado os jogadores a abandonar o olhar de evitação para parecerem mais dominantes, autoconfiantes e no controle.

Seja qual for o motivo, é interessante como uma única maneira de fazer as coisas pode surgir subitamente, se espalhar e, no fim das contas, acabar dominando o maior esporte do mundo. Cobradores de pênaltis são particularmente vulneráveis ao surgimento dessas ortodoxias súbitas porque os pênaltis são, ao mesmo tempo, essenciais para o resultado de muitas partidas e, ainda assim, pouco estudados por técnicos e analistas. Nesse contexto, um determinado imperativo comportamental pode rapidamente se firmar como norma, embora poucos, se é que alguém, saibam exatamente por quê.

Entretanto, isso precisa ser reconhecido: falta à nossa medida binária (dar as costas para o goleiro ou não) um pouco de nuance, e, ao utilizá-la, somos incapazes de diferenciar entre formas mais sutis do olhar de evitação. Recentemente, pesquisadores criticaram nossa pesquisa com razão e sugeriram um protocolo de codificação de direção de cabeça mais refinado.[40] Em seu estudo posterior de todas as cobranças de pênaltis no campeonato alemão entre 2011 e 2016 (400 ao todo), eles descobriram que os jogadores que desviaram o olhar do goleiro ou olharam para baixo por um período considerável antes de uma cobrança desperdiçaram significativamente mais cobranças do que os outros. Isso sugere que o comportamento do olhar dos cobradores de pênaltis pode, de fato, revelar alguma coisa sobre o quão bem-sucedidos eles serão. No entanto, repetindo, não existem conceitos absolutos, e a correlação não implica causalidade — eu nunca sonharia em dizer a Lewandowski para parar de desviar o olhar do goleiro porque os pesquisadores dizem que ele deveria fazer isso.

Acelerando

Na disputa de pênaltis pelas quartas de final da Copa do Mundo de 2006, entre Inglaterra e Portugal, Jamie Carragher foi o quarto cobrador pela seleção inglesa. Ele colocou a bola na marca do pênalti, deu as costas para o goleiro antes de se afastar e, então, imediatamente se virou e disparou na direção da bola. A cobrança de Carragher foi forte e rasteira, no canto direito. Ricardo, o goleiro português, nem sequer conseguiu pular. Gol.

Só que não. O árbitro assoprou o apito e apontou para a marca do pênalti, indicando que seria preciso cobrar novamente. Carragher havia cometido uma façanha incomum em uma disputa de pênaltis: uma partida falsa. Na impaciência para cobrar e acabar com tudo aquilo, ele partiu cedo demais, antes do apito do árbitro. Agora precisava posicionar a bola de novo. Ele repetiu sua estratégia. Deu as costas para o goleiro e, enquanto caminhava, o árbitro apitou. Ele então se virou instantaneamente de novo, correu na direção da bola e chutou, desta vez, no outro lado. Ricardo defendeu.

Será que os jogadores ingleses são mais apressados do que os de outros países? No supracitado estudo de 2009 sobre os ingleses, também medi o tempo de reação dos jogadores ao apito do árbitro. A resposta foi clara. No período de 1976 a 2008, os ingleses levavam, em média, 0,28 segundo para reagir ao apito, o que, de fato, era significativamente mais rápido do que os jogadores da maioria dos outros países (vide o diagrama a seguir).

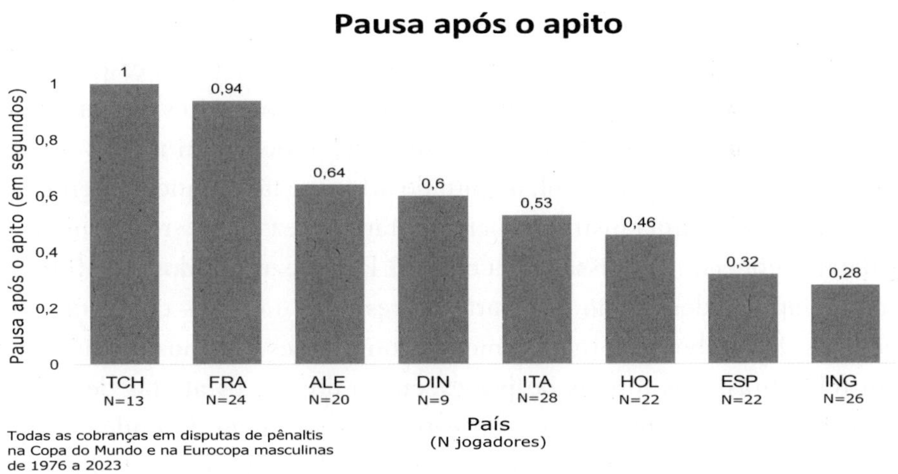

O tempo de 0,28 segundo é rápido demais? Quando Usain Bolt correu os 100 metros rasos em 9,58 segundos no Campeonato Mundial de

Atletismo em Berlim, em 2009, para estabelecer o atual recorde mundial, seu tempo de reação ao tiro de partida foi de 0,15 segundo. Portanto, em comparação ao homem mais rápido do mundo, os jogadores ingleses são relativamente lentos. Entretanto, se comparados a outros cobradores de pênaltis, eles são extraordinariamente rápidos e não esperam sequer um instante após o apito do árbitro.

Desse modo, segundo nossos estudos de cobradores de pênaltis anteriores a 2007, a maioria dos jogadores demorava menos de um segundo para reagir ao apito do árbitro (0,7 segundo, em média).[41] Isso é absurdamente mais rápido se comparado a atletas de outros esportes, em situações semelhantes. Por exemplo, um estudo com jogadores de basquete da NBA mostrou que o tempo médio desde quando o jogador recebe a bola do árbitro — é a partir desse momento que ele está livre para arremessar — até ela ser lançada era de cerca de 6 segundos.[42] Um estudo com jogadores de rúgbi na Copa do Mundo de 1999 mostra que eles levavam entre 10 e 11 segundos, após recuarem, apenas parados, concentrando-se, antes de iniciarem a corrida em direção à bola.[43] Muitos jogadores de rúgbi de elite demoram mais do que isso — até 15 segundos.[44] Enquanto isso, jogadores de golfe às vezes aguardam de 20 a 30 segundos próximos à bolinha para dar sua tacada.

Isso suscita a seguinte dúvida: quando atletas de todos esses outros esportes demoram até meio minuto para se concentrar antes de suas atuações comparáveis, por que jogadores de futebol demoram menos de um segundo? Por que, no futebol, o apito do árbitro é tão frequentemente interpretado como uma instrução para chutar em vez do que realmente é: o sinal que concede permissão para chutar? Por que os jogadores de futebol são tão apressados? Acho que parte da resposta é que os cobradores de pênaltis do futebol se tornaram menos conscientes e menos intencionais em relação às suas rotinas de pré-execução do que os atletas de outros esportes. Eles não têm planos ou estratégias — além de onde e como chutar, e o apito, então, se torna o disparo de partida. Contudo, também, os cobradores em disputas de pênaltis ficam sob níveis extremos de pressão, e isso pode se tornar evidente pelo tempo que demoram. Uma indicação disso pode ser encontrada em como alguns dos jogadores ingleses que desperdiçaram pênaltis ao longo dos anos descreveram suas experiências. Chris Waddle, que desperdiçou um na Copa do Mundo de 1990, disse posteriormente: "Eu só queria que aquilo acabasse".[45] Gareth Southgate, ex-técnico da seleção inglesa, desperdiçou seu famoso pênalti na semifinal da Euro de 1996 contra a Alemanha, e disse o seguinte: "Tudo o que eu queria era a bola: colocá-la na marca e acabar com aquilo tudo de uma vez".[46] Steven Gerrard, que desperdiçou nas quartas de final da Copa do Mundo de 2006 contra Portugal, deu talvez a descrição mais pitoresca de todas: "Nossa Mãe, eu queria ter sido o primeiro a cobrar. Acabar com aquilo de uma vez. A espera estava acabando comigo. Eu mal conseguia assistir quando Simão converteu... Eu estava preparado. Elizondo não estava. Sopra o apito. C******, apita logo, juiz! Pra que esperar? Minha nossa! Eu gritava por dentro".[47] O que todos esses jogadores têm em comum é um pânico e uma urgência intensos, e o desejo de acabar com a espera e dar um fim ao sofrimento.

Que as pessoas aceleram sob pressão não é algo exclusivo do futebol ou das cobranças de pênaltis. São vários os estudos que documentam e ilustram como os atletas se apressam e aceleram quando não são capazes de se controlar sob pressão elevada.[48] Em geral, as pesquisas mostram que, quando as pessoas têm a opção de aguardar o fim de algo doloroso ou de acabar com uma situação assim rapidamente, muitas escolhem a segunda opção.[49] Em um dos estudos, 70% das pessoas temiam tanto choques elétricos leves, porém dolorosos, que preferiam receber mais dor naquele momento do que esperar para sentir menos no futuro próximo. É possível temer a previsão da dor mais do que a própria dor.[50]

A questão é se acelerar para lidar com a pressão é útil ou prejudicial para o desempenho. Em 2009, pensando sobre essa questão, publicamos nosso estudo sobre todas as cobranças de todas as disputas de pênaltis mais importantes de torneios masculinos que haviam acontecido até aquele momento (37 cobranças de pênaltis e 366 chutes).[51] Os resultados mostraram que os jogadores que corriam imediatamente na direção da bola após o apito convertiam significativamente menos pênaltis (menos de 60%) do que aqueles que faziam uma breve pausa antes da cobrança (mais de 80%).

Então, as coisas começaram a mudar. Os meios de comunicação descobriram nosso estudo e publicaram matérias com títulos como "Por que fazer pausas antes de cobrar pênaltis pode ajudar a Inglaterra a chegar ao título" (*Daily Telegraph*) e "Nas cobranças de pênaltis, tartarugas se saem melhor do que lebres" (*Wall Street Journal*). Mais ou menos na mesma época, e ao longo dos anos seguintes, vários dos atletas mais famosos, como Cristiano Ronaldo, Nani e Neymar, começaram a fazer pausas de três a cinco segundos antes de suas cobranças. Por exemplo, quando Neymar marcou o gol do título na disputa de pênaltis da final da Olimpíada de 2016, entre Brasil e Alemanha, ele fez uma pausa de quase cinco segundos antes de partir para a bola. Desde então, os jogadores parecem ter começado a demorar considerável e progressivamente mais tempo após o apito do árbitro. Seja por causa desses pioneiros, da publicação de nosso estudo, por algum motivo totalmente diferente ou por uma combinação de motivos, os cobradores de pênaltis ao longo da década seguinte (a de 2020) mais que duplicaram seu tempo médio de pausa após o apito para mais de dois segundos (vide o diagrama a seguir).

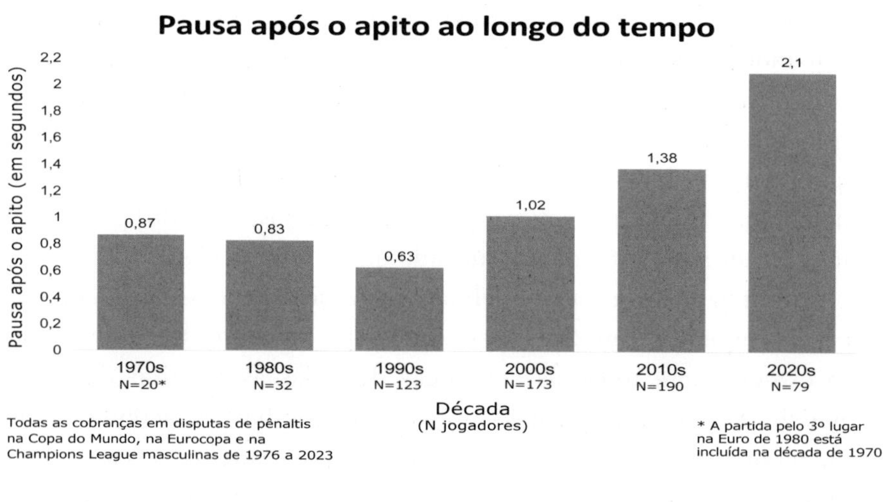

Quando os jogadores tenderam a não demorar muito, claramente houve piora nas cobranças com as pausas mais curtas após o apito. Porém, como vimos anteriormente, também pode haver piora nas cobranças com as pausas mais longas após o apito. Isso seria especialmente verdadeiro quando uma pausa longa introduz a presença do nosso velho inimigo, o excesso de preocupação — como já vimos, talvez, no exemplo da pausa de 11 segundos de Marcus Rashford na Euro de 2020. Assim, as observações sobre o tempo que os jogadores demoram podem identificar duas maneiras diferentes de sucumbir diante da pressão: 1) pouca atenção ao processo (uma pausa curta estar ligada a uma cobrança ruim); e 2) atenção demasiada ao processo (uma pausa longa estar ligada a uma cobrança ruim). Em geral, nossos dados mais recentes mostram que os jogadores, quando demoram mais para cobrar seus pênaltis, costumam cobrar melhor. No entanto, demorar muito não garante nada. Existem exemplos suficientes em que jogadores demoram muito e desperdiçam suas cobranças para servir de alerta — também é possível o jogador demorar um tempo exagerado.

Ainda assim, em uma análise de todas as disputas de pênaltis internacionais importantes ao longo dos últimos três anos, em torneios masculinos e femininos, os(as) jogadores(as) que demoraram mais para reagir ao apito tenderam a fazer cobranças melhores, e os(as) jogadores(as) que mais demoraram converteram 78% de seus pênaltis.[52] Os(as) que demoraram menos, converteram 51%. Esses efeitos também podem ser observados no que tange à equipe. Por exemplo, nas Olimpíadas de 2020, houve cinco disputas de pênaltis (duas no torneio masculino e três no feminino). Todas foram vencidas pela equipe cujos atletas, em média, levaram mais tempo para iniciar a cobrança após o apito do árbitro.

Observem que isso não quer dizer necessariamente que todas as pausas curtas são uma ideia ruim. Alguns dos jogadores que não demoram praticamente nada antes de suas cobranças, como os franceses Kylian Mbappé e Antoine Griezmann, são cobradores de pênaltis experientes que *sempre* fazem pausas curtas. Isso faz parte do processo deles e é o que funciona para eles. O componente crítico é o que os jogadores *fazem* com o tempo que demoram, que abordaremos no Capítulo 2.

Importância da cobrança

Alguns pênaltis são mais importantes do que outros. Na Copa do Mundo de 1994, sediada nos Estados Unidos, o Brasil enfrentou a Itália na final em Pasadena. A partida aconteceu em um dia escaldante de julho, diante de 94 mil pessoas e de uma audiência televisiva global posteriormente estimada em 2 bilhões de pessoas.[53] Para satisfazer as transmissoras europeias, o pontapé inicial foi dado ao meio-dia e meia no horário local, quando uma temperatura de 27 °C à sombra passou a ser de mais de 40 °C sob o sol da Califórnia. Depois que nem a prorrogação conseguiu produzir um gol para definir os campeões, a final foi para os pênaltis — a primeira vez que o destino do mundial foi definido por esse critério.

A disputa começou com cobranças de qualidade duvidosa. Franco Baresi desperdiçou o primeiro pênalti para a Itália, e depois Márcio Santos também desperdiçou a primeira cobrança dos brasileiros. Quem estava vendo se perguntava se chegaria a testemunhar a bola estufar a rede naquela partida. Finalmente, ambas as seleções converteram suas cobranças. Entretanto, quando Daniele Massaro desperdiçou a quarta cobrança dos italianos e Dunga converteu para o Brasil, a responsabilidade de manter vivas as esperanças da Itália recaiu sobre Roberto Baggio.

De rabinho de cavalo, Baggio, atacante da Juventus, era o astro mais brilhante do torneio — Melhor Jogador do Mundo da FIFA àquela época e vencedor da Bola de Ouro. Já havia marcado cinco gols naquela Copa. Se convertesse sua cobrança, a seleção italiana ainda teria chance; se desperdiçasse, o Brasil seria campeão mundial. Provavelmente, nunca houve uma cobrança de pênalti com tanta coisa em jogo, que poderia mudar a história da Copa. Ainda assim, quando chegou sua vez, Baggio parecia sereno e concentrado. Movimentos repletos de compostura, quase nenhuma expressão facial. Ele tomou bastante distância da bola, e começou sua aproximação imediatamente após o árbitro húngaro ter dado o apito. Uma primeira passada calma, depois mais sete passadas rápidas. Então, ele bateu forte na bola.

Baggio pareceu saber no instante em que a bola saiu do seu pé. Ela subiu demais, passando muito acima do travessão. Não foi um mero desperdício, foi espetacularmente drástico. Enquanto os brasileiros comemoravam à sua volta em uma mistura desvairada de alívio e euforia, Baggio baixou a cabeça em silêncio.

Cinco anos depois, Baggio publicou sua autobiografia. Em um livro com o título marcante de *Una porta nel cielo* [Um buraco no céu], ele revelou o quanto aquela cobrança de pênalti o afetou.[54] "Fracassei naquela oportunidade. Ponto. E aquilo me afetou durante anos. Foi o pior momento da minha carreira. Ainda tenho pesadelos com aquilo."

A importância relativa de uma cobrança de pênalti tem um impacto no resultado dessa cobrança. Pênaltis são convertidos significativamente mais vezes em cobranças ocorridas durante as partidas do que em disputas de pênaltis. Vários estudos comprovam isso. Por exemplo, um estudo das competições nacionais francesas no estilo mata-mata mostrou uma razão geral de conversão de 73,1% em disputas de pênaltis (252 disputas/2.504 cobranças), em comparação a uma razão de 76% para pênaltis comuns no campeonato francês (Ligue 1) à época.[55] Também sabemos que cobradores que batem pênaltis comuns ocorridos durante as partidas e que participam de disputas decisivas de pênaltis convertem cerca de 4% mais em suas cobranças durante as partidas.[56]A disputa decisiva de pênaltis coloca pressão e o desempenho sai prejudicado.

Voltemos a Roberto Baggio. Ele não foi o único a desperdiçar esse tipo de pênalti. Casos em que uma cobrança desperdiçada resulta na eliminação imediata da equipe , e uma conversão meramente leva à continuação da disputa de pênaltis, são definidos pela consequência negativa em potencial. Chamo isso de cobrança negativa. Nossas análises de todas as disputas de pênaltis importantes mostram que os jogadores convertem somente 63% das cobranças negativas.[57] Isso é significativamente menor do que o tipo contrário de cobrança — quando uma cobrança desperdiçada leva apenas a mais cobranças, e um gol provoca imediatamente a vitória da sua equipe. Esses são convertidos 89% das vezes. Cobranças com consequências diretas mais neutras, quando tanto a conversão quanto o desperdício meramente levam à continuação das cobranças, são convertidas 72% das vezes.[58]

Os resultados dessas análises foram replicados em um estudo das competições francesas no estilo mata-mata, que descobriu que, em situações com o máximo em jogo, os jogadores converteram apenas 56% das cobranças.[59] Entretanto, eles não foram replicados em um estudo com uma amostra grande de 115 competições europeias ao longo dos últimos onze anos.[60] É claro, em meus estudos, analisamos exclusivamente uma amostra altamente seletiva, jogadores dos três principais torneios do mundo, em que as consequências do fracasso podem ser fundamentalmente diferentes das disputas de pênaltis em ligas nacionais de níveis mais baixos.

Então, o que esses números parecem nos dizer é que, para jogadores em disputas de pênaltis no nível mais alto do desempenho, quando a perspectiva de vitória existe para exercer seu fascínio, as atuações são melhores (ou mantidas em um nível elevado). Contudo, quando a perspectiva de derrota paira sobre um jogador, o desempenho é prejudicado e a possibilidade de sucumbir diante da pressão cresce.

Ou, dito de outra forma: a disputa de pênaltis é um jogo mental. Quais estratégias podem ser postas em prática para se preparar para esse desafio? Há algo que possamos aprender com essas estratégias sobre como lidar com a pressão em geral?

2
Controlando a pressão

Uma coisa que me tornou tão bem-sucedida nas cobranças de pênaltis durante tanto tempo é entender e aceitar que vou desperdiçá-los.
Megan Rapinoe

Algumas pessoas gostam de descrever a disputa de pênaltis como uma loteria. Dizem isso frequentemente quando seu time acabou de perder nos pênaltis. Fabio Capello: "Pênalti é loteria".[1] Louis van Gaal: "É questão de sorte, uma loteria".[2] Guus Hiddink: "Não dá para culpar ninguém que perde um pênalti. Pênalti é sempre uma loteria".[3] E Danny Murphy: "Em se tratando de pênaltis, é uma loteria... qualquer um pode errar".[4]

Christian Karembeu, ex-jogador da seleção francesa, subiu o tom ao descrever a disputa de pênaltis: "É como carregar o tambor de uma arma com um projétil e pedir que todos puxem o gatilho. Alguém será atingido, você sabe disso. E, quando acontecer, essa pessoa será reduzida a nada".[5]

Loteria, roleta-russa... ora, escolha a sua metáfora, mas a ideia é a mesma: a renúncia ao controle. Entregar o seu arbítrio a outros poderes diante dos quais você é impotente. Sabemos que ter controle, ou uma ideia de controle, é parte fundamental de saber lidar com cobranças de pênaltis sob pressão[6] — de saber lidar com qualquer tipo de situação em que haja pressão, na verdade. Sentir-se no controle nasce da ideia de que um resultado pode ser influenciado pelo próprio esforço — ou seja, acreditar que pênalti *não é* loteria (ou roleta-russa), ou não totalmente. Em nossas análises psicológicas dos cobradores de pênaltis no nível mais alto, os jogadores que acreditavam que uma disputa de pênaltis era regida por sorte ficavam mais propensos a sofrer de uma ansiedade nociva do que aqueles que acreditavam que o que importa é a habilidade.[7] De modo semelhante, aqueles que não avaliaram as próprias habilidades em termos de cobranças de pênaltis sofriam de mais ansiedade. Portanto, a analogia da loteria claramente não é amiga dos cobradores de pênaltis. O que podemos fazer a respeito?

Neste capítulo, examinarei formas com as quais jogadores de futebol podem recuperar uma ideia de controle sobre a situação das cobranças de pênaltis, e sobre eles próprios, e lidar melhor com as demandas. Talvez descubramos que essas técnicas podem ter aplicações mais amplas para situações de pressão em nossas próprias vidas.

Contudo, antes, vamos tentar entender qual é, de fato, o papel da habilidade nas disputas de pênaltis. Até que ponto elas são mesmo uma loteria?

O problema chamado Messi

Em geral, há consenso de que o melhor jogador de futebol do mundo ao longo dos últimos dez a quinze anos é Lionel Messi. Mas o quão bom ele é cobrando pênalti? Existem parâmetros de referência com os quais podemos medir isso. O mais básico é a porcentagem de cobranças que foram convertidas nos trinta campeonatos europeus mais competitivos dos últimos três a quatro anos: 78,6%.[8] Na temporada 2022-2023, a última de Messi na Europa antes de sua transferência para o Inter Miami, ele disputou o campeonato francês, em que a razão média de conversão de pênaltis foi ligeiramente mais alta: 79,7%.[9] E a razão média de sucesso considerando as carreiras inteiras de todos os jogadores da competição naquele ano era ainda maior do que essa: 81,9%.[10]

E Messi? Bom, ele cobrou 140 pênaltis na carreira, dos quais 109 foram convertidos, deixando-o com uma razão de sucesso de 77,9%.[11] Portanto, Lionel Messi, o melhor jogador do mundo na última década, e um goleador de extrema competência, é um cobrador de pênaltis abaixo da média.

Na verdade, existe um grande contingente de jogadores excelentes, e artilheiros que estão sempre marcando gols, que têm, todos, números de conversão de pênaltis surpreendentemente medianos. Entre eles figuram alguns dos maiores goleadores da Europa ao longo dos últimos anos, como Ciro Immobile (82,8%, com base em 93 pênaltis cobrados), Edinson Cavani (81,6%, com base em 76 pênaltis cobrados), Kylian Mbappé (80,4%, com base em 51 pênaltis cobrados), Marco Reus (79,2%, com base em 24 pênaltis cobrados), Radamel Falcão García (79,1%, com base em 67 pênaltis cobrados), Thomas Müller (78,9%, com base em 38 pênaltis cobrados), André Silva (78,4%, com base em 37 pênaltis cobrados) e Pierre-Emerick Aubameyang (78%, com base em 50 pênaltis cobrados). Outros atacantes do mais alto nível ficam incrivelmente abaixo da média, como Sadio Mané (73,9%, com base em 23 pênaltis cobrados), Joselu (69%, com base em 29 pênaltis cobrados), Victor Osimhen (68,4%, com base em 19 pênaltis cobrados), Lautaro Martínez (65,2%, com base em 23 pênaltis cobrados) e Alexis Sánchez (47,6%, com base em 21 pênaltis cobrados).

Mesmo os jogadores da última década, que muitos considerariam os cobradores de pênaltis mais habilidosos dos campeonatos europeus mais importantes, figuram somente na linha média ou um pouquinho acima dela: Cristiano Ronaldo (84,9%, com base em 192 pênaltis cobrados), Zlatan Ibrahimović (83,2%, com base em 102 pênaltis cobrados), Neymar (81,3%, com base em 91 pênaltis cobrados), Mohamed Salah (80,4%, com base em 51 pênaltis cobrados) e Karim Benzema (79,2%, com base em 53 pênaltis cobrados).

O que diz a pesquisa sobre o impacto da habilidade nas cobranças e nas disputas de pênaltis? A habilidade, é claro, é difícil de quantificar e medir. Em nossos estudos mais preliminares, utilizamos a posição como determinante de habilidade. Faz sentido que jogadores mais ofensivos (meio-campistas e atacantes), que são finalizadores muito mais gabaritados do que defensores (zagueiros e laterais), tenham melhores habilidades nas cobranças de pênaltis. Nossos resultados mostraram que os atacantes (80% de gols) fizeram mais gols do que os defensores (67,7% de gols).[12] Entretanto, nos estudos com cobranças de pênaltis durante a partida (portanto, não em disputas de pênaltis), parecia que as diferenças de posição desempenhavam meramente um papel marginal ou insignificante. Em uma análise de 833 cobranças de pênaltis ao longo de oito temporadas do campeonato português, os atacantes converteram 79,6% de suas cobranças, os meio-campistas, 78,7%, e os defensores, 75,4%.[13] Em um relatório da InStat, empresa de análise de dados esportivos, em mais de 100 mil cobranças de pênaltis, a diferença é ainda menor, embora no mesmo sentido: atacantes 76%, meio-campistas 75-76%, defensores 73-74% e goleiros 72%.

Outro estudo recente reuniu 1.711 pênaltis (durante as partidas e em disputas decisivas) cobrados na Copa do Mundo, na Eurocopa, na Champions League e na Europa League desde a temporada 2005-2006 até 2019-2020.[14] Novamente, houve pouca ou nenhuma diferença nos resultados das cobranças de pênaltis a partir de várias métricas de habilidade. O valor de mercado do jogador, por exemplo, parece não ter a menor importância. Jogadores que valem 35 milhões de euros ou mais convertem 74,9% de suas cobranças, os que valem entre 10 e 35 milhões de euros convertem 74,8%, e os que valem menos do que 10 milhões de euros, 73,2%. Nenhuma dessas diferenças é estatisticamente significativa.

Todavia, jogadores de equipes mais fortes converteram um pouco mais de seus pênaltis (76,4%) do que jogadores de equipes mais fracas (71,2%). Olhando apenas para disputas de pênaltis em torneios no estilo mata-mata, em que equipes de níveis muito diferentes às vezes se enfrentam, as disparidades de qualidade entre elas tendem a ser mais evidentes. Um estudo com 1.067 disputas de pênaltis realizado entre as temporadas 2004-2005 e 2017-2018, em quatorze diferentes competições, indicou que as equipes que eram consideradas as melhores, as favoritas, venceram 559 disputas de pênaltis (52,5%), e as zebras, 506 delas (47,5%).[15] Esses últimos resultados parecem indicar que jogadores de equipes superiores se saem melhor nas cobranças de pênaltis. Contudo, isso não significa automaticamente que essa diferença se deve totalmente à habilidade. Esses jogadores de equipes grandes também podem ser melhores sob pressão e, portanto, melhores em lidar com os desafios diferenciados das disputas de pênaltis.

Portanto, grosso modo, parece que a habilidade como jogador de futebol, falando comparativamente, desempenha um papel na capacidade de converter pênaltis, embora seja relativamente pequeno. Seja o Lionel Messi se apresentando, ou um jogador com menos habilidades, os pênaltis parecem ser um nivelador do campo de jogo.

Porém, somente porque todos parecem ter quase a mesma chance de converter suas cobranças no início da disputa de pênaltis, isso faz dela uma loteria? Ou será que os jogadores podem fazer coisas para assumir o controle do próprio destino? Vamos analisar, para começo de conversa, diferentes abordagens da cobrança de pênalti em si — e para os jogadores que parecem ter descoberto o segredo para converter pênaltis.

Especialistas

Os cobradores de pênaltis mais impressionantes, na minha opinião, são aqueles que têm cobrado consistentemente no nível mais alto ao longo de muitos anos, e que ainda têm uma porcentagem de sucesso claramente acima da média — os especialistas. Harry Kane é um desses, com uma razão de conversão total de 86,6% (82 pênaltis batidos) e uma razão excepcional de 89,2% em seus 37 pênaltis batidos no campeonato inglês. Robert Lewandowski é outro — com impressionantes 89,7% em 87 pênaltis batidos, predominantemente no campeonato alemão.

Ainda assim, embora Kane e Lewandowski sejam claramente bastante semelhantes pelo fato de lidarem bem com a pressão do momento do pênalti, eles têm técnicas de cobrança muito diferentes. Kane costuma adotar o que chamamos de "técnica que independe da movimentação do goleiro", que é quando o cobrador decide anteriormente onde e como pretende chutar. A maioria dos jogadores cobra o pênalti dessa forma. Escolhe o canto, faz a aproximação, mira e chuta nessa direção. Decidir previamente onde chutar simplifica a tarefa em certa medida. Esse estilo de cobrança também tem a vantagem de ser relativamente fácil de executar adequadamente. No entanto, é difícil de executar de forma excepcional, como faz Harry Kane.

Por outro lado, onde cobrar? Chutar no alto é o que se costuma aconselhar. Estudos sobre pênaltis nos campeonatos inglês e português sugerem que as cobranças devem ser direcionadas para as zonas superiores da baliza, e que o risco de a bola passar sobre o travessão é inferior ao risco de chutar baixo e o goleiro defender.[16]

Nossos dados sobre importantes disputas de pênaltis mostram (como era de esperar) que não existe uma diferença significativa entre bater na esquerda (70,7% de gols) ou na direita (71,2% de gols). Melhor proporção de sucesso, no entanto? Bem no meio do gol, no buraco onde estava o goleiro antes de se adiantar. De acordo com os nossos números, 77,9% dos pênaltis cobrados no meio do gol são convertidos. Antonín Panenka obviamente havia descoberto uma boa técnica. O ano era 1976 e o meio-campista tchecoslovaco chocava o mundo com sua ousada inovação em penalidades máximas, provocando a saída precoce do goleiro para depois chutar a bola devagar e graciosamente no meio do gol — o estilo de cobrança que ainda carrega seu nome. (Esse estilo de cobrança, que Panenka supostamente havia treinado durante dois anos inteiros, rendeu para a Tchecoslováquia a conquista da Eurocopa, derrotando a Alemanha Ocidental.) Os goleiros tendem a agir, a pular para a esquerda ou para a direita, como as pessoas geralmente esperam que façam, em vez de permanecerem parados, o que poderia fazê-los parecer bobos ou, pior, indiferentes.[17] Contudo, as probabilidades sugerem, de fato, que é bom o goleiro nem sempre saltar para um dos cantos, e pelo menos às vezes permanecer no meio do gol.

Um desafio enorme para os jogadores que utilizam a técnica que independe da movimentação do goleiro é se ele acerta o canto. Na verdade, é nesse ponto que aqueles que defendem a metáfora da loteria têm o meu apoio. A maioria dos goleiros, de longe, escolhe um lado e se movimenta para ele antes de o cobrador bater na bola, o que significa que, às vezes, acertarão o lado, outras vezes, não. Nossas análises sobre importantes disputas de pênaltis mostram que, se o goleiro erra o canto — por exemplo, se ele pula para a esquerda, mas a bola vai para a direita —, os cobradores fazem o gol em 91% das cobranças. Quando o goleiro acerta o canto, somente 54% dessas cobranças são convertidas. Pensem sobre isso um instante. Isso significa que há algo que você, como cobrador de pênalti que utiliza uma técnica independente da movimentação do goleiro, não pode controlar: o canto para o qual o goleiro vai pular. Isso corta as suas chances de converter o seu pênalti quase pela metade. Esse é um motivo importante pelo qual os cobradores de pênaltis, muitas vezes, sentem tamanha falta de controle nessa situação.

Todavia, se o seu chute for potente, como o de Harry Kane, muito embora você não consiga vencer totalmente as probabilidades, poderá dobrá-las significativamente a seu favor. Durante toda a sua carreira de cobrador de pênaltis, quando o goleiro erra o canto, Kane converte 95% de suas cobranças. Entretanto, quando o goleiro acerta o canto, Kane ainda converte, de forma impressionante, 81% das cobranças. Esse número é consideravelmente maior do que os 54% da maioria dos jogadores. A habilidade dele tem simplesmente esse nível de qualidade.

Não são muitos os jogadores que conseguem fazer cobranças com a técnica que independe da movimentação do goleiro de forma consistente com tanta qualidade. No entanto, outra exceção é Dominik Szoboszlai, o capitão húngaro, que foi para o Liverpool em 2023, mas dois anos antes, com apenas 21 anos, já atuava pelo RB Leipzig em uma partida contra o PSG pela fase de grupos da Champions League. Perdendo de 2 × 1, foi marcado para o Leipzig um pênalti no final do jogo, dando à equipe a chance de empatar a partida. Szoboszlai imediatamente pegou a bola e assumiu a posição na marca do pênalti. Foi nesse momento que ele se viu cara a cara com Neymar, do PSG, que parecia interessado em bater um papinho com ele de uma distância bem curta.

Na entrevista após a partida, Szoboszlai revelou o que foi dito durante a conversa: "Neymar veio me perguntar: 'Vai fazer o gol?' Respondi que sim, e ele me perguntou 'Tem certeza?' Respondi que sim. Nunca perco pênalti. É nesse nível".[18]

Szoboszlai tinha a mesma qualidade que passava sua palavra extremamente autoconfiante. Ele cobrou um pênalti forte e rasteiro no canto direito, pertinho da trave. Embora o goleiro, Gianluigi Donnarumma, tenha acertado o canto, a cobrança foi forte demais e precisa demais para ser defendida.

Como Szoboszlai poderia ter tanta certeza de sua capacidade? Um pênalti no último minuto, para salvar a equipe da derrota em uma partida de alto risco, carrega o tipo de pressão capaz de fazer sucumbir até mesmo cobradores de pênaltis de elite, estando ou não o Neymar na sua frente tentando afetar o seu psicológico. Além disso, Szoboszlai estava diante do formidável Donnarumma — e seu 1,96 metro de altura.

Apesar da pouca idade, aquela não era a primeira cobrança de pênalti de Szoboszlai. Antes desse, ele havia cobrado outros dez por equipes profissionais, e exatamente como disse para Neymar, havia convertido todos. Um histórico de 100%. Obviamente, dez cobranças é uma amostra ridiculamente pequena, mas o interessante é que, dessas dez cobranças, oito foram feitas exatamente no mesmo lugar, à direita do goleiro. Desde então, Szoboszlai cobrou outros seis pênaltis, todos também à direita do goleiro, totalizando quatorze pênaltis cobrados na direita do goleiro e dois à esquerda (vide a ilustração). Isso faz dele um cobrador extremamente previsível. Ele podia muito bem dizer ao goleiro, antes, onde chutaria. Contudo, como as cobranças feitas por ele saem com tanta precisão e velocidade, são muito difíceis de defender. Mesmo o único pênalti desses dezesseis que ele desperdiçou não foi alcançado pelo goleiro. Acertou o pé da trave. Perguntei ao goleiro Ørjan Nyland, que havia sido companheiro de equipe de Szoboszlai no Leipzig, mas que agora atuava pelo Sevilla, da Espanha, como esses pênaltis poderiam ser defendidos. Nyland disse: "Mesmo que você saiba onde ele vai bater, é incrivelmente difícil de parar. O pé direito dele é simplesmente muito fantástico. Também ajuda o fato de ele ter uma enorme confiança em sua própria capacidade. Ele é mentalmente forte e não se deixa afetar pelo ambiente ou pelos preparativos que os goleiros fizeram com antecedência".

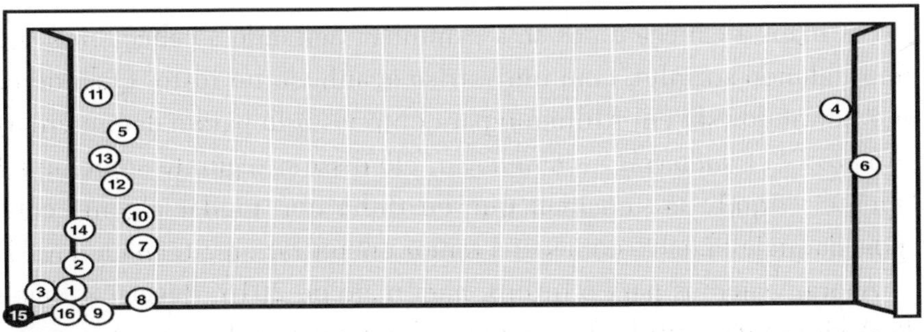

Colocação da bola nas cobranças de pênaltis da carreira de Dominik Szoboszlai (cronologicamente, sendo a número 1 sua primeira cobrança, e a 16 sendo a última, números de novembro de 2023)

○ Convertidos

● Perdidos

Essa é a técnica de cobrança de pênalti que independe da movimentação do goleiro realizada no mais alto nível. Escolha onde bater, depois bata ali, com força e precisão. Outros cobradores de pênalti de elite que aperfeiçoaram essa técnica são Chris Wood (90,6%, com base em 32 cobranças), o especialista em pênaltis paraguaio Néstor Ortigoza (91,8%, com base em 49 cobranças) e Olivier Giroud (89,2% de gols, com base em 37 cobranças). Todos esses jogadores são altamente eficientes na firmeza e na precisão de suas cobranças e, portanto, não precisam se preocupar tanto com o comportamento do goleiro.

Robert Lewandowski faz diferente. Em 2014, o atacante polonês chegou ao Bayern de Munique vindo do Borussia Dortmund. Sua primeira partida oficial por seu novo clube foi em um confronto contra o Preussen Münster, que integrava uma divisão inferior. O Bayern vencia confortavelmente por 4 × 1 aos 46 minutos do segundo tempo e teve um pênalti marcado a seu favor, mas Lewandowski não havia marcado nenhum dos gols da equipe. Aquela era a chance de ele fazer um gol na estreia. Apesar do placar favorável, Lewandowski estava visivelmente nervoso esperando o som do apito do árbitro. Ele, então, reagiu rapidamente, deu alguns passos para o lado e acelerou em direção à bola. A cobrança foi rasteira e do lado esquerdo do goleiro, mas ele bateu na bola com pouca precisão e o goleiro conseguiu defender com bastante facilidade. Foi o último chute da partida. Visivelmente constrangido, a grande nova contratação do Bayern levou as mãos à cabeça e pôs-se a caminhar, agitando a cabeça negativamente, falando sozinho, com um sorriso acanhado no rosto. Quando conheci Lewandowski em Munique para entrevistá-lo para o documentário da Amazon *Lewandowski — Unknown*, ele disse o seguinte sobre aquele incidente: "Aquilo me ensinou que eu tinha que mudar alguma coisa. Depois daquele pênalti, comecei a tentar encontrar uma técnica nova".[19]

Agora, viajemos para o futuro, para maio de 2016. Bayern × Ingolstadt. A vitória dá o título de campeão alemão para o Bayern. Aos quinze minutos do primeiro tempo, o juiz marca um pênalti para o Bayern, e Lewandowski se apresenta. Ele parece extremamente inquieto nos momentos antes da cobrança, respirando pesadamente algumas vezes, enquanto aguarda o árbitro autorizar a cobrança. Então, começa a aproximação para o chute, mas sem a aceleração de costume. Desta vez, ele mantém uma velocidade uniforme a princípio, e depois chega até a desacelerar, dando um penúltimo passo extralongo e fazendo uma pausa antes de bater na bola. Nesse momento, o goleiro Ramazan Özcan se adianta dando um grande passo para a sua direita, ao que Lewandowski termina sua rotina pré-cobrança e calmamente coloca a bola no canto oposto. Lewandowski acabava de se tornar um usuário oficial da chamada "técnica que depende da movimentação do goleiro" e, sem dúvida, viria a se tornar seu mais letal praticante.

Com essa técnica, o cobrador mantém os olhos nos movimentos do goleiro imediatamente anteriores à cobrança e em seu decorrer, e adapta a cobrança de acordo, chutando a bola (idealmente) onde quer que o goleiro não esteja. Em última análise, essa estratégia proporciona ao cobrador muito mais controle do que a técnica que independe da movimentação do goleiro, porém, somente à custa de algum controle inicial. Em essência, você deixa o goleiro tomar a decisão sobre onde você vai chutar. É uma técnica muito sofisticada, porque o goleiro normalmente busca se comprometer com um canto o mais tarde possível, e sendo assim, o cobrador pode ter somente alguns décimos de segundo à disposição para ler esse movimento, tomar uma decisão e, por fim, chutar. Muitas vezes, o cobrador bate na bola sem olhar diretamente para ela, algo que acarreta uma tensão adicional; e talvez em uma situação com um título ou uma vaga em jogo e com milhões de olhos a testemunhar a cena, produz ainda mais pressão.

Ao longo dos sete anos e meio seguintes, Lewandowski cobrou, no total, 62 pênaltis com essa técnica e desperdiçou somente 4 deles — uma razão de conversão de 94%. Dado o elevado nível competitivo em que essas cobranças foram feitas (campeonato alemão, Champions League e partidas entre seleções), é um retrospecto excepcional. Além disso, ele acabou colocando a bola no canto para o qual o goleiro se adiantou em apenas 16% dessas cobranças.

A variação ajuda os cobradores de pênaltis a manterem-se à frente dos adversários. Após oitenta pênaltis cobrados com a técnica que independe da movimentação do goleiro, Harry Kane subitamente alternou seu jeito de cobrar para esperar a decisão do goleiro antes de seu pênalti na partida pelas quartas de final contra o Arsenal pela Champions League de 2023-2024. Ainda, em toda a sua carreira, Lewandowski cobrou 21 pênaltis em que escolheu um canto antes e bateu, convertendo 17 deles (81% de gols).[20] Porém, isso significa que Lewandowski, quando decide antes o destino de sua cobrança, não passa de um cobrador de pênaltis mediano. Quando deixa o goleiro se mexer antes, é um cobrador de pênaltis incrivelmente eficiente.

Lewandowski também é incrivelmente eficiente em não divulgar o raciocínio por trás de seus métodos. Quando o entrevistei para o documentário citado anteriormente, pedi-lhe em cinco oportunidades que descrevesse os detalhes de sua concentração quando ele começa a aproximação em suas cobranças de pênaltis. Ele fugiu da pergunta em todas elas. Achei justo. Quanto mais mistério e incerteza um jogador conseguir construir em torno da forma com que cobra seus pênaltis, maior a probabilidade de continuar a convertê-los.

Outro jogador que utilizava a técnica que depende da movimentação do goleiro foi Diego Maradona. Ele cobrou, no total, 109 pênaltis oficiais em sua carreira (82,6% de gols), porém, jogando pelo Napoli, quando estava no auge, ele se saiu melhor (93,1% de gols, com base em 58 cobranças).[21] Maradona uma vez falou o seguinte sobre sua técnica: "É muito, muito difícil. Já desperdicei muitos pênaltis, e os goleiros defenderam muitos deles, mas também converti muitos... Em geral, consigo vencer nesse quesito, porque faço o seguinte: fico apoiado em uma das pernas e observo o goleiro".

Eis uma lista com outros cobradores de pênaltis excelentes que, assim como Lewandowski e Maradona, frequentemente ou ocasionalmente empregam ou empegavam a técnica que depende da movimentação do goleiro:

Michel Platini 95,7% (46 cobranças)
Raúl Jiménez 94,4% (36 cobranças)
Ivan Toney 93,8% (32 cobranças)
Sébastien Haller 93,3% (30 cobranças)
Bruno Fernandes 89,8% (59 cobranças)
Erling Haaland 89,4% (47 cobranças)
Mikel Oyarzabal 88,9% (36 cobranças)
Gabriel Barbosa 86% (50 cobranças)

Estar preparado para aceitar certa vulnerabilidade inicial e sacrificar o controle e o conforto a longo prazo pode ser uma maneira excelente de, em última análise, obter *mais* controle e conquistar resultados melhores. Entretanto, isso depende de a pessoa ter uma habilidade altamente especializada e de ser capaz de se colocar em um estado mental produtivo no momento da atuação.

Como um estado mental desses pode ser alcançado? Onde mais, no ato de cobrar um pênalti, pode-se obter uma ideia de controle?

Rotina pré-cobrança

Janeiro de 2015. Tottenham × West Bromwich Albion. Pênalti para o Tottenham. Harry Kane, 22 anos, parece concentrado. É o primeiro pênalti que ele vai cobrar no campeonato inglês. O que ele faz? Ele coloca a bola na marca do pênalti e recua calmamente; adota uma postura ereta, quase como uma escultura, olhando fixamente para a bola, com o pé esquerdo à frente do direito, inclinando-se ligeiramente para a frente, com os dois braços retos para baixo. Kane começa a aproximação puxando para trás o pé esquerdo que, a princípio, estava à frente. Então, em alguns passos curtos e rápidos, ele acelera rapidamente na direção da bola e a acerta com um bom ritmo. Cobrança que independe da movimentação do goleiro. Gol.

Avancemos quase nove anos, e outros setenta pênaltis, até agosto de 2023. Bayern de Munique × Augsburg. Pênalti para o Bayern. Harry Kane, 30 anos, parece concentrado. É o primeiro pênalti que ele vai cobrar no campeonato alemão. O que ele faz?

Ele coloca a bola na marca do pênalti e recua calmamente; adota uma postura ereta, quase como uma escultura, olhando fixamente para a bola, com o pé esquerdo à frente do direito, inclinando-se ligeiramente para a frente, com os dois braços retos para baixo. Kane começa a aproximação puxando para trás o pé esquerdo que, a princípio, estava à frente. Então, em alguns passos curtos e rápidos, ele acelera rapidamente na direção da bola e a acerta com um bom ritmo. Cobrança que independe da movimentação do goleiro. Gol.

Perceberam a diferença? Não tem. Para Kane, a estabilidade é essencial. Ele sempre prepara a cobrança de seus pênaltis da mesma forma. As bases de seus comportamentos nos instantes antes da cobrança permaneceram as mesmas durante praticamente uma década. Nas palavras dele: "Todo mundo cobra pênalti de um jeito diferente. O meu jeito é de rotina, a mesma aproximação, o mesmo ângulo em relação à bola, obviamente escolho um canto e bato nele".[22]

Isso não significa que não há espaço para ajustes, caso possa ser benéfico. Em seu primeiro campeonato inglês, Kane quase imediatamente começava a correr na direção da bola quando ouvia o apito do árbitro. No segundo, ele introduziu uma respiração profunda e passou a fazer uma pausa antes de começar a aproximação. Então, na temporada de 2016-2017, ele adicionou algumas melhorias: a posição inicial e a aproximação eram iguais, mas quando ouvia o apito, Kane fazia uma respiração profunda e soltava o ar com potência, erguia o olhar para fitar o goleiro, fazia mais uma respiração profunda, olhava novamente para a bola, e só então começava a aproximação. Essas respirações, executadas da mesma forma e na mesma ordem, tornaram-se sua prática pelos oito anos que passariam.

A constância do comportamento pré-cobrança de Kane se reflete no tempo que ele leva para começar a se movimentar na direção da bola após o apito do árbitro (vide o diagrama a seguir). Embora tenha havido um ligeiro aumento no tempo ao longo dos anos, a duração de suas pausas após o apito reflete a permanência e a solidez, em um momento em que a pressão está verdadeiramente pesando, e o caos e a espetacularização ao redor distrairiam e perturbariam a maioria das pessoas.

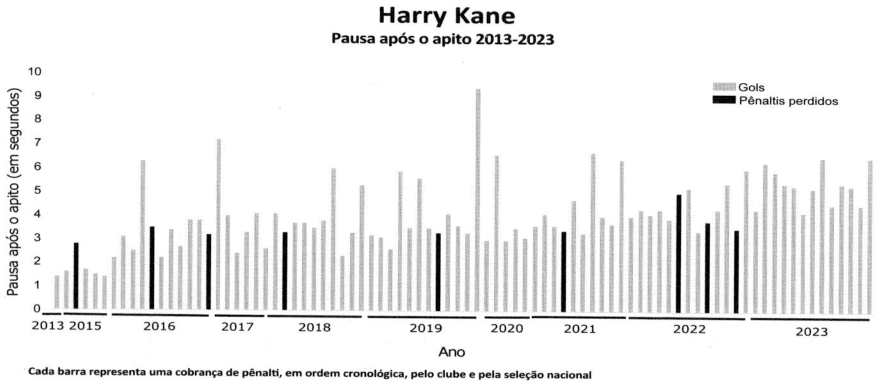

Assim, a espetacularização às vezes até afetava Kane. Há pontos fora da curva, algumas pausas incomumente longas, que aparecem como picos ocasionais no diagrama. O maior desses — uma espera de mais do que nove segundos — foi em Norwich em 2020, aos 38 minutos do segundo tempo, com o Tottenham perdendo de 2 × 1. Pressão extra? Talvez, mas uma inspeção rigorosa do vídeo me sugere que, em meio a todo o ruído, Kane simplesmente não ouviu o apito. Então, após um longo período permanecendo em pé e esperando, ele deu uma olhadela na direção do árbitro e percebeu que o apito já havia sido soprado. Somente nesse momento ele começou sua rotina de respirações, a qual executou normalmente. Cobrança forte na esquerda do goleiro. Gol.

Uma rotina de pré-execução constante e estável é uma forma de conseguir mais controle em uma situação de pressão elevada. Há inúmeras maneiras de compor uma rotina dessas. A princípio, Martin Ødegaard, do Arsenal, não costumava cobrar pênaltis, mas começou a cobrar alguns em 2023, tanto em disputas de pênaltis quanto em partidas. Ele compartilhou comigo o quanto seus comportamentos são intencionais antes de seus pênaltis.

"Sei como colocar a bola na marca do pênalti. Sei o que fazer quando me afasto da bola. Demoro tempo suficiente. E sei o que fazer na hora da aproximação da bola, e no que penso e me concentro nessa hora. Então, é só nessas coisas que me concentro, para falar a verdade, e quase em nada mais. Não dá para saber se a bola vai entrar ou não, mas até eu bater na bola, tenho uma boa noção do que fazer."

Isso claramente o ajuda a adotar uma mentalidade conveniente e produtiva nessas situações de pressão elevada: "Tenho esse foco intenso e determinado. Estou concentrado. Me concentro apenas no que devo fazer".

O controle é uma parte fundamental disso: "Eu decido em relação à bola. Quero ser a pessoa que controla a situação, e não deixar a situação assumir o comando. O pensamento por trás de todas essas coisas que faço é que quero controlar aquilo. Que eu estou no comando da situação".

Ele também explica que isso não é uma coisa que simplesmente acontece naturalmente; é preciso esforço: "Acho que você só precisa encontrar a sua zona e se sentir confortável nela. Esse é o estado mental ideal para o qual me preparei".

Rotinas ajudam os praticantes a se concentrar de maneira mais eficiente em suas tarefas e canalizar sua atenção nesses momentos críticos imediatamente antes de uma execução. Estudos também mostram que ter uma rotina de pré-execução distinta minimiza as distrações, aumenta a sensação de controle da pessoa e reduz a ansiedade.[23] Uma meta-análise de 61 estudos com atletas de diferentes esportes concluiu que rotinas de pré-execução têm um efeito robusto e significativo no desempenho.[24] Os componentes exatos da rotina de cada jogador são diferentes — como eles se afastam da bola depois de colocarem-na na marca da cal, como assumem sua posição, como começam a aproximação, a quantidade de passadas que dão, se olham para a bola ou para o goleiro. Não existe necessariamente *uma* maneira correta de fazer. O que importa é os jogadores se sentirem à vontade com sua rotina individual, passar o tempo do treinamento ensaiando-a, polindo-a e tornando-a robusta.

Kane é o brilhante modelo de comportamento dessa abordagem.

Colocação da bola

Nosso estudo sobre tempos de preparação e desempenho mostrou que jogadores que demoram mais quando fisicamente colocam a bola na marca do pênalti converteram mais pênaltis do que aqueles que demoraram menos.[25] Isso pode indicar que vale a pena certificar-se intencional, cuidadosa e meticulosamente de que a bola esteja devidamente colocada.

Erling Haaland, do Manchester City, elevou isso em alguns níveis. Haaland é um cobrador de pênaltis excelente. Apesar de jovem (23 anos enquanto escrevo este livro), ele já cobrou 43 pênaltis entre os profissionais e converteu 38 deles — uma razão de conversão respeitável de 88%. No início de sua carreira, Haaland empregava uma técnica que depende da movimentação do goleiro, e ela era eficiente, porém bruta. Por exemplo, o primeiríssimo pênalti que ele cobrou entre os profissionais foi em abril de 2018, quando jogava no Molde em uma partida contra o Lillestrøm pelo campeonato norueguês. Ele ergueu o olhar antes de chegar à bola, viu o goleiro se adiantar para a sua esquerda, depois chutou forte no ângulo direito. Era absolutamente necessário chutar a bola ali quando o goleiro já tinha sido deslocado? Talvez não. Independentemente disso, o Haaland de então dezessete anos deu a seguinte declaração sobre sua cobrança após a partida: "O goleiro foi no canto esquerdo, então, bati no direito".[26]

Alguns meses depois, ele cobrou um pênalti decisivo em uma partida pelas Eliminatórias para a Eurocopa sub-19 pela Noruega contra a Itália. Agora, ele havia agregado à sua técnica um pulinho antes da cobrança. Ao descer depois desse pulinho, no entanto, Haaland encostou na bola com o pé direito de forma acidental e sutil antes de cobrar o pênalti com o esquerdo. Tecnicamente o que ocorreu foi um toque duplo ilegal, porém, o árbitro não viu e o gol foi validado. Depois disso, Haaland ficou com uma pausa pré-cobrança na qual ele simplesmente arrasta o pé antes de chegar à bola. Ele converteu seus sete pênaltis seguintes, executando à perfeição a técnica que depende da movimentação do goleiro, que se adiantou para o lado errado em seis das sete oportunidades. Perguntaram a ele depois de uma partida: "Qual é o seu segredo?". A resposta: "Fico observando o goleiro".[27]

Após sua transferência para o Borussia Dortmund, da Alemanha, Haaland, a princípio, manteve seu impecável histórico de cobrança de pênaltis, mas depois enfrentou algumas dificuldades. Primeiro, desperdiçou uma cobrança contra o Augsburg em janeiro de 2021. O goleiro não se adiantou, como Haaland teria preferido, e ele chutou a bola no travessão. Alguns meses depois, ele foi enfrentar o Sevilla e seu goleiro, Bono. Existe um obstáculo potencialmente poderoso contra técnicas que dependem da movimentação do goleiro, que é um movimento bem cronometrado de enganação antes da cobrança, quando o goleiro está em cima da linha do gol. Bono simulou um movimento primorosamente cronometrado, indo da esquerda para a direita e retornando à esquerda, o que pode ter desorientado Haaland, que finalizou para a direita. O goleiro defendeu com facilidade. No entanto, ele havia se adiantado cedo demais, e o árbitro anulou a cobrança. Da segunda vez, Haaland converteu, embora Bono tenha escolhido o canto certo também dessa vez, chegando até a encostar na bola com a mão. Em uma entrevista para a TV norueguesa após a partida, Haaland soou atrevido e autoconfiante ao dizer: "Perdi o pênalti quando ele trapaceou... Converti quando ele não trapaceou".

Contudo, talvez esse incidente tenha o afetado mais do que ele admitiu. Mais ou menos um mês depois, Haaland alterou totalmente sua técnica de cobrança de pênaltis. Contra o Werder Bremen, em abril de 2021, ele simplesmente chutou a bola sem firulas, lançando-a relativamente alta do lado direito do goleiro. Quando a temporada seguinte começou, ele havia desenvolvido uma aproximação fluida, sem pausas, porém, olhando para o goleiro praticamente durante todo o trajeto até a bola, antes de, por fim, baixar o olhar para acertar a bola bem onde queria. Comportamentos assim são muito incomuns em um batedor que utiliza a técnica que depende da movimentação do goleiro — não existe salto, paradinha ou pausa. Seria presumível, na verdade, que Haaland já tivesse optado de vez por um estilo de cobrança e feito a transição para as fileiras dos cobradores de pênaltis cujo estilo independe da movimentação do goleiro. Todavia, os goleiros pularam para o canto errado em nove de seus onze pênaltis seguintes. Ou Haaland é abençoado com uma quantidade excessiva de sorte, ou é capaz de perceber furtivamente os movimentos do goleiro, possivelmente utilizando sua visão periférica enquanto aparentemente olha para baixo, para a bola, sem perder a velocidade de aproximação. Sinceramente, não sei exatamente como ele consegue. E ele, com toda certeza, não vai revelar.

O que é mais fácil de determinar é que, em 2021, Haaland empreendeu uma grande mudança em sua rotina pré-cobrança que permaneceu com ele desde então. Antes disso, ele colocava a bola na marca, caminhava para trás (com o rosto voltado para o goleiro) e esperava o árbitro soprar o apito. Então, subitamente, em uma partida contra o Mainz, ele permaneceu de pé com a bola nas mãos na marca do pênalti, olhando para o árbitro. Somente quando viu que o árbitro estava prestes a apitar, ele colocou a bola no chão e caminhou para trás. Haaland seguiu fazendo isso. Às vezes, coloca a bola na marca e a pega novamente, e depois repete isso algumas vezes.

Outras vezes, ele aparenta estar preocupado com alguma coisa: limpando o nariz, cuspindo algumas vezes ou puxando as meias para cima. Por que passava tanto tempo próximo da marca do pênalti? Presumivelmente a intenção era proporcionar a si mesmo mais iniciativa e controle em uma situação na qual o cobrador nunca sabe por quanto tempo o goleiro vai ficar parado esperando e quanto tempo o árbitro esperará. Com uma rotina dessas, Haaland podia ajustar o posicionamento da bola até o último segundo e assumir o controle da decisão sobre quando começar a aproximação. Após ter alterado sua rotina, ele não só passou a demorar significativamente mais tempo após o apito (vide o diagrama a seguir), como também converteu seus seguintes quinze pênaltis consecutivos.[28]

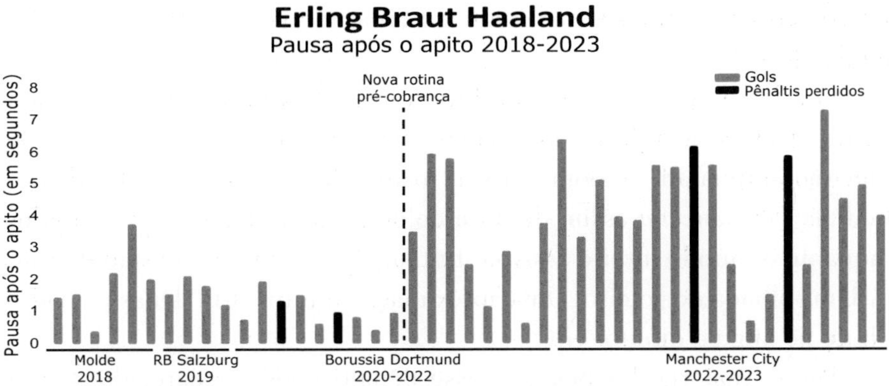

Cada barra representa uma cobrança de pênalti, em ordem cronológica, pelo clube e pela seleção nacional

Assim, com Haaland, observamos como até mesmo a simples questão de posicionar a bola na marca da cal pode acabar se tornando mais uma faceta da rotina pré-cobrança e mais uma oportunidade para o cobrador tomar o controle da situação de extrema pressão em que se encontra.

Pausa após o apito

Yasuhito Endō é uma lenda do futebol japonês. Com 150 jogos pela seleção, ele é o jogador mais convocado de todos os tempos do Japão. Jogou mais do que 1.100 partidas de futebol profissional e se aposentou em 2024 aos 43 anos.

Contudo, quando participou da Copa do Mundo de 2010, na África do Sul, Endō entrou para a história das cobranças de pênalti. Japão e Paraguai se enfrentaram nas oitavas de final. Após um modorrento 0 × 0 no decorrer dos 120 minutos do tempo regulamentar mais a prorrogação, a partida seria decidida nos pênaltis — a primeira disputa de pênaltis do torneio. Endō era o primeiro a bater pelo Japão. Ao chegar à marca do pênalti, ele dedicou-se durante alguns momentos a pisotear a grama ao redor da marca. Intencional, porém tranquilo. Então, colocou a bola no chão, deu uma olhadela para o goleiro e caminhou para trás, encarando-o.

Ao chegar ao ponto de partida de sua aproximação, ele travou o olhar na bola. E então, simplesmente ficou a fitá-la enquanto permanecia totalmente imóvel.

O árbitro apitou. Endō continuou imóvel, aparentando estar totalmente absorto pela visão da bola. E continuou parado. As câmeras de televisão ampliaram o zoom em seu rosto. Ele sequer se mexia. Parecia meditar. Permaneceu assim durante dolorosamente longos 6,4 segundos, enquanto o mundo inteiro assistia. Então, ele abruptamente saiu do transe. Uma olhada no goleiro. Uma aproximação muito curta. Duas passadas. Chute no ângulo direito. Gol.

Para a maioria das pessoas, esse pênalti pode ter parecido somente uma cobrança bem executada. Porém, para mim, com meu olhar de especialista, foi um momento simplesmente majestoso. Àquela altura da história das disputas de pênaltis nos mais importantes torneios de futebol, ninguém havia permanecido imóvel durante tanto tempo após o apito do árbitro.

Pensei em correr pelo meio da rua para encontrar alguém para contar aquilo, mas, é claro, ainda tinha o restante da disputa para assistir.

Entrevistei Endō para descobrir por que ele fez uma pausa tão longa. Primeiro, ele declarou que a intenção era ser imprevisível para o goleiro: "Se eu me lanço logo após o árbitro apitar, o goleiro pode cronometrar meus movimentos mais facilmente, então, tento me demorar um pouco antes da cobrança... talvez eu já tenha esperado mais do que seis segundos para cobrar um pênalti no passado. Raramente faço a cobrança um ou dois segundos após o apito, portanto, acho que minha cronometragem média está provavelmente entre seis e dez segundos. É sempre assim".

Entretanto, no que será que ele pensa enquanto espera? "Acho que meditação é ficar parado sem pensar em nada — na verdade... bem... é algo parecido com isso. Então, eu estava concentrado, e obviamente estava em pé ali, confiante de que conseguiria converter a cobrança. Então, essas são as duas coisas mais importantes: cobrar o pênalti com autoconfiança e comprometer-se com a conversão bem-sucedida da cobrança. Penso nessas duas coisas antes de cobrar um pênalti, e em mais nada. Permaneço calmo e tranquilo."

E é isso. Ele reduz sua atenção à essência. Calmo, autoconfiante e concentrado em converter a cobrança com sucesso.

A pausa após o apito tem seu ritmo controlado pelo próprio atleta, então, em todos os casos, fica totalmente a cargo do jogador saber quanto tempo ela dura. Historicamente, como mostra o capítulo anterior, os cobradores de pênaltis, normal e instintivamente, demoram menos de um segundo após o apito para começar a aproximação da bola. Os que têm pressa, que começam a correr na direção da bola imediatamente, parecem desperdiçar mais cobranças do que os outros. Por outro lado, aqueles que se preocupam excessivamente podem levar um tempo a mais antes da aproximação da bola, o que poderia sugerir que esperar demais também não é bom.

Os cinco futebolistas com as pausas mais longas na história das disputas de pênaltis em campeonatos e torneios importantes são: 1) Marcus Rashford (Inglaterra); 2) Tameka Yallop (Austrália); 3) Paul Pogba (França); 4) Yasuhito Endō (Japão); e 5) Megan Rapinoe (Estados Unidos).

As listas das dez maiores pausas, divididas por gênero, também demonstram claramente que a maioria dos cobradores que fazem pausas longas realizou suas cobranças recentemente.

Considerando a inclinação natural dos jogadores de se lançar à cobrança no momento em que ouvem o apito do árbitro, quando às vezes eles demoram mais, quase sempre significa que fazem isso intencionalmente. Existe uma intenção nessa atitude, não é mera reação. A função de demorar um instante após o apito é permitir que o jogador se "aterre" antes da aproximação da bola, ganhando mais controle sobre si mesmo e sobre a situação (incluindo o goleiro), e garantir que a cobrança esteja devidamente alinhada e preparada. Eis alguns exemplos de como os atletas de elite conseguem isso.

Celso Borges é o jogador que ocupa a quinta posição na lista dos que mais demoraram para cobrar um pênalti na história das disputas de pênaltis importantes entre os homens. Ele teve um início de carreira bastante difícil em termos de cobranças de pênaltis. Com vinte anos, Borges desperdiçou a cobrança decisiva em uma disputa pela seleção sub-23 da Costa Rica, durante uma partida classificatória para as Olimpíadas de 2008, o que, para piorar ainda mais as coisas, ocorreu contra a seleção panamenha então treinada por seu pai, Alexandre Guimarães. Borges me disse: "Foi um dos momentos decisivos da minha carreira. Foi traumático. Trágico. Passei seis meses sem bater pênaltis, e então, meu pai me disse: 'Mais cedo ou mais tarde, você terá que cobrar um pênalti. Isso não define quem você é como jogador; é apenas um momento da partida.' Tudo bem. Ok. Todo mundo perde pênalti. Depois de seis meses, cobrei um pênalti em uma disputa amistosa no Uruguai com meu time. Mudei o lado em que batia, e funcionou. Depois daquele, cobrei muitos mais".

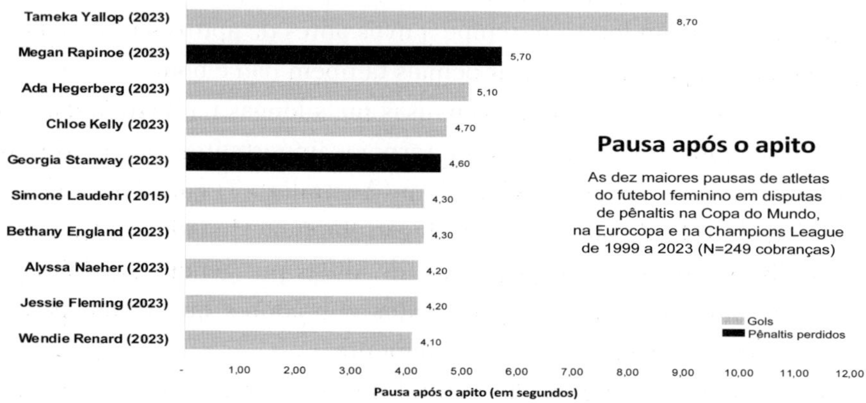

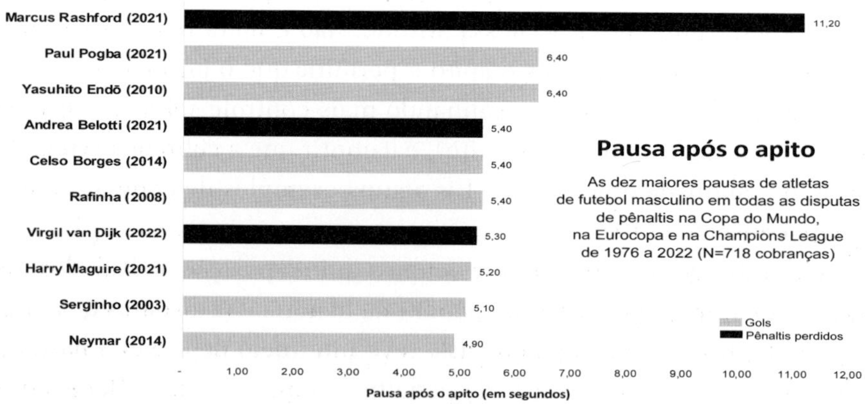

Celso Borges se tornaria o jogador com mais atuações pela seleção costarriquenha na história, com mais de 160 partidas. Na Copa do Mundo de 2014, a Costa Rica surpreendeu a todos quando se classificou em primeiro lugar em um grupo que tinha também Uruguai, Itália e Inglaterra, as duas últimas seleções sendo eliminadas. Contra a Grécia, na partida pelas oitavas de final, empate em 1 × 1. Decisão nos pênaltis.

Borges se lembrava desse dia nitidamente: "Caramba. Era a primeira disputa de pênaltis da história do meu país em uma Copa do Mundo. Cobrei o primeiro pênalti da história. Então, eu estava muito nervoso. Estava muito nervoso. Não há outra forma de descrever".

Borges não se deixou dominar pelo nervosismo, contudo: "Eu estava tão decidido no que iria fazer que não ligava para o que estivesse acontecendo do lado de fora. Demorei o quanto quis e, durante esse tempo, fiquei apenas me concentrando no que precisava fazer, e em onde iria chutar".

Borges converteu. A Costa Rica venceu a disputa e se classificou para enfrentar a Holanda nas quartas de final. Mais uma disputa de pênaltis. Essa não terminaria bem para a Costa Rica, mas Borges foi novamente o primeiro a cobrar, sendo colocado bem no olho do furacão contra o feroz goleiro holandês, Tim Krul: "Fiz tudo do mesmo jeito. Demorei o tempo que quis, esperei um pouco. Uma respiração. E então, simplesmente chutei". Mais um gol.

Agora, o interessante é que, em ambas as cobranças, depois do apito do árbitro, Borges demorou um tempo impressionante antes de correr em direção à bola. Foram mais de cinco segundos contra a Holanda. Perguntei a ele o motivo, ao que ele respondeu: "Sim, demorei o tempo que quis, conforme o conselho de meu pai. Ele me disse que, uma vez que o árbitro apite, não é um sinal para você começar a correr. É um sinal para você começar a fazer o seu ritual. Não é como no tênis, onde você tem, sei lá, 25 segundos para dar o saque. Você pode demorar todo o tempo que quiser".

Isso, por sua vez, tornou-se para Borges uma oportunidade de influenciar o duelo contra o goleiro: "Meu pai sempre me dizia para deixar a ansiedade também ser sentida pelo goleiro. O melhor a fazer é deixar o goleiro pensando: 'Ora, mas que m..., ele nunca vai fazer a cobrança?' Quando o goleiro chega nesse pensamento, é aí que começo minha cobrança. Basta um pequeno vacilo, e eu respiro antes de partir. Então, é por isso que eu demorava o tempo que queria. Não é uma coisa que deva ser apressada".

Muitos dos principais cobradores de pênaltis do mundo — Lewandowski, Kane, Giroud, Toney — agora fazem uma pausa de três a cinco segundos após o apito antes de correr na direção da bola. E cada vez mais vemos jovens cobradores de pênaltis fazendo pausas, e às vezes mais do que isso. Em janeiro de 2024, Jude Bellingham cobrou seu primeiro pênalti pelo Real Madrid. Ele era um cobrador de pênalti jovem e inexperiente (era apenas sua terceira cobrança de pênalti na carreira profissional), mas adotava a mesma rotina de posicionamento da bola que Haaland e Toney, retardando o afastamento da bola após colocá-la na marca, e depois ainda fazia uma pausa. Uma pausa prolongada. Após se afastar da bola e ouvir o apito, ele permaneceu parado durante mais de dez segundos antes de começar a correr na direção da bola. E converteu a cobrança.

É de suma importância que os jogadores entendam *por que* fazem a pausa — que o objetivo é assumir algum controle e alguma compostura, e que a pausa existe principalmente para ajudá-los nesse objetivo. Martin Ødegaard, do Arsenal, sempre faz uma pausa de dois a três segundos antes de começar a correr na direção da bola. Perguntei a ele por que faz isso, e a princípio ele riu e depois disse: "Dei ouvidos a pessoas como você, que dizem que faz sentido". Mas depois, com mais seriedade, ele me disse que a ideia era estar no controle: "O árbitro sopra o apito, mas sou eu que decido quando começo a aproximação. Não é uma simples reação ao que o árbitro faz, isso está totalmente sob meu comando. Sou eu que estou no controle". Quando perguntei a Robert Lewandowski por que ele fica tanto tempo parado em pé, ele enumerou os benefícios para si: "Permaneço parado bastante tempo após o apito para ter mais tempo para me acalmar. Para me concentrar mais. E sei que, para o goleiro, isso é difícil". Ele, então, enfatizou que tem se esforçado ativamente para deixar essa parte de sua rotina o mais ideal possível: "Quero que o tempo trabalhe a meu favor, não contra mim. É uma coisa de mentalidade. Espera longa antes de correr. Controlo a situação se tenho mais tempo. Me esforcei para isso e encontrei uma boa solução".

No entanto, deveria também ser dada aos jogadores a opção real de *não* fazer uma pausa, se eles acharem que conseguem se transportar para um estado concentrado e tranquilo sem ela. Se os jogadores fizerem a pausa apenas porque o técnico mandou, isso pode ser mais um desgaste do que um alívio. Um estudo com arqueiros de elite demonstrou que, quando precisavam retardar o tiro cinco segundos além do tempo habitual deles, isso afetava drástica e negativamente seu desempenho.[29] A escolha particular, com base na orientação dos técnicos, por si só já aumenta a percepção do controle, e muito provavelmente melhora o desempenho.

O ideal é que a rotina pré-execução de um futebolista seja resistente o suficiente para atender a todas as espécies de condições de pressão, incluindo as muito prolongadas. A experiência de Maren Mjelde, do Chelsea, na partida de volta do confronto pelas quartas de final da Champions League feminina de 2023 contra o Lyon, nos dá um bom exemplo disso. Mjelde entrou como substituta faltando quinze minutos para o fim do tempo regulamentar com uma ordem de atuar como última zagueira, posição a que não estava habituada. Como ela descreveu para mim: "Eu me vejo correndo atrás de uma ponta muito rápida do Lyon e, depois de dez minutos, percebo algo de errado com a minha panturrilha". Então, ela foi colocada no meio de campo, e a panturrilha começou a reclamar mais ainda: "Qual é o problema do meu corpo?". Contudo, de alguma forma ela manteve a compostura: "Ao mesmo tempo, consigo andar. E só acaba quando termina".

De fato. Com a panturrilha lhe causando dificuldades, Mjelde não estava em sua melhor forma naquele momento. "Na minha cabeça, era como se eu não entendesse que, se fizéssemos mais um gol, empataríamos. Dei a partida como encerrada." Então, nos segundos finais da prorrogação — já no segundo minuto dos acréscimos, com o Lyon vencendo por 2 × 1 no placar agregado —, uma jogadora do Chelsea é subitamente derrubada na grande área, e a realidade a atinge em cheio. "Merda. Se fizermos o gol, a partida será decidida nos pênaltis. E é bem marcante quantas coisas estranhas passam pela cabeça em uma situação de pressão dessas. Em um instante, você acha que está fora. No instante seguinte, 'Não, basta só mais um gol'."

Quando a árbitra se dirigiu para o monitor do VAR, outra coisa passou pela cabeça de Mjelde. "Olho em volta e penso: 'Beleza, quem vai bater sou eu. Sou eu que vou cobrar o pênalti'. Porque, quando olho em volta, as duas cobradoras de pênaltis pré-designadas não estavam mais em campo. Então, entendi: 'Tudo bem, só preciso me preparar'. Comecei a caminhar na direção da minha própria goleira. Eu só precisava de um lugar tranquilo, e me dar um tempo. Começo a caminhar, sei lá quantos passos. E quando a árbitra toma a decisão, tenho um caminho bastante longo para caminhar até o outro lado, até a marca do pênalti. Mas eu precisava daquele tempo para me sentir preparada."

Aparentemente, se dar um tempo é sempre essencial para Mjelde em situações como essa, e ela já passou por algumas experiências anteriores bem ruins: "Tento fazer a mesma coisa todas as vezes. E talvez a coisa em que mais me concentre é no tempo. Já cobrei pênaltis sem me dar esse tempo, e o resultado não foi bom. Não conseguia bloquear o que vinha de fora. Pensava: 'Só tenho que acabar logo com esse sofrimento!'. E desperdiçava a cobrança".

O risco de ela se dar um tempo muito curto contra o Lyon era zero: "Nessa situação contra o Lyon, penso sobre me dar um tempo. Não estou falando só de cobrança de pênalti, para falar a verdade; existem situações durante a partida em que você tem mais tempo do que imagina. Eu me dou esse tempo e respiro. Diminuo intencionalmente meus batimentos cardíacos. Muita gente disse: 'Sua frequência cardíaca devia estar muito alta!', ao que respondi: 'Não, na verdade, nem cheguei a pensar sobre isso'. Foi provavelmente um momento mais calmo do que muitos outros. Se eu tivesse medido, talvez estivesse mais elevada do que eu imaginava, mas pelo menos consegui convencer a mim mesma. Eu tinha quase controle total".

Enquanto isso se desenrolava, o tempo não era uma mercadoria escassa naquela situação. De fato, Mjelde possivelmente tinha tempo até demais. Com a checagem do VAR e as reclamações prolongadas das jogadoras do Lyon em andamento, passaram-se, ao todo, seis minutos entre a marcação do pênalti e a cobrança em si. Achei interessante quando ela me contou que sua capacidade auditiva praticamente desaparecia em momentos como esse. "Eu conversava comigo mesma, como se, de certo modo, minha própria voz fosse a única coisa que ouvia. Ela abafava todo o resto. E quase que não escuto o apito da árbitra. Não escuto a torcida. Não escuto ninguém. Minha voz sai mais alto. É uma situação esquisita e absurda, para falar a verdade."

Finalmente, chegou a vez dela. Apito. Uma espera de três segundos. Em seguida, a aproximação. E que bela cobrança. Sob a enorme pressão de ter sucesso, e depois de toda a espera, Mjelde bateu forte no ângulo direito da goleira para empatar a partida em 2 × 2. Foi o último lance da partida.

No entanto, agora haveria uma disputa de pênaltis: "Após uma pequena volta da vitória, rapidamente refleti: 'Não, ainda não acabou, está empatado. Preciso me concentrar de novo'. Me senti invencível, e contaminei a equipe com essa sensação. Por causa do que eu havia acabado de fazer, nada terá pressão maior do que aquela".

Na disputa de pênaltis, Mjelde foi a primeira a bater: "Foi bom eu simplesmente fazer minha cobrança logo. Ainda estava me sentindo invencível, então, estava segura. É só fazer o que fiz novamente. O mesmo processo. Me dar um tempo, planejar onde chutar e bater bem na bola. Essas três coisas. Fico bastante confiante quando faço isso".

Mjelde converteu novamente. Ela bateu no canto direito da goleira, como havia feito na cobrança anterior, mas dessa vez, rasteiro. A goleira acertou o canto, mas a batida foi forte e rente à trave. O Chelsea venceu a disputa de pênaltis e avançou para a semifinal.

Será que o ato de fazer uma pausa antes de começar a realizar uma tarefa pode ser utilizado para lidar com a pressão fora dos pênaltis e do futebol? Certamente. Em setembro de 2009, em uma reunião chamada de Cúpula da Paz de Vancouver, houve um debate com, entre outros, o Dalai Lama, quatro vencedores do Prêmio Nobel e líderes renomados nos campos da educação, negócios e transformação social. Um desses era o alemão Eckhart Tolle, um guru espiritual bastante conhecido e autor de *best-sellers*. O moderador perguntou a Tolle como a "criatividade pode surgir de uma mente que não está totalmente distorcida por construções mentais". Tolle fechou os olhos e fez uma pausa (quem não faria, recebendo uma pergunta dessas?), e então, ligeiramente para a surpresa da plateia, começou a falar de futebol. Ele confidenciou ter ouvido um pesquisador na BBC World News dizer que os cobradores de pênaltis que fazem uma pausa de três a quatro segundos após o apito do árbitro tinham maior probabilidade de fazer o gol do que aqueles que começavam a correr na direção da bola imediatamente após a autorização. Ali estava, foi assertivo, um exemplo claro. A plateia riu calorosamente — principalmente quando Tolle acrescentou que não assistia a uma partida de futebol havia uns vinte anos.

Em um tom mais sério, Tolle caracterizou essa pausa antes de uma cobrança como "calmaria" e um "redirecionamento da atenção para o interior, para um estrato mais profundo do ser, onde reside todo o poder". Isso é mais concreto e funcional do que pode parecer. Qualquer pessoa, de dentro ou de fora do esporte, pode se beneficiar disso. Um momento de calmaria antes de começar a realizar qualquer tarefa crítica, talvez utilizando a respiração consciente, tornará mais fácil que a pessoa alcance um aterramento emocional, planeje a estratégia adequada e direcione a atenção para onde ela é mais necessária. (Os pesquisadores que assistem às disputas de pênaltis com um cronômetro na mão são, sem dúvida, uma categoria rara, então, a voz que Tolle ouvira no rádio era a minha — caso não tenha ficado claro.)

Respiração

Quando Cristiano Ronaldo marcou seu gol decisivo na disputa de pênaltis contra a Inglaterra na Copa do Mundo de 2006, ele não apenas fez uma pausa extraordinária de quase três segundos após o apito — como também pôde-se notar que respirou profundamente três vezes. Com cada respiração, seu tórax inflava visivelmente com a entrada do ar, e a exalação era quase tão vigorosa quanto alguns de seus dribles, seus ombros descendo claramente enquanto seus pulmões se esvaziavam.

Respirações longas e profundas podem ser uma técnica poderosa de preparação para a ação em todos os tipos de situações sob pressão.

Quando perguntam ao tenista campeão Novak Djokovic sobre resistência mental, ele fala imediatamente sobre sua respiração: "Há diversas técnicas. A respiração consciente representa grande parte disso, sobretudo nos momentos em que estamos sob tensão".[30] O neurobiólogo Andrew Huberman mostrou que um "suspiro fisiológico" — cinco minutos de respiração com a exalação sendo duas vezes mais longa que a inalação — tinha efeitos consideráveis sobre a amenização da ansiedade.[31] Aqueles que atuam em todos os tipos de contextos diferentes de alto risco ou pressão elevada recorrem cada vez mais a técnicas de respiração, e isso também serve para cobradores de pênaltis.

Robert Lewandowski é um dos melhores cobradores de pênalti do mundo, e é visível que ele, antes de todas as cobranças, intencionalmente faz respirações profundas. Como explicou uma vez em uma entrevista: "Cobrar um pênalti em uma partida eliminatória da Champions League é um grande desafio, emocionalmente falando. A pressão é enorme. Você correu muito durante o jogo, está sem fôlego, e tem menos de um minuto para se acalmar e reduzir sua pulsação. Fazemos isso nos concentrando na respiração e encontrando um ponto de serenidade. Você se lembra da sua própria capacidade e substitui a pressão por autoconfiança".[32] Quando conversou comigo, ele disse: "Comecei a me concentrar na respiração na mesma época em que mudei minha técnica. A tranquilidade mental e física é fundamental para mim agora. Pequenos detalhes assim dão a você uma probabilidade mais alta de converter sua cobrança".

O costarriquenho Celso Borges também incorporou a respiração em sua rotina, e esse é um dos motivos pelos quais ele se dá um tempo após o apito. "Tomei um fôlego. Inalei, exalei, ok, estou pronto. Então, para falar a verdade, nada me tirou daquela concentração." Ele também tinha um conhecimento detalhado sobre por que a respiração pode ser útil. "Mais tarde, quando trabalhei com um psicólogo, descobri os efeitos da respiração — inflar o estômago, relaxar a mente e simplesmente permitir que o sangue circule melhor."

A respiração diafragmática, onde o estômago, e não o tórax, se movimenta com cada respiração, ativa o sistema nervoso parassimpático, o que induz o relaxamento. Se a pessoa faz uma respiração mais rasa, com a parte superior do tórax, ela obtém o efeito contrário — o sistema nervoso simpático será ativado, o que estimula uma reação de "bater ou correr".[33] Assim, um bom hábito antes de uma cobrança de pênalti, ou para uma situação equivalente de grande pressão, é fazer três ou quatro respirações profundas; respirações que são sentidas profundamente na barriga. Isso pode e deve ser praticado também fora do contexto da atuação. Se sua respiração natural for a diafragmática, ela servirá como uma base mais sólida para recorrer quando for preciso respirar profundamente sob pressão.

Mentalidade

Como cobrador de pênalti, Erling Haaland é uma máquina. É um jogador letalmente eficaz da marca da cal. Ainda assim, os pênaltis o expõem e mostram que ele é humano. Nesses momentos, como aponta de forma perspicaz, ele é igualzinho a todos nós. Considere o que ele disse após cobrar um pênalti pela Noruega contra a Suécia em junho de 2022: "Não vou mentir; eu estava incrivelmente nervoso desta vez também".[34] Ou vejam o que ele disse em novembro de 2022, quando, pela primeira vez em sua carreira no futebol profissional, ele foi obrigado a cobrar um pênalti que possivelmente levaria sua equipe a ganhar a partida quase no fim dos acréscimos do árbitro. Foi quando o Manchester City teve um pênalti marcado a seu favor contra o Fulham aos 50 minutos do segundo tempo em uma partida do campeonato inglês, com o placar empatado em 1 × 1. "Nervoso. Um dos momentos mais nervosos da minha vida. Um pênalti no último minuto. É claro que estou nervoso. Como qualquer pessoa ficaria." (Ele converteu as duas cobranças.)

Quando perguntei a Haaland sobre essas confissões, ele colocou ainda mais ênfase: "Estava apenas sendo eu mesmo quando comentei sobre os pênaltis, e falo sobre isso da forma que vivencio a experiência. Acho muito estranho se algum jogador diz que não fica nervoso antes de cobrar pênaltis importantes. Quando me perguntam como eu estava antes de cobrar o pênalti, eu falo a verdade; estava nervoso pra cacete. É natural que seja assim".[35]

Na atuação sob pressão, como somos lembrados intensamente, não se trata de ser destemido e não sentir incômodo; se trata de fazer o que precisa ser feito *apesar* do medo e do incômodo — assumir o controle dessas situações.[36] A história de Zinedine Zidane em 2004 é mais uma demonstração gráfica desse argumento.

No início da Eurocopa daquele ano, em um dia incrivelmente quente em Lisboa, França e Inglaterra se enfrentavam na fase de grupos. Aos 45 minutos do segundo tempo, a Inglaterra vencia por 1 × 0. Então, começou o espetáculo de Zinedine Zidane.

Primeiro, uma espantosa cobrança de falta de trinta metros de distância, que entrou no canto direito do goleiro: 1 × 1. Menos de dois minutos depois, Thierry Henry foi derrubado pelo goleiro inglês. Pênalti. Zidane se apresentou. Ele trazia um olhar autoconfiante, determinado, à vontade. Fez sua rotina habitual: posicionou a bola como de costume, deu os mesmos passos para trás, ficou parado no mesmo lugar e se aproximou com a movimentação de sempre. E fez o gol chutando a bola com força e velocidade bem no fundo do canto esquerdo da baliza. Um chute incrível sob muita pressão. Vitória da França.

Entretanto, o que quase ninguém viu foi o que Zidane fazia nos últimos segundos antes da cobrança, enquanto aguardava o apito. A transmissão da TV não mostrou isso, mas uma equipe sueca de cinegrafistas que estava sentada atrás do gol capturou a cena. Apenas quatro segundos antes de começar sua aproximação, e seis segundos antes de a bola cruzar a linha do gol, Zidane curvou-se e vomitou. Não só uma vez, mas duas. O árbitro, então, soprou o apito. Zidane ergueu a cabeça, limpou a boca, começou a aproximação da bola e fez o gol.

Nitidamente, embora não parecesse, Zidane não estava nem um pouco à vontade naquele momento. Talvez fossem os nervos, talvez fosse o efeito do esforço extenuante de mais de noventa minutos correndo sob um calor extremo, ou talvez ele tenha simplesmente comido um camarão passado na noite anterior. Independentemente do motivo de Zidane ter passado mal, ele se manteve suficientemente concentrado em sua atuação e converteu sua cobrança.

Assim como Zidane e Haaland, a maioria dos atletas de elite está plenamente acostumada a lidar com a ansiedade e o desconforto. O primeiro passo para uma boa atuação, mesmo com ansiedade, é reconhecer que ela faz parte do processo, uma reação natural que, em alguns casos, pode até nos impulsionar a dar o nosso melhor. O lendário psicólogo do golfe, dr. Bob Rotella, falou o seguinte sobre a mentalidade dos golfistas de elite: "Eles precisam aprender a encarar as sensações que nascem da incerteza como empolgantes e benéficas, e então abraçá-las".[37]

Sim, sentir-se bem enquanto atua é ótimo e pode agregar algo à experiência bem ali naquele momento, mas não é isso que importa. Citando o psicólogo do esporte austríaco Peter Haberl, que esteve em nove Jogos Olímpicos representando os Estados Unidos e trabalhou com equipes diferentes: "Não me importa o que você sente; me importa onde você coloca a sua atenção. Me interessa a função da sensação, não a forma". Qual é o método que ele recomenda para alcançar essa mentalidade vigilante? Estar presente e consciente, ser flexível e aberto, e utilizar o treinamento da consciência plena e da meditação para chegar lá.

Novak Djokovic é um defensor veemente do treinamento da consciência plena e explica sua abordagem da seguinte forma: "Posso parecer extremamente concentrado, mas acredite em mim, sou um furacão por dentro. A maior das batalhas ocorre dentro de nós. Você tem suas dúvidas e seus medos. Eu os sinto em absolutamente todo jogo. Não gosto dessa mentalidade que vejo muito nos esportes — sabe, de só ter pensamentos positivos, ser otimista, não permitir espaço para o erro, para a dúvida. Isso é impossível. Somos seres humanos. A principal diferença entre os grandes campeões e aqueles que lutam para alcançar o topo é a habilidade de não se deixar abater por emoções duradouras. Para mim, é relativamente breve. Assim que o vivencio, eu o reconheço, posso explodir ou berrar na quadra, o que quer que seja, mas depois disso, sou capaz de me recuperar e recomeçar do zero".[38]

Emoções desagradáveis e perturbadoras são naturais quando se atua sob pressão, mas se você aceita essas emoções e a inevitabilidade de sua existência, você passa menos tempo tentando regulá-las e mais tempo concentrado no que é necessário para produzir a sua atuação. O ideal é estar alerta o máximo possível às exigências específicas do momento. Como defende o treinador de basquete da NBA, Phil Jackson: "Estar consciente é mais importante do que ser inteligente".[39] Ao direcionar a máxima atenção ao presente, a pessoa evita se preocupar com as consequências da atuação (como os desdobramentos de uma cobrança desperdiçada) ou reviver erros passados (como o último pênalti desperdiçado). Em vez disso, concentra-se totalmente na tarefa diante de si.

E então, você fica livre para executá-la no absoluto melhor nível da sua capacidade, apesar do ruído, da atenção, dos riscos e de todos os outros elementos possivelmente esmagadores da pressão. Efetivamente, você recuperou o controle.

A história da Inglaterra de 2018

Nas oitavas de final da Copa do Mundo de 2018, a Inglaterra enfrentou a Colômbia. A partida terminou 1 × 1 após a prorrogação e foi para os pênaltis. A maioria dos torcedores ingleses tinha uma ideia firme sobre como era provável que essa disputa terminasse.

Chegando a esse torneio, o retrospecto da seleção masculina da Inglaterra em disputas de pênaltis vinha sendo de fracassos notórios. Desde 1996, havia participado de cinco disputas de pênaltis de suma importância e perdido todas. Além disso, minhas análises haviam revelado que os jogadores ingleses adotavam, mais do que qualquer outra seleção europeia, estratégias voltadas para a evitação ao lidar com a pressão em disputas de pênaltis. Os pênaltis haviam se tornado um fardo em torno do pescoço da Inglaterra. Seu arqui-inimigo.

Chris Markham assistiu à partida contra a Colômbia com seus colegas no bar interno de St. George's Park, a sede da Football Association (FA), a entidade que controla o futebol na Inglaterra. Quando Eric Dier converteu o pênalti que classificou a Inglaterra para as quartas de final e pôs fim a 22 anos de pesadelos vividos em disputas de pênaltis consecutivas, todos ficaram compreensivelmente exultantes. Cerca de trinta minutos depois, Markham ouviu o som de notificação de seu telefone.

Era uma mensagem de texto de Gareth Southgate, o técnico da Inglaterra, agradecendo a ele e à sua equipe por tudo o que haviam feito, pois sem aquilo a vitória teria sido impossível.

Posteriormente, diversas pessoas receberam e/ou assumiram o mérito por aquele sucesso. Além dos atletas e do técnico, alguns apontaram para o diretor técnico da FA, alguns para o diretor de desempenho, e outros para o psicólogo. Porém, parecia que o nome de Chris Markham nunca apareceria. Então, por que será que Southgate mandou aquela mensagem para Markham? Quem é esse Markham, afinal, e o que foi que ele fez? Permitam que eu conte toda a história do que se desenrolou nos *bastidores* daquela vitória, e de como a Inglaterra recuperou o controle de algo que vinha escapando dela havia décadas.

Chris Markham é o atual diretor esportivo do Bolton Wanderers, mas de janeiro de 2017 a fevereiro de 2021, ele foi o principal analista de estratégias de jogo da FA. Esse novo departamento, criado por Rhys Long, diretor de análise à época, recebeu a missão de descobrir e desenvolver estratégias baseadas em detalhes analíticos das partidas que pudessem ser relevantes para o desempenho das seleções inglesas; estratégias que aqueles que trabalhavam diretamente com as seleções não tinham tempo de pesquisar. Contudo, embora Markham tivesse chegado à FA saindo de um trabalho como diretor de análise de desempenho no Huddersfield Town FC, não era um analista de partidas comum. Após concluir seu mestrado em 2009, ele se especializou em psicologia do esporte. Essa formação provavelmente foi decisiva para o sucesso no primeiro projeto importante que lhe aguardava na FA.

Markham me disse: "A primeira coisa da FA que chegou à minha mesa de trabalho foi: 'Como fazemos para ganhar uma disputa de pênaltis em um torneio importante?'". De janeiro de 2017 até a Copa do Mundo da Rússia dezoito meses depois, Markham comandou uma equipe composta de quatro analistas, e, em determinado momento, incorporou um cientista de dados, e todos trabalhavam com um único objetivo: ajudar a Inglaterra a superar os tão temidos pênaltis.

Fui apresentado a Markham em janeiro de 2018 e o encontrei pessoalmente em abril do mesmo ano. Ele queria saber tudo o que eu tinha descoberto sobre pênaltis, mostrar o que ele e sua equipe haviam feito até ali e explicar como haviam utilizado minha pesquisa. O que ele me mostrou à época e o que fiquei sabendo depois sobre o projeto me deixaram deslumbrado. Seguramente, posso dizer que nenhuma outra seleção na história do futebol alguma vez se preparou de forma tão minuciosa e diligente para os pênaltis como a Inglaterra antes da Copa do Mundo de 2018. E nenhuma seleção pensou com tanto afinco a respeito da percepção coletiva de controle ou treinou de forma tão assídua para mudá-la.

Posteriormente, quando me reuni com Markham para escrever este livro, ele dividiu comigo muito mais detalhes sobre o trabalho anterior àquela Copa do Mundo. O contraste com os regimes de gestão anteriores da Inglaterra era inequívoco. "Acho que encontrei citações de todos os últimos cinco técnicos da seleção inglesa antes de Gareth (Southgate), tirando Sam (Allardyce), que diziam ou que a disputa de pênaltis era loteria, que o que importa na hora do pênalti é a sorte do batedor, ou que é impossível se preparar para uma pressão desse tipo", disse Markham.

Com o passar do tempo, a narrativa da "loteria" havia construído uma crença fundamental de que pênaltis não podem ser controlados e que é impossível treinar para eles, criando uma sensação generalizada de desesperança. Markham estava bastante consciente dessas consequências: "De uma perspectiva psicológica, falar sobre loteria tira dos jogadores a responsabilidade. E foi isso que eu tive a ideia de recuperar para eles. De eles assumirem o controle não só da cobrança em si, mas de todo o processo. A princípio, se tratava do controle percebido. Como podemos aumentar o nível de controle percebido para os jogadores, para a comissão e para todos?".

Com esse objetivo em mente, diversos passos foram dados. Veremos os mais importantes.

Uma apresentação para Southgate

A princípio, a equipe teve seis meses para elaborar uma apresentação para o técnico e convencê-lo de que poderiam ter um impacto.

"A nossa sorte é que Gareth e sua comissão foram extremamente receptivos e respeitosos quando viram que era um trabalho de boa qualidade, porém, não têm paciência para ouvir longas explicações, então, sabíamos que o trabalho tinha que obedecer a um padrão muito alto de qualidade."

Todavia, Markham estava bastante ciente de que estavam apresentando um nível de detalhe que Southgate e sua comissão provavelmente nunca haviam visto. "Falar sobre passadas para a aproximação, ângulo, ritmo, você sabe... tudo, desde técnicas de respiração, áreas ideais de mirar, goleiros, procurar por máscaras e óculos de proteção. E isso tudo só na parte técnica. Depois disso, jogadores, falácia do apostador, vieses de ação e a subutilização do meio do gol... Todas essas coisas poderiam ter facilmente os deixado deslumbrados, então, me lembro que entrei na sala de Gareth, e basicamente imprimimos e recortamos em pedaços de papel todos os tópicos diferentes, e Gareth, então, priorizou, literalmente no chão e em cima da mesa, quais achava importantes e quais achava que eram de menor importância."

Dosagem

A liderança e a comunicação de Southgate foram essenciais. Markham e sua equipe haviam descoberto todas aquelas informações fascinantes sobre cobranças de pênaltis e estavam inclinados a entregar o máximo possível delas aos jogadores, mas Southgate manteve tudo em perspectiva.

"Gareth entendeu que havia um volume enorme de informações ali, e algumas delas eram realmente importantes. No entanto, se você chega para os jogadores e coloca isso como se fosse importante demais, terá o efeito inverso e, em vez de diminuir, aumentará a pressão. Paralisia por excesso de análise. Gareth foi muito bem, conseguiu extrair o nível certo de detalhe, no momento certo, conforme foi apresentado a eles, e simplesmente os deixou cientes dessas informações."

Decompondo a disputa de pênaltis em unidades funcionais distintas

No início, eles leram pesquisas científicas para entender não só as cobranças de pênaltis, mas a sintaxe de toda a disputa de pênaltis. Markham me contou: "Vimos cerca de umas cem pesquisas de diversas áreas. Essa parte demorou muito tempo, e foi aí que chegamos a uma das pesquisas mais influentes, que foi a sua, na qual você decompôs os diversos estágios de uma disputa de pênaltis".[41]

As fases em que decompusemos a disputa de pênaltis foram:

Fase 1: A pausa após a prorrogação

Fase 2: O círculo central

Fase 3: A caminhada

Fase 4: Na marca da cal

"E foi aí que a coisa começou a ganhar vida — as diversas áreas em que precisamos ser muito bons. Não é só a cobrança do pênalti em si, não é só o lado psicológico, existe um processo que podemos, de fato, realizar para afastar a pressão dos jogadores no fim das contas."

Processo

Gareth Southgate fala notoriamente sobre se concentrar no processo, não apenas no resultado. A mesma filosofia serviu para os pênaltis. Markham: "Então, conversamos sobre um processo que podemos seguir e sermos melhores nele. O motivo principal para isso foi nossa ideia de que o melhor que podemos fazer nesse caso era convencer novamente os jogadores de que eles é que controlam isso, que é uma habilidade que podem melhorar. Se conseguíssemos dar aos jogadores processo e apropriação, eles poderiam, então, acreditar que era uma coisa que poderiam controlar".

Análises dos próprios jogadores

Markham e sua equipe conduziram análises muito bem elaboradas e rigorosas das cobranças de pênaltis de seus próprios jogadores.

"Uma coisa que adicionamos foi um nível de pressão. Por que olharíamos para um pênalti em uma partida de pré-temporada em que John Stones dá duas passadas e chuta no ângulo da mesma maneira que olhamos para um pênalti na final da FA Cup? Precisamos diferenciá-los. Também analisamos a experiência da Inglaterra em disputas de pênaltis. Quantos jogadores estavam no campo em situações desse tipo? E quem bateu contra quem não bateu. Encontramos alguns detalhes interessantes sobre alguns dos maiores atacantes que nitidamente vinham evitando cobrar pênaltis nas disputas. E isso nos deu ideias para uma estratégia."

Conhecendo os jogadores

Markham e sua equipe apresentaram muitas dessas ideias aos jogadores em uma oficina de pênaltis, realizada em março de 2018, alguns meses antes da Copa do Mundo. "Foi aí que entramos com a ideia de que a disputa de pênaltis pode ser desmembrada em áreas e aspectos diferentes. E conversamos detalhadamente sobre cada um deles."

Parte dessa primeira reunião foi para mostrar um vídeo com muitos detalhes sobre a corrida de aproximação da bola, rotinas, comportamentos dos árbitros, dos times etc. Fizeram isso para "basicamente dizer que tem muito mais do que vocês imaginam".

Também foi a primeira vez que os jogadores puderam expressar suas opiniões. "Determinados jogadores experientes não queriam cobrar [um pênalti]; determinados jogadores inexperientes queriam [cobrar um pênalti] e vice-versa."

Nas reuniões com os jogadores, eles tentaram mudar a mentalidade em relação aos pênaltis, demonstrando, entre outras coisas, que a Inglaterra estaria melhor preparada do que qualquer outra seleção.

"Acho que o mais importante foi o enquadramento. Todo esse trabalho... foi direcionado no final das contas para construir a percepção de que nós podemos controlar isso. Não é uma loteria; podemos estar melhor preparados do que a outra seleção porque eles provavelmente nem pensarão nisso com tanto detalhe."

Reuniões com árbitros

Na fase de preparação, Markham também participou de reuniões com árbitros para discutir as oportunidades e as restrições das regras e dos regulamentos das disputas de pênaltis.

"Tudo cercava a logística de cenários hipotéticos. Discutimos quais seriam nossas liberdades e em que momento eles dariam cartão amarelo. Quanto a distrações, até onde vai a liberdade do goleiro? Ele será advertido se desgastar a marca do pênalti? E se empurrar o travessão?"

Nessas discussões, eles também tentavam entender e incorporar a psicologia dos próprios árbitros. "Veja, a maioria dos árbitros provavelmente não vai querer ser o centro das atenções em um momento como esse. Então, deduzimos a partir disso que os jogadores provavelmente teriam mais liberdade do que poderiam imaginar para fazerem o que bem entenderem."

Anotações na garrafinha dos goleiros

Isso não era novidade, mas eles participaram de discussões muito bem elaboradas sobre as informações dos cobradores de pênaltis de times adversários que eram colocadas na garrafinha de água dos goleiros, o que foi uma transferência de conhecimento de outro esporte: "Pensamos nos braceletes dos quarterbacks [do futebol americano] para o goleiro, e várias coisas assim".

A reação ao apito

Eles conheciam bem nossos estudos sobre tempo de reação e desempenho, mas criaram uma estratégia de comunicação elegante para abordá-los.

"Ficamos realmente surpresos com a rapidez impressionante com que os jogadores se aproximavam da bola após o apito. Assim que o juiz apitava, eles começavam a aproximação. Lembro-me de dizer aos jogadores: 'O apito não é a *sua* deixa; é a deixa do árbitro. Então, vocês podem começar a corrida de aproximação quando quiserem'. Sua rotina não começa quando o juiz apita; começa quando você quiser que ela comece".

Entrega da bola pelo goleiro

Uma das inovações distintas que Markham e a Inglaterra levaram para as disputas de pênaltis foi que o goleiro deles sempre buscaria a bola após resolvida a cobrança do último pênalti, para entregá-la ao seu companheiro de equipe que cobraria o próximo pênalti. O interessante é que essa ideia surgiu da consideração de maneiras com que o goleiro poderia produzir distrações para os cobradores adversários.

"Obviamente, uma das coisas que medimos em nossa análise foi a distração. Então, tentamos categorizar a distração provocada pelo goleiro em baixa, média e alta. Subcodificamos todas as possíveis distrações provocadas por goleiros: acenar, saltar, gritar, apontar, mexer no travessão... Parte disso era que o goleiro deveria pegar a bola, se conseguisse, de modo que, após nós cobrarmos um pênalti, ele teria que tentar segurá-la, e depois que o adversário cobrasse um pênalti, ele teria que tentar pegá-la. Nós queríamos provocá-los e não deixar o goleiro deles nos provocar."

Comemoração e apoio após um pênalti perdido

Markham e sua equipe conversavam e colaboravam com técnicos e analistas de outros esportes que integravam a equipe da Grã-Bretanha. Em especial, o time de hóquei sobre a grama medalhista de ouro nas Olimpíadas, que também se envolvia em disputas de penalidades, foi uma inspiração. Isso produziu discussões sobre como a seleção poderia reagir coletivamente a pênaltis perdidos e convertidos.

"Na equipe britânica de hóquei sobre a grama, eles não mudavam o apoio após a cobrança. Se convertessem, não havia afirmações positivas ou animação, correria desenfreada... e se desperdiçassem, era igual. Era mais como a mentalidade dos All Blacks, as equipes de esportes coletivos da Nova Zelândia. As coisas simplesmente são do jeito que são. E eles sempre fazem o mesmo, independentemente de qualquer coisa. Então, a gente pega o nosso companheiro de equipe e o acolhe, tanto se ele converter como se desperdiçar a cobrança."

Dito isso, eles ficaram cientes de outras formas de reagir a jogadores que desperdiçavam suas cobranças, e mostraram vídeos de equipes em que determinados jogadores se separavam do abraço da equipe para ir buscar o companheiro que havia desperdiçado sua cobrança. Então, eles deixavam para os jogadores decidir o que queriam fazer tanto depois de cobranças convertidas quanto depois de cobranças desperdiçadas.

"Definitivamente havia uma discussão sobre isso, sobre como deveríamos mostrar nossa união, mas quanto a comemorações demasiadamente exageradas, não havia muito o que discutir. Não tentávamos controlar os jogadores e não tentávamos incentivá-los a se comportar com falsidade, se é que isso faz sentido. Porém, de fato, mostramos a eles como era o comportamento em relação a isso na equipe britânica de hóquei sobre a grama."

Treinamento personalizado

Os jogadores e a seleção treinavam pênaltis, mas em um nível cuidadosamente medido, que era personalizado para cada atleta. "Jogadores com nenhuma ou quase nenhuma experiência, como Kieran Trippier, eram tratados de forma diferente daqueles muito experientes, como Harry Kane.

"A dosagem era muito importante, e, novamente, Gareth e Steve Holland foram excelentes na forma com que administraram isso. Sobretudo, é ruim colocar um número muito grande de cobranças entre o mesmo goleiro e o mesmo cobrador, porque a coisa começa a ficar fora da realidade. O goleiro já sabe onde determinado jogador gosta de bater, então, o jogador acaba mudando a forma de cobrar o pênalti e a coisa vira mais brincadeira do que treinamento."

Eles também consideraram levar outros goleiros para os treinos, para simular melhor uma cobrança de pênalti com um oponente que não conhece previamente o cobrador.

"Então, conversamos sobre isso em determinado momento, mas obviamente [por estarmos na Rússia], colocar em prática ficou difícil. Se estivéssemos em casa, como foi na Eurocopa, poderíamos ter trazido goleiros de outras categorias que teriam uma motivação maior de defender uma cobrança de Harry Kane, então, acredito que se esforçariam bastante. No entanto, como estávamos na Rússia, logisticamente algo assim não iria acontecer."

Por fim, eles se esforçaram ao máximo para simular a disputa de pênaltis por completo.

"Fizemos uma disputa de pênaltis bem fiel, com árbitros, a reunião de jogadores no meio do campo, a caminhada até a área, o círculo central, incluímos as distrações... tudo isso. Portanto, foi um verdadeiro ensaio geral antes de eles viajarem para a Rússia. Tenho certeza de que fizeram outro quando já estavam em solo russo."

Também na Rússia, a equipe de análise coletou e codificou cada pênalti cobrado e enfrentado nos treinamentos para "monitorar o desempenho e o desenvolvimento de rotinas, o que, no fim das contas, representou um papel na decisão da ordem dos cobradores dos pênaltis em uma disputa".

Funções na pausa após a prorrogação

Outra inovação introduzida foi a estruturação de funções e da comunicação para organizar o abraço coletivo da equipe após a prorrogação e antes da ida ao círculo central.

"Analisamos aspectos como a pausa após a prorrogação. Tínhamos funções e responsabilidades; onde as pessoas podiam e onde não podiam ficar. Era tudo muito estruturado e bastante regimentado. Todos os mínimos detalhes foram contemplados."

A inspiração para essa ideia veio de outro esporte.

"Conversamos com a equipe britânica de hóquei sobre a grama a respeito do processo da disputa de penalidades como um todo, designando funções e responsabilidades para todos na comissão técnica e os jogadores, inclusive os que não participariam da disputa. As funções eram comunicadas com clareza durante reuniões específicas da equipe e ensaiadas em sessões de treinamento."

Parte disso era dividir a área pela equipe em zonas diferentes.

"Quisemos criar limites claros que a comissão técnica e os jogadores podiam ou não cruzar. Tínhamos as linhas divisórias, o banco de reservas e a área técnica. Eles criaram uma espécie de posto de hidratação e um posto de massagem. Além disso, os jogadores não podiam entrar no campo, e alguns integrantes da comissão técnica eram informados de que não deveriam ir para o gramado naquele momento, porque seriam mais úteis na área técnica."

É possível ver esse plano em ação naquela disputa de pênaltis contra a Colômbia. Os ingleses pareciam calmos, concentrados e profissionais. O goleiro conversava apenas com uma quantidade bastante reduzida de pessoas, e apenas um integrante da comissão técnica podia falar com ele por vez. O contraste com a seleção da Colômbia era visível. Em determinado momento, David Ospina, o goleiro colombiano, se viu cercado por cinco integrantes da comissão técnica ou companheiros de equipe de uma vez só, todos aparentemente dando conselhos e opiniões... impossíveis de ele processar.

O local do abraço coletivo da equipe antes da disputa de pênaltis

Uma das perguntas feitas na reunião com os árbitros referia-se a onde eles podiam ou não podiam fazer o abraço coletivo da equipe logo após a prorrogação.

"Na condição de árbitros, o que fariam se fizéssemos nosso abraço no círculo central? De modo que já estivéssemos ali e os oponentes tivessem que entrar depois de nós. Os árbitros responderam: 'Provavelmente nada. Vocês podem ficar onde quiserem'. Ou o que aconteceria se fizéssemos nosso abraço bem no escanteio, diante da nossa torcida? Tínhamos muitas perguntas como essas, aspectos logísticos sobre os quais perguntamos e não utilizamos, pois, no fim das contas, os jogadores tinham que se sentir à vontade com a estratégia para que pudessem se concentrar na execução quando chegasse a hora."

Por que isso funcionou?

Markham indicou que o momento para um projeto daqueles era perfeito.

"Acho que foi o momento ideal, justamente quando as pessoas estavam começando a comprar a ideia de que era possível ser mais científico em relação aos pênaltis. Estávamos fazendo aquilo no momento perfeito. Se eu fosse começar agora, estaríamos muito atrasados. Então, começar esse trabalho em 2017 e levá-lo até a Copa do Mundo de 2018, numa época em que pouca gente pensava nessas coisas, foi parte da genialidade da ideia.

Acho que estávamos à frente da curva naquela época. Acho que seria muito mais difícil estar à frente da curva agora, porque, no fim das contas, é limitada a quantidade de coisas que se pode fazer. Acho que largamos na frente, e o momento foi essencial."

Esse projeto foi, obviamente, uma experiência importante para Markham, tanto no curto quanto no longo prazo.

"Nunca fiquei tão nervoso como naquela disputa de pênaltis. Fiquei enjoado."

O colombiano Radamel Falcão começou os trabalhos, lançando um foguete bem no meio do gol e a bola entrou. 1 × 0. O inglês Harry Kane foi o próximo. Rotineiro, como sempre, sereno e controlado. 1 × 1. Os três pênaltis seguintes também foram convertidos, incluindo um cobrado por nosso velho amigo Marcus Rashford, com uma pausa de menos de um segundo após o apito. O técnico da Colômbia, José Pékerman, usou as mãos para esconder o rosto durante a maior parte da disputa de pênaltis, enquanto Gareth Southgate exibia uma tranquilidade quase imperturbável. Então, Jordan Henderson para a Inglaterra. Cobrança independente da movimentação do goleiro à sua direita. O goleiro se adiantou. Defesa. Uma longa caminhada de volta até o círculo central. Entretanto, os dois colombianos seguintes, Mateus Uribe e Carlos Bacca, também desperdiçaram suas cobranças, e Kieran Trippier converteu a sua para colocar Eric Dier em posição de classificar a Inglaterra para a fase seguinte. E ele o fez. Gol. A Inglaterra havia vencido sua primeira disputa de pênaltis desde 1996.

Para Markham e sua equipe, seria normal ter esperado que a comemoração pós-jogo atravessasse a noite, mas no futebol profissional, sempre há a partida seguinte.

"Fiquei acordado até umas nove horas da manhã naquele dia, porque precisávamos preparar as informações sobre a Suécia, a adversária seguinte, então, acho que ainda não comemorei aquela vitória."

Markham, contudo, continua orgulhoso do que eles fizeram.

"Isso provavelmente ainda vai ser lembrado como a coisa de que mais me orgulho na minha carreira, independentemente do que eu venha a conquistar como diretor esportivo, por causa da escala imensa daquilo. Até hoje, ainda não consigo entender como tudo aconteceu. Porque estávamos completamente trancados em uma bolha em St. George's Park.

O legal foi que aquela equipe brilhante, que trabalhou unida durante os dezoito meses anteriores, estava toda ali para que pudéssemos comemorar juntos a nossa conquista. Essa foi a parte mais especial."

3
Explorando a pressão

Sou tagarela. Eu crio o caos.
Dibu Martínez,
goleiro do Aston Villa e da seleção Argentina

Quando o goleiro brasileiro Diego Alves vai tentar defender um pênalti, ele se torna o melhor amigo do cobrador. Trata-o como um amigo de longa data, com entusiasmo e generosidade, sempre abrindo um sorrisão caloroso, às vezes dando um soquinho com as mãos, outras vezes oferecendo um aperto ou até um abraço gentil. Com frequência, ele pega a bola e a entrega de forma generosa ao cobrador do pênalti. Ele faz um carinho afetuoso na cabeça de seu oponente, aproxima seu rosto do rosto do cobrador e sussurra algumas palavras agradáveis em seus ouvidos. O cobrador é recebido de braços abertos. Muito embora ele tenha um trabalho a fazer, e aquele homem é claramente seu oponente naquele cenário, eles parecem retribuir na mesma moeda, muitas vezes devolvendo a saudação do soquinho e correspondendo ao sorriso.

Eles meio que sabem disso, mas se realmente entendessem que as atenções de Diego Alves são letais, e seus sussurros, diabolicamente calculados, talvez não correspondessem ao sorriso. Assim que Diego Alves percebe que o cobrador está lhe dando ouvidos — e um sorriso ou uma palavra de resposta serve como prova disso — ele sabe que abriu um canal de comunicação que pode explorar. "Gosto de sentir o jogador naquele momento", disse Diego. "Descobrir se está nervoso. Gosto de conversar com ele, ter a sensação dele, ver se ele vai fazer o que acho que ele vai fazer."[1]

Uma vez forjada a conexão, Diego Alves ataca, passando uma mensagem cuidadosamente planejada para irritar, prejudicar ou semear dúvida. Por exemplo: "Falei que, se ele perdesse outro pênalti, seria uma coisa horrível para ele, e que eu entendia a pressão que pesava sobre seus ombros".

É sempre simpático quando alguém nos entende.

Será que uma manipulação psicológica desse tipo funciona? Ora, em sua carreira, Diego Alves defendeu 27 dos 69 pênaltis cobrados contra ele, o que deixa os cobradores com somente 61% de chance de marcar um gol quando enfrentam o goleiro na marca da cal. É um número absurdamente baixo. Portanto, não só Diego Alves é o orgulhoso defensor de um dos repertórios de joguinhos psicológicos mais sofisticados do futebol, como também é um dos goleiros mais eficientes na defesa de pênaltis nos dias atuais.

Neste capítulo, exploraremos o que Diego Alves e muitos outros goleiros especialistas em defender pênaltis fazem para influenciar o psicológico do cobrador e aumentar a probabilidade de que eles venham a desperdiçar a cobrança — e o que o cobrador pode fazer para dar o troco.

Com Diego Alves, estamos claramente no reino de Maquiavel. Até onde sei, o escritor italiano do século XVI, autor de *O Príncipe*, a influente obra sobre diplomacia e poder, nunca declarou ter um goleiro predileto, mas Diego Alves certamente teria figurado entre os candidatos ao posto. Se maquiavelismo é a arte da manipulação estratégica, muitas vezes à custa da moral, para alcançar objetivos pessoais — ou seja, a astúcia traiçoeira —, então Diego Alves é, sem dúvida, um dos maiores mestres dessa prática entre os goleiros da atualidade.

E, ao lado dele, indubitavelmente figuraria o argentino Emiliano "Dibu" Martínez, campeão mundial de 2022 e vencedor do Troféu Yashin de 2023.[2] Natural de Mar del Plata, nos arredores de Buenos Aires, e criado em família pobre por pais que às vezes precisavam ficar sem comer para que ele se alimentasse, Martínez saiu de casa aos dezessete anos para se mudar para Londres e entrar na academia do Arsenal. Ele passou a maior parte da década seguinte sendo emprestado para outros clubes ingleses e europeus: Oxford United, Rotherham United e Getafe, entre outros.

Então, tudo mudou para Martínez, e as cobranças de pênaltis representaram uma parte importante da mudança. Durante um período de quatro anos, ele participou de cinco disputas de pênaltis e ficou do lado vencedor em todas. A primeira foi a de menor prestígio delas: a partida de abertura da temporada do futebol inglês batizada de Community Shield (Supercopa da Inglaterra), na qual ele defendeu o Arsenal contra o Liverpool, em um jogo no Wembley sem público, devido à pandemia de Covid-19, em agosto de 2020. Quando começou a disputa de pênaltis, Martínez, a princípio, parecia calmo e sereno. Então, com a chegada de cada cobrador, foi ficando cada vez mais tagarela. Ele começou a sorrir e piscar para eles. Começou a se aproximar do cobrador na marca do pênalti e a papear ativamente com ele enquanto se preparava para cobrar a penalidade. Em determinada altura, o técnico do Liverpool, Jürgen Klopp, notou Martínez e abriu a boca em incredulidade, depois voltou-se para um dos integrantes de sua comissão técnica como se perguntasse "Mas o que é isso?", e seu subordinado simplesmente balançou a cabeça em um gesto de desaprovação. Um dos jogadores do Liverpool acertou a bola no travessão e todos os do Arsenal converteram suas cobranças. O Espetáculo dos Pênaltis de Dibu Martínez estava inaugurado.

Sempre houve provocação nos esportes profissionais. Alguns atletas são famosos por suas agressões verbais, aplicadas antes ou durante os confrontos: Larry Bird e Michael Jordan no basquete, Muhammad Ali no boxe e Conor McGregor no MMA. Todavia, em arenas esportivas lotadas, os detalhes dessas interações vulgares costumam ser abafados. Isso mudou na pandemia. Sem a torcida no estádio, subitamente os telespectadores em casa passaram a conseguir ouvir exatamente o que diziam jogadores como Martínez.

Em julho de 2021, Martínez representou a Argentina na Copa América realizada no Brasil. Na semifinal, a Argentina enfrentou a Colômbia, e a partida foi para a decisão nos pênaltis. Juan Cuadrado converteu a primeira cobrança colombiana, escapando por pouco do mergulho de Martínez. Messi empatou para a Argentina. O cobrador seguinte seria Davinson Sánchez. Quando partiu em direção à bola, a voz de Martínez ecoou alta e clara por todo o Estádio Mané Garrincha.

"Sinto muito, mas vou engolir você, irmão."[3]

Sánchez cobrou mal o pênalti no canto esquerdo de Martínez, que defendeu.

O próximo a bater pela Colômbia seria Yerry Mina, do Everton. Martínez agora levaria a provocação para outro patamar.

"Você ri, mas está nervoso. Está nervoso. Ei, a bola está à frente da marca do pênalti. Vai, juiz, finge que não está vendo."

Mina ouviu isso tudo e quando ficou de pé ao lado da bola, murmurou algo em resposta com um sorriso no rosto, provavelmente em uma tentativa de parecer indiferente e no controle da situação. Então, ele começou a correr na direção da bola e novamente um dilúvio de palavras irrompeu da boca de Martínez, quase como se ele estivesse comentando a partida para a TV, com intensidade cada vez mais veemente, enquanto Mina se aproximava da bola.

"Eu já conheço você. Sei onde chuta e vou defender. Vou engolir você, irmão."

Mais uma cobrança ruim. Mais uma defesa. Martínez, então, comemorou sua defesa lançando para frente o quadril e os braços para trás rapidamente, em um gesto repleto de vulgaridade e de um machismo exultante.

O cobrador colombiano seguinte seria Miguel Borja. De alguma forma, Martínez conseguiu descer ainda mais o nível, não deixando de falar em momento algum, cada vez com mais intensidade conforme Borja ia se aproximando da bola.

"Está com medo? Você estava falando muito no intervalo, né? Vai bater onde, irmão? Eu sei onde você bate. Então, você gosta de olhar, né? Anda, olha no meu olho. Olha pra mim! Olha pra mim! Olha pra mim!"

Borja converteu sua cobrança batendo forte bem no meio do gol, mas quando a bola voltou em seu pé depois de ricochetear na rede, ele, agressivamente, deu outro chute nela, lançando-a na arquibancada vazia, uma indicação de que Martínez havia conseguido tirá-lo do sério.

Quando chegou o momento da última cobrança da Colômbia, o árbitro venezuelano havia ficado extremamente consciente das artimanhas de Martínez e finalmente fez algum esforço para controlá-lo. Era tarde demais. Martínez maneirou no comportamento, mas ainda defendeu a última cobrança e a Argentina venceu a disputa de pênaltis e se classificou para a final, na qual derrotou o Brasil e conquistou seu primeiro título importante desde 1993.

Porém, Martínez estava apenas começando. Um ano depois, na Copa do Mundo de 2022 no Catar, a Argentina enfrentou a Holanda em uma disputa de pênaltis por uma vaga nas semifinais que acabou virando a mais instável, volátil e propensa a conflitos na história das Copas. E adivinhem quem estava no centro disso tudo...

Com o primeiro cobrador de pênalti da Holanda, Virgil van Dijk, Martínez pareceu bem-comportado, calmo e passivo, mas essa é justamente a estratégia dele: não chegar de cara disparando todas as suas armas; primeiro, sentir o árbitro e os oponentes, e depois começar a crescer para cima do adversário. A cobrança de van Dijk foi praticamente idêntica ao pênalti que ele cobrou na final da Copa da Liga Inglesa pelo Liverpool contra o Chelsea nove meses antes, quando converteu batendo-o forte e espetacularmente no ângulo direito do goleiro. Martínez estava preparado: "Eu conhecia o van Dijk. Eu o vi chutar ali em três finais".[4] Martínez parecia já estar totalmente esticado quando van Dijk bateu na bola. Grande defesa. E uma comemoração pós-defesa ainda maior.

"Defender o primeiro pênalti é como marcar seu território", disse Martínez posteriormente. "Passar por mim não será fácil para eles, especialmente no segundo pênalti."[5]

O cobrador holandês seguinte foi Steven Berghuis. Martínez o esperou na marca do pênalti, entregando-lhe a bola com a mão esquerda. Quando Berghuis chegou, entretanto, Martínez torceu o pulso e deixou a bola cair ao chão, obrigando o adversário a caminhar uns quatro ou cinco metros para pegá-la. Berghuis abriu um sorriso antes de começar a correr na direção da bola, possivelmente porque Martínez não parou de falar com ele por todo o tempo daquela pequena espera. Ele, então, reagiu rapidamente ao apito do árbitro... e perdeu o pênalti. Em um momento desses, a maioria dos goleiros faz um gesto discreto, jovial ou determinado e calmamente se afasta, mas Martínez não é como a maioria dos goleiros. Ele ostenta um vasto repertório de comemorações pomposas após defender pênaltis, entre as quais pode escolher. Dessa vez, optou por uma dancinha, movendo ritmicamente as mãos e as pernas de um lado para o outro.

Teun Koopmeiners foi o próximo a bater. Martínez também o esperou na marca do pênalti, desta vez sem a bola, mas sem tirar os olhos dele, tentando fazer contato visual e estendendo a luva direita para um aperto de mãos. Koopmeiners recusou-se a apertar a mão do goleiro, que ficou estendida no ar durante cerca de cinco a seis segundos. O árbitro interveio e ordenou que Martínez recuasse até sua linha. Ele não recebeu cartão amarelo, porém. Nem sequer foi advertido. Seguindo à risca a cartilha de Maquiavel, Martínez consegue se safar mesmo com a maioria de suas artimanhas, porque parece suficientemente inofensivo, misericordioso e humano a ponto de passar a impressão de estar do lado certo da linha do árbitro. Koopmeiners converteu sua cobrança. E então, abordou Martínez com uma provocação, o que foi compreensível após ter sido tão claramente intimidado pelo goleiro. Mas aquilo também demonstrou o impacto da presença de Martínez.

Quando Wout Weghorst, o quarto cobrador holandês, estava caminhando até a marca do pênalti, Martínez lançou uma olhadela na direção do árbitro, viu que ele havia dado as costas momentaneamente e se deu uma chance de tentar algo novo. Ele chutou a bola com força, como se estivesse passando-a para Weghorst, mas claramente a bola passou longe dele e foi parar a uma distância de, provavelmente, trinta ou quarenta metros. Afrontoso e hostil. Weghorst precisou da ajuda de seus companheiros de equipe para ter a bola de volta. Martínez, então, marcou fisicamente seu território beijando as duas traves e acariciando o travessão.

Quando o árbitro o abordou enquanto ele fazia tudo isso, Martínez fez-lhe um carinho no rosto com a luva — novamente, um gesto aparentemente amistoso, mas também assertivo e insolente. Controlar o árbitro é essencial em situações como essa, e Martínez os manipula como se fossem um instrumento musical. Contudo, Weghorst converteu sua cobrança, e uma pequena briga aconteceu depois entre Martínez e o adversário pela bola. Martínez venceu e pôde entregá-la confortavelmente ao seu próximo companheiro de equipe que vinha chegando.

A essa altura, as duas seleções estavam inseridas em uma coisa que mais parecia um campo de batalha do que um campo de futebol. Todos os jogadores holandeses que voltavam de suas cobranças faziam o máximo para passar pelo próximo cobrador argentino para provocá-lo. Quando Lautaro Martínez começou a caminhar do círculo central para fazer a quinta, e possivelmente decisiva, cobrança pela Argentina, três jogadores holandeses o cercaram e lhe deram a pior despedida que conseguiram. Consequentemente, no fim das contas, quando o argentino converteu a cobrança para colocar sua seleção na semifinal, seus companheiros de equipe não correram diretamente até ele, como é habitual, mas sim até os jogadores holandeses para provocá-los uma última vez. Somente depois disso é que foram comemorar com Martínez.

Porém, o interessante é que um jogador argentino solitário se dirigiu para outro destino. Lionel Messi correu diretamente até seu goleiro e os dois deram um longo abraço do outro lado do campo. Messi claramente reconhecia quem havia sido o maior orquestrador daquela vitória nos pênaltis.[6]

No entanto, a obra-prima de Martínez ainda seria produzida. Uma semana depois, a Argentina foi enfrentar a França na final da Copa do Mundo, uma partida que terminou 3 × 3 e foi para a decisão nos pênaltis — a terceira vez na história da Copa do Mundo masculina em que uma disputa de pênaltis decidia a seleção campeã do torneio. Martínez armou o palco e apropriou-se da grande área desde o início. Enquanto o goleiro e capitão francês, Hugo Lloris, ainda estava no meio do campo concluindo o lançamento da moeda junto ao árbitro para escolher qual seria a primeira seleção a cobrar, Martínez rapidamente caminhou até uma das grandes áreas do campo. Será que ele sabia? Será que estava adivinhando? Será que tinha entendido errado algum gesto do árbitro?

O que quer que tenha acontecido, ele escolheu o lado certo antes da decisão na moeda e conseguiu se aproveitar de sua chegada precoce. Quando Lloris juntou-se a ele e aceitou seu aperto de mão, foi como se Martínez estivesse recebendo uma visita em seu próprio lar: "Você está na minha casa agora!". Com aquela caminhada rápida até a área da disputa, ele basicamente criara uma microversão da vantagem de jogar em casa.

Martínez também apertou a mão do primeiro cobrador francês, Kylian Mbappé — tudo muito amistoso —, e então, pediu educadamente ao árbitro que verificasse a posição em que Mbappé havia colocado a bola na marca do pênalti. O árbitro gentilmente concordou, dirigiu-se até a bola para olhar mais de perto e respondeu com o polegar erguido. Naquele momento, Martínez firmou uma ligação com o árbitro que poderia beneficiá-lo posteriormente. A estrutura regulamentar frouxa da disputa de pênaltis dá a jogadores como Martínez amplas oportunidades de manipulação. As pessoas talvez imaginem que uma disputa de pênaltis no futebol seja estruturada de forma bem amarrada, mas na realidade, não é. As regras são explícitas somente em alguns pontos-chave, como, por exemplo, que os goleiros devem permanecer na linha do gol até que a bola seja chutada e que o cobrador deve chutar a bola para a frente. Porém, quanto ao comportamento dos jogadores antes das cobranças, há apenas algumas diretrizes explícitas, ou nenhuma, e todas dependem da interpretação do árbitro. Essa subjetividade pode ser explorada por manipuladores especialistas.

Ainda assim, Mbappé converteu sua cobrança, muito embora Martínez tenha encostado na bola.

O cobrador francês seguinte foi Kingsley Coman, do Bayern de Munique. Agora, Martínez forçou um pouco mais a barra, tentando esperar Coman na marca do pênalti, o que forçou o árbitro a intervir educadamente. Novamente, Martínez fez com que o árbitro verificasse o posicionamento da bola, o que novamente produziu mais um polegar erguido da pessoa que supostamente estava no comando. Martínez, então, defendeu a cobrança de Coman e comemorou efusivamente — uma corrida veloz e curta com três enormes saltos e socos no ar. Não havia questionamento sobre quem era a figura dominante daquele drama àquela altura dos acontecimentos.

O cobrador argentino converteu sua cobrança, e agora seria a vez de Aurélien Tchouaméni para a França. Àquela altura, Martínez já havia desistido de ser sutil. Posteriormente, ele admitiu que havia se preparado para aquela situação exata: "Tinha treinado aquilo com a minha psicóloga: se eu conseguir defender uma cobrança, transformo a vida do próximo cobrador em um pesadelo".[7]

Primeiramente, Martínez pegou a bola bem na frente do árbitro e afastou-se com ela como se fosse dele. Enquanto o árbitro e Tchouaméni esperavam, Martínez estava de costas para eles, demorando-se com a bola na mão esquerda enquanto orquestrava a torcida argentina com a direita. O árbitro, agora visivelmente incomodado, perdeu a paciência, soprou o apito e começou a caminhar na direção do goleiro. Contudo, em vez de entregar a bola a Tchouaméni, Martínez simplesmente a lança longe, forçando seu oponente a caminhar mais de vinte metros para buscá-la. O desrespeito era nítido. Nenhuma penalidade foi aplicada pelo árbitro, e Martínez simplesmente deu-lhe as costas e dirigiu-se para o gol. Ele estava totalmente no controle daquela situação e consciente disso. Depois que Tchouaméni havia colocado a bola na marca do pênalti e estava preparado para a cobrança, Martínez ergueu os braços e abriu um sorriso arrogante olhando para ele. Pênalti perdido.

Leandro Paredes foi o argentino seguinte a cobrar. Depois de ter acabado de lançar a bola para longe de Tchouaméni, Martínez sabia que Lloris poderia querer dar o troco, então, ele rapidamente pegou a bola e a entregou ele mesmo, assim como havia feito na semifinal. Proativo e eficiente.

Após três pênaltis para cada seleção, a Argentina vencia confortavelmente por 3 × 1. Àquela altura, Martínez exalava autoconfiança, e estava prestes a descarregá-la por inteiro em cima de seu próximo oponente. Quando Randal Kolo Muani caminhou do círculo central até a área, Martínez virou-se para sua comissão técnica, na linha lateral, e começou a apontar intensamente para o atleta francês e a fingir diversos movimentos de defesa. Qualquer traço de sutileza havia desaparecido àquela altura — ele queria que Kolo Muani soubesse que estavam falando dele e de suas preferências nas cobranças de pênaltis. Quando Kolo Muani se aproximou um pouco mais, Martínez começou a falar diretamente com ele, novamente apontando o dedo para o francês e, depois, para si mesmo, balançando a cabeça com intensidade e abrindo um enorme sorriso, enquanto o árbitro tentava contê-lo.

Ninguém precisa ser especialista em leitura labial para entender o que Martínez dizia: "Já vi como você bate! Já vi como você bate! Já vi como você bate!". Quando Martínez, então, tentou tirar o árbitro de sua frente para se aproximar de Kolo Muani, o cartão amarelo foi inevitável. Na linha do gol, Martínez continuou a gesticular para a torcida argentina fazer barulho, e seguia sorrindo e falando com o cobrador do pênalti. Kolo Muani converteu sua cobrança, mas Martínez estava prestes a pôr as mãos na taça, e sabia disso.

Depois que buscou a bola no fundo do gol, ele voltou-se para o árbitro e perguntou: "Se fizermos o gol, ganhamos? Se fizermos o gol, ganhamos?". O cobrador seguinte converteu, e a Argentina conquistou seu tricampeonato da Copa do Mundo — em grande parte graças às artimanhas maquiavélicas de Martínez.

Quais são as principais maneiras com que os goleiros buscam aumentar a pressão sobre o cobrador de pênalti que os enfrenta? E o que dizem os dados sobre o impacto das distrações, das perturbações e dos joguinhos psicológicos dos goleiros na concentração, no estado emocional e, no fim das contas, na execução das próprias cobranças por parte dos cobradores? O que se seguirá é uma sequência de eventos cruéis, inescrupulosos e desumanos. Provavelmente, maldoso e insuportável são adjetivos melhores para descrever, mas a questão é que comportamentos do tipo representam a realidade do futebol profissional, e quer gostemos disso ou não, precisamos considerá-los e saber lidar com eles.

Nas disputas de pênaltis da década de 1970 e do início da década de 1980, os goleiros comportavam-se bem, eram obedientes e ficavam parados. Antes de uma cobrança de pênalti, o goleiro dirigia-se para a baliza e assumia sua posição na linha do gol, sem nenhuma gracinha. A posição típica dos goleiros, enquanto o jogador corria para a bola, era ficar de pé sobre a linha, com os pés juntos, o corpo ligeiramente curvado para a frente e para baixo, e as mãos posicionadas à frente do corpo, apontadas para baixo.

Um homem parece ter mudado tudo isso: Bruce Grobbelaar, do Liverpool. E a ocasião em que ele mudou as coisas foi a final da Copa Europeia de 1984, entre Liverpool e Roma. O time inglês só havia participado de uma disputa de pênaltis antes desta — dez anos antes, na partida de abertura da temporada intitulada Charity Shield. Algo preocupante: na semana anterior à final contra a Roma, eles haviam organizado um treinamento de disputa de pênaltis contra o time da base e perdido de 5 × 0.[8] Não foi uma preparação das melhores. Todavia, eles tinham Grobbelaar.

O goleiro zimbabuano começou a disputa de uma maneira um tanto convencional, mas seu comportamento mudou antes da segunda cobrança da Roma, de Bruno Conti. Grobbelaar primeiro pôs-se a falar consigo mesmo em voz alta enquanto se dirigia para a linha do gol. Então, inclinou-se contra a rede da baliza, pareceu tentar passar o rosto por ela, mas acabou mordendo-a em vez disso, antes de voltar-se para Conti e claramente lhe dizer algo enquanto dava alguns passos em sua direção e gesticulava com os dedos. Conti respondeu virando as costas para Grobbelaar, enquanto o árbitro se preparava. A cobrança passou por cima do travessão.

O cobrador do terceiro pênalti da Roma converteu sua cobrança, mas foi antes da quarta cobrança que Grobbelaar fez os gestos pelos quais ficaria famoso. Muito mais tarde, ele revelaria: "As pessoas disseram que eu estava sendo desrespeitoso, mas estava apenas testando a concentração deles sob pressão. Acho que eles não passaram no teste".[9]

Não mesmo. A coisa toda começou com Grobbelaar se dirigindo casualmente para a linha do gol como se estivesse alcoolizado, bambeando de um lado para o outro. Sobre a linha do gol, ele dobrava os joelhos e se sacudia de uma forma totalmente descoordenada, uma coreografia vacilante, completinha, até com os joelhos comicamente trêmulos. É seguro afirmar que nenhum goleiro profissional jamais havia se preparado daquela maneira para defender um pênalti em uma final importante.

Será que algo mudou? É difícil ter certeza. Preparado para começar a correr para a sua cobrança, Francesco Graziani praticamente só olhava para baixo — ou fingia olhar para baixo. Entretanto, o olhar de Graziani estava mirando Grobbelaar durante as últimas sacudidelas dos joelhos, e sua reação imediata foi fazer o sinal da cruz em frente ao peito. Graziani, então, deu um bico na bola, que voou sobre o travessão. Enquanto o italiano se afastava lentamente — dirigindo-se diretamente para o banco de reservas em vez de voltar para onde estavam seus companheiros de equipe no círculo central —, Ray Kennedy converteu sua cobrança, dando ao Liverpool o título e gravando o nome de Bruce Grobbelaar nos livros de história como um dos pioneiros dos joguinhos psicológicos nas disputas de pênaltis. E, obviamente, escrevendo seu nome também nos anais da dança.

Agora vamos para 2005, em Istambul, onde o Liverpool enfrenta o Milan na final da Champions League. Após a épica recuperação do time inglês, que perdia de 3 × 0 na saída para o intervalo, mas empatou o placar no segundo tempo, a partida foi para os pênaltis, e Jerzy Dudek no gol do Liverpool iria tentar defender a primeira cobrança do Milan, que seria do brasileiro Serginho. Depois de Serginho colocar a bola na marca da cal, ele sequer olha de soslaio para Dudek; apenas dá as costas e caminha, voltando de frente para o círculo central. Quando ele se vira para preparar sua aproximação da bola, ergue o olhar para fitar Dudek pela primeira vez... e que visão que ele tem!

Dudek não é mais um jogador de futebol; ele vira um dançarino — sacudindo ritmicamente os braços para cima e para baixo enquanto dá algumas passadas para a esquerda, e depois mais outras para a direita. De alguma forma, essa movimentação toda faz com que ele pareça enorme. Após o apito do árbitro, Serginho passa mais de quatro segundos de pé em posição, preparado para a cobrança — um tempo maior do que quase todos os jogadores que participaram de disputas de pênaltis importantes até aquele momento. E não surpreende: ele precisa de um tempo para absorver aquela exibição visual bizarra.

Finalmente, Serginho parte para a bola, Dudek interrompe as movimentações desenfreadas e volta a assumir sua posição no centro do gol, flexionando ligeiramente as pernas para se preparar para um grande salto. E vem a cobrança. Serginho erra por muito. A bola voa sobre o ângulo esquerdo da baliza. Cobrador de pênalti 0 × 1 Dançarino.

O jogador seguinte a bater para o Milan é Andrea Pirlo. Para ele, também, Dudek agita os braços para cima e para baixo, mas depois muda a estratégia, agachando até uma posição em que estava praticamente sentado sobre a linha do gol, depois simulando muito rapidamente movimentos para a esquerda e para a direita, diversas vezes. Pirlo aparenta sofrer de uma sobrecarga de informações e cobra mal o pênalti. Dudek defende. Talvez esse seja o incidente que, mais tarde, inspire Pirlo a descrever a disputa de pênaltis como "uma caminhada interminável e horrenda por dentro dos medos de todos nós".[10]

Chega a vez de Kaká. Desta vez, Dudek replica as pernas bambas de Grobbelaar, porém, com ainda mais intensidade e estilo, descendo e contorcendo o quadril até ficar novamente quase sentado no gramado, e depois se levantando novamente e repetindo o contorcionismo. Ao final de tudo isso, contudo, ele salta para o canto errado, e Kaká converte sua cobrança. Na sequência, Dudek encara Andriy Shevchenko, que precisa converter para manter o Milan vivo na partida. Contra o ucraniano, Dudek faz algo parecido com o que havia feito com Serginho, e o resultado é semelhante. A cobrança vai mais ou menos reta, em cima de Dudek, que a defende. Três de quatro pênaltis não convertidos. O Milagre de Istambul se conclui. O Liverpool volta do mundo dos mortos e conquista o título. E a dança sobre a linha do gol é alçada a um novo nível de grandiosidade.

Levando esse gênero artístico ainda mais longe, o goleiro australiano Andrew Redmayne virou herói nacional ao sair do banco de reservas no último minuto da prorrogação da partida classificatória para a Copa do Mundo de 2022, entre Austrália e Peru. Ele entrou em campo apenas para a disputa de pênaltis, que a Austrália venceu, garantindo sua vaga no Mundial daquele ano. Os meios de comunicação do mundo todo o rotularam como "o goleiro dançarino" após uma exibição na linha do gol que incluía polichinelos, piruetas, agachamentos e balanços dos braços. Ele até mesmo chegava a virar as costas para o cobrador, tudo isso feito de maneira errática, desestruturada e absolutamente imprevisível — Grobbelaar somado a Dudek e mais alguma coisa. Funcionou em apenas dois de seis pênaltis, mas foi o suficiente. Mais tarde, Redmayne declarou que havia conversado com seu treinador de goleiros antes da partida, e eles decidiram que "se você conseguir passar uma vergonha absurda para ganhar um ou dois por cento para distraí-los, então vale a pena".[11]

O treinador de goleiros não estava enganado. Pesquisadores britânicos já documentaram que goleiros que realizam movimentações voltadas para distrair os cobradores, de fato, atraem mais a atenção deles, e isso atrapalha e perturba a execução da cobrança.[12] Esse estudo foi realizado em laboratório com estudantes como participantes, e não com atletas de elite no mundo real. Assim, em 2017, um dos maiores pesquisadores do mundo sobre linguagem corporal nos esportes, Philip Furley, da Escola Superior de Desportos, na Alemanha, e seus colegas publicaram um estudo sobre o impacto de todos os comportamentos de goleiros voltados para distrair cobradores em disputas de pênaltis na Copa do Mundo masculina, entre 1986 e 2010, e na Eurocopa masculina, entre 1984 e 2012 (322 cobranças no total). Eles definiram a distração provocada pelo goleiro como "qualquer espécie de tentativa comportamental feita para distrair cobradores de pênaltis e atrair atenção para eles mesmos para que o cobrador dê pouca atenção à execução de sua cobrança".[13] Os resultados mostraram que, quando os goleiros tentavam distrair o cobrador da penalidade máxima, 10% a mais de pênaltis eram desperdiçados do que quando não tentavam.[14]

Também fiz uma análise em disputas de pênaltis importantes e ficou claro que houve um crescimento constante de comportamentos voltados para distração utilizados pelos goleiros desde a década de 1970 até os dias de hoje (vide o diagrama a seguir). Enquanto menos de 10% dos goleiros das décadas de 1970 e 1980, se utilizavam desses comportamentos (em cima da linha), algo entre 50% e 60% dos goleiros das décadas de 2010 e 2020 fizeram alguma coisa para perturbar o cobrador adversário.

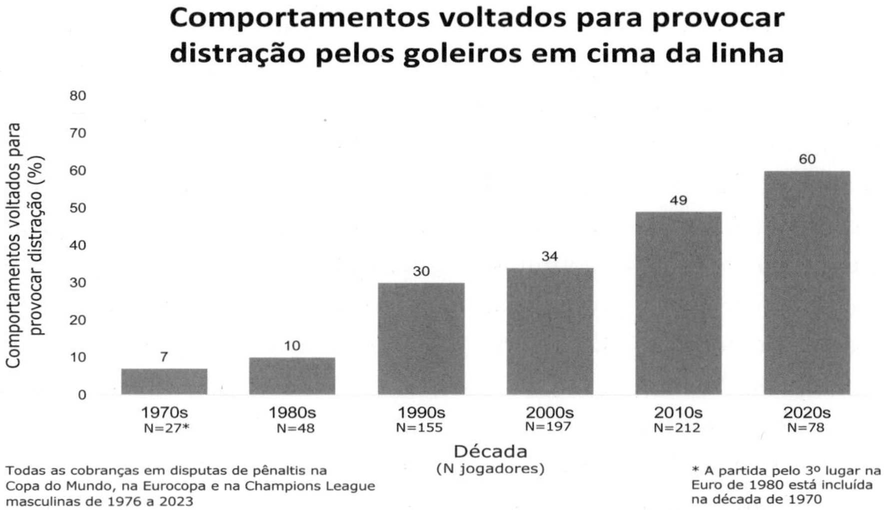

Por que os goleiros têm recorrido cada vez mais a comportamentos para distrair os cobradores? Talvez seja reflexo do crescente profissionalismo e da competitividade no esporte, em que os jogadores estão dispostos a fazer o que for preciso para conquistar uma vantagem. Pode também refletir uma crença crescente de que essa estratégia realmente funciona.

Mas o que será que nossos dados dizem a respeito? Ao analisarmos um campo amostral de 718 cobranças, observamos que não houve diferença nos resultados dos pênaltis entre os casos em que os goleiros caminharam calmamente e diretamente até a linha do gol e aqueles em que se deslocaram para outras áreas da grande área antes da cobrança. De forma semelhante, não houve diferença nos resultados de cobranças de pênaltis de cobradores que encararam goleiros que ficavam parados em cima da linha ou os que saltavam, batiam palmas ou se movimentavam de um lado para outro. Entretanto, nos casos em que o goleiro fazia uma *combinação* desses comportamentos e/ou adotava esses comportamentos de uma forma particularmente bem elaborada, os cobradores convertiam cerca de 10% menos cobranças do que quando os goleiros ficavam parados, mas essa diferença não era significativa.

Além disso, se examinarmos apenas as cobranças feitas após Furley e seus colegas realizarem o já citado estudo (portanto, em disputas de pênaltis a partir de 2013), essas diferenças são maiores — uma redução de 15% nos resultados de cobranças de pênaltis quando os goleiros combinam comportamentos ou os realizam com intensidade em comparação com aqueles que ficam parados. Esse número cresce para uma diferença de 25% quando inclui apenas casos em que os goleiros pulam no canto certo (o que deixa de fora muitos gols marcados com cobranças malfeitas e proporciona uma representação mais precisa do desempenho dos cobradores de pênaltis). No entanto, como os tamanhos das amostras são menores, nenhuma dessas conclusões é estatisticamente significativa, o que nos leva a resultados meramente hipotéticos e inconclusivos.

Partindo dessas análises, comportamentos visuais voltados para causar distração não apresentam um impacto inequívoco no desempenho dos cobradores de pênaltis. Algumas vezes funcionam, outras, não, provavelmente dependendo de muitas variáveis: o comportamento em si, sua magnitude, seu momento, o goleiro que está produzindo a distração (alguns o fazem de forma mais convincente do que outros), e, obviamente, o cobrador-alvo. Alguns jogadores são mais vulneráveis do que outros a distrações visuais. Outros podem se beneficiar de um pouco de distração — especificamente aqueles propensos a se preocupar em excesso. Suspeito que a distração visual seja mais eficaz quando realizada em combinação com distrações de outros tipos, como verbal, física e funcional, que abordaremos a seguir.

Jardinagem com a marca do pênalti

Nos últimos anos, tem se tornado comum ver zagueiros aproveitando o momento de confusão após a marcação de um pênalti ou durante revisões do VAR para, digamos, *alterar* discretamente a marca do pênalti com as chuteiras. Vários jogadores da Argentina tentaram isso antes das cobranças de fundamental importância de Kylian Mbappé durante o tempo regulamentar na final da Copa do Mundo de 2022. Mais recentemente, temos visto essa técnica ser realizada por jogadores de equipes do campeonato inglês, como Arsenal (Aaron Ramsdale e Gabriel),[15] Chelsea (Antonio Rüdiger),[16] Liverpool (Virgil van Dijk),[17] Manchester United (David de Gea)[18] e Wolverhampton (José Sá),[19] para citar alguns.

Obviamente, essa é uma técnica funcional, porque fazer uma cobrança com a bola em uma marca de pênalti que foi desgastada é mais difícil do que em uma que esteja em perfeito estado. Porém, também pode ser uma técnica de desestabilização psicológica. Ainda que o dano físico seja mínimo, e a chuteira tenha meramente raspado a parte de cima ou as partes próximas à marca, o cobrador pode se sentir indiretamente violado em algum nível. O zagueiro literalmente pisou na grama do atacante.

Confronto na marca do pênalti

Alguns goleiros "guardam caixão" na marca do pênalti para confrontar o cobrador enquanto ele está tentando colocar a bola na marca. O holandês Hans van Breukelen foi um dos pioneiros dessa estratégia. A final da Eurocopa de 1988, em Munique, entre a Holanda e a União Soviética é mais lembrada pelo incrível gol de Marco van Basten, pegando de primeira num voleio pela direita da grande área. Porém, não nos esqueçamos de que, pouco depois disso, foi marcado um pênalti a favor da União Soviética. Antes que a cobrança fosse feita, Van Breukelen encontrou um instante para iniciar uma nova abordagem ao estado de guerra psicológico relacionado aos pênaltis, aguardando o cobrador soviético Igor Belanov na marca do pênalti e conversando tranquilamente com ele enquanto apontava para seu próprio olho. Van Breukelen defendeu a cobrança, os holandeses seguraram a vantagem de 2 × 0 e conquistaram o título.

Ricardo, goleiro de Portugal, fez igual na Eurocopa de 2004, aguardando David Beckham na marca do pênalti com as mãos no quadril e conversando com o jogador inglês enquanto ele colocava a bola na marca para depois — conforme vimos anteriormente — chutá-la sobre o travessão. Contudo, nossos dados revelam que os goleiros que aguardam os cobradores adversários na marca do pênalti não fazem com que eles desperdicem mais cobranças do que os que ficam debaixo da baliza. Para os especialistas em joguinhos psicológicos, como Dibu Martínez e Diego Alves, o confronto inicial na marca do pênalti é quase obrigatório, mas isso parece meramente criar uma plataforma para outros atos de intervenção mais agressivos (e eficientes).

Posse de bola

Quando um goleiro consegue pegar a bola pouco antes da cobrança de um adversário, possivelmente também assume algum controle sobre o cobrador e sobre sua concentração. E pode se aproveitar desse controle para retardá-lo, dominá-lo ou frustrá-lo. Diego Alves gosta de pegar a bola assim que pode e depois segurá-la pelo máximo de tempo que a situação permitir. Ele sabe que essa é uma fonte de frustração e incerteza para o cobrador do pênalti, que provavelmente apenas deseja tomar a posse da bola e iniciar sua rotina. Então, é claro, o goleiro tem a opção sobre como eventualmente solta a bola. A teoria: controle a bola e controlará o cobrador do pênalti. Essa é uma vantagem sutil, porém brutal.

Domínio dos espaços

Poucos goleiros vagueiam tão largamente em torno de uma cobrança de pênalti quanto o holandês Tim Krul. Em diversas cobranças de pênalti no campeonato inglês, quando ele era goleiro do Norwich, e o cobrador estava mais ou menos pronto para fazer a cobrança, Krul estava... ausente. Sequer estava na grande área. Ele ficava distante, em algum lugar, dando um passeio, às vezes pela linha lateral, ocasionalmente até mesmo *atrás* do cobrador ... em qualquer lugar do campo, na realidade, contanto que não fosse previsível.

O técnico da Holanda, Louis van Gaal, notoriamente colocou Krul no último minuto da prorrogação do confronto contra a Costa Rica pelas quartas de final da Copa do Mundo de 2014 especificamente para ser o goleiro durante a disputa de pênaltis. Ninguém jamais havia feito uma substituição por um especialista desse tipo no nível mais alto de todos, e Van Gaal foi amplamente elogiado posteriormente por sua inventividade e audácia.[20]

Krul não o decepcionou. Ele ocupava mais espaço, tanto física quanto verbalmente, do que qualquer goleiro que já vi ocupar em uma disputa de pênaltis. Ele confrontava os oponentes na marca do pênalti, dando uma boa intimidada neles, e corria por toda a grande área. Em determinado momento, podia-se ver Krul fazendo corridas de aquecimento para a frente e para trás diante do cobrador da penalidade. Esse era o seu momento de brilhar, seus dez minutos de fama, e ele se aproveitou dele, defendendo duas cobranças e ganhando todas as manchetes dos jornais após a partida.

Em uma conversa comigo, Celso Borges confirmou que Krul mexeu com o psicológico dos jogadores costarriquenhos: "Colocá-lo na partida nos afetou mentalmente, pensamos que ele devia ser bom em defender pênaltis. Lembro que ele se aproximou de mim e disse: 'Eu te conheço, sei onde você vai chutar'. Tudo bem. Ele provavelmente nos fez hesitar. Dizia a mesma coisa para todos: 'Eu te conheço'. Provavelmente ele nem sabia quem éramos, mas só o fato de dizer isso já faz você ficar ressabiado. Sei que dois jogadores da nossa seleção mudaram a forma como costumam cobrar pênaltis por causa dele. É um jogo mental".

Vale tudo no amor, na guerra e nos pênaltis.

A lenda de Krul se expandiu quando a Holanda chegou a mais uma disputa de pênaltis, contra a Argentina, na semifinal. Desta vez, as mãos de Van Gaal estavam atadas após ele já ter feito todas as substituições possíveis. Krul permaneceu no banco e a Holanda perdeu. Às vezes, não fazer absolutamente nada é a melhor maneira de preservar a sua reputação.

Perturbação verbal

Quais provas existem do impacto que têm a intimidação verbal e as distrações vocais em geral?

Em um estudo em laboratório, os pesquisadores colocaram os participantes para jogar um jogo de estratégia contra um oponente de nome Pepper. Durante a partida, Pepper frequentemente fazia contato visual com os participantes e proferia comentários. As intervenções de Pepper podiam ou ser encorajadoras ("você é um ótimo jogador... seu estilo de jogo se tornou brilhante") ou desmotivadoras ("você é péssimo... seu estilo de jogo se tornou confuso"). Os pesquisadores descobriram que aqueles que jogavam depois de serem expostos às intervenções desmotivadoras tomavam decisões significativamente menos racionais e estratégicas do que aqueles que recebiam intervenções encorajadoras. As intimidações verbais de Pepper afetavam as pessoas.[21]

Ainda assim, é válido notar que Pepper era um robô. Um robô com cabeça, braços, dedos, mobilidade e voz, mas ainda assim um robô. Mesmo quando o remetente é uma máquina, as palavras podem afetar um destinatário humano em situações competitivas.

E quanto às crenças dos próprios atletas? Um estudo mostrou que 89% deles acreditavam que intimidações verbais representam uma ferramenta eficaz para obter uma vantagem competitiva. Entretanto, apenas 30% disseram que ser exposto às intimidações verbais de outra pessoa os afetou pessoalmente.[22] Atletas, como qualquer outra pessoa, são afetados por predisposições, e este parece ser um exemplo da "predisposição do melhor que a média", em que as pessoas superestimam suas próprias habilidades em comparação com terceiros — mais ou menos como a popular observação de que 93% dos motoristas estadunidenses se consideram acima da média, o que, claramente, é irreal.[23] Se aprofundando nisso, aqueles que fazem as intimidações verbais também podem se beneficiar. Um estudo descobriu que os *próprios* jogadores que fazem as intimidações verbais ganhavam autoconfiança adotando essa prática.[24]

No entanto, pode haver um lado bom. Os pesquisadores também documentaram como os que são alvo de intimidações verbais podem se sentir mais motivados a se esforçarem mais para superar seus oponentes, e que frequentemente fazem justamente isso.[25] Os destinatários de intimidações verbais ganham um incentivo extra para atuarem melhor. No caso de tarefas físicas ou altamente automatizadas, um esforço extra muitas vezes é produtivo. Por outro lado, no caso de tarefas que são um pouco mais complexas ou técnicas, como uma cobrança de pênalti, esse esforço extra pode ser contraproducente e acabar resultando em preocupações excessivas e análises exageradas, que, como já vimos, atrapalham até os melhores.

Enganação na linha do gol

Jorginho é um cobrador de pênaltis que dominou a técnica que depende da movimentação do goleiro, convertendo 88% de suas cobranças no clube em que joga e pela Itália, esperando a movimentação do goleiro para depois colocar a bola vagarosamente na parte não ocupada da baliza.[26] Contudo, nas eliminatórias de 2021 para a Copa do Mundo, Yann Sommer estava preparado para ele. O suíço planejou uma enganação belamente cronometrada: simulou, de forma muito sutil, um movimento para sua direita, com intensidade suficiente para convencer Jorginho de que era genuíno, mas não tão forte a ponto de impedi-lo de mudar, elegantemente, seu centro de gravidade e se deslocar para a esquerda. Jorginho caiu na armadilha, cobrou no canto esquerdo de Sommer, que defendeu a cobrança.

Cerca de dois meses depois, a Itália enfrentou a Suíça novamente. O placar estava 1 × 1 quando foi assinalado um pênalti a favor da Itália aos 45 minutos do segundo tempo. Se Jorginho convertesse, a Itália assumiria a liderança do grupo nas eliminatórias faltando apenas uma partida para o fim. Confrontado novamente por Sommer, e com as lembranças do duelo anterior entre os dois certamente dominando sua mente, Jorginho mudou totalmente sua técnica para uma estratégia que independesse da movimentação do goleiro... e sua cobrança passou dois metros acima do travessão. A Suíça se classificou em primeiro lugar no grupo e a Itália ficou de fora da Copa do Mundo de 2022.

Alguns goleiros se notabilizaram na arte da enganação sutil na linha do gol que poderosamente induz os cobradores de pênaltis ao erro. Em minha conversa com Fabi Otte, o treinador de goleiros de Sommer à época (no Borussia Mönchengladbach), ele revelou haver um plano especial para cobradores de pênaltis com estilo de cobrança que depende da movimentação do goleiro, como Jorginho: "É preciso que o goleiro faça alguma espécie de simulação de movimento para que façamos com que ele chute onde queremos que chute". Eles também falaram muito sobre movimentos de zigue-zague e costumavam treinar cobranças de pênaltis durante os treinamentos dos goleiros. Foi útil o fato de que Sommer "se movimentava incrivelmente e era muito bem coordenado e rápido no trabalho de pernas". E mais, quando Sommer defendeu a cobrança de Jorginho dessa forma, outros jogadores que utilizavam uma técnica semelhante perceberam. Em minha conversa com Lewandowski, ele subitamente trouxe à tona aquela defesa: "Eu vi o goleiro suíço, Sommer, contra o Jorginho. Aquilo foi muito interessante para mim. Ele desce bastante com as pernas, mostra que quer ir para a direita, e pouquíssimo antes da cobrança, vai para a esquerda. Incrível. Ele fez aquilo de um jeito realmente incrível. E se você não espera aquilo, pode ser uma surpresa e tanto".

Se feito no momento perfeito, o movimento de enganação na linha do gol pode ser uma ferramenta altamente eficaz contra cobradores de pênaltis que adotam o estilo que depende da movimentação do goleiro. Efeitos desestabilizadores podem se estender por partidas futuras para os cobradores e nas mentes de jogadores que nem sequer estão no campo.

Análise do oponente

Em dezembro de 2006, um pedaço de papel amassado e banhado de suor com alguns rabiscos a lápis foi vendido em um leilão na Alemanha por um milhão de euros. O papel pertencia a Jens Lehmann, goleiro alemão, e havia sido utilizado na disputa de pênaltis contra a Argentina pelas quartas de final da Copa do Mundo daquele ano. Havia sido escrito pelo treinador de goleiros Andreas Köpke, e continha sete nomes argentinos e suas preferências previstas na disputa de pênaltis. Lehmann manteve-o em sua meia durante toda a disputa, mas tirava-o antes de cada cobrança para verificar o cobrador específico que iria enfrentar. Para muitos, era a primeira vez que viam uma pessoa utilizar cola em uma disputa de pênaltis. Seria presumível acreditar que a coisa funcionou com maestria, também, porque Lehmann acertou o canto em todas as cobranças argentinas e acabou defendendo duas. Contudo, o suor manchou os registros a lápis, tornando algumas palavras ilegíveis. Então, quando chegou a vez da cobrança de Roberto Ayala, acredita-se que Lehmann não conseguiu ler as instruções. Aparentemente, no papel está escrito "direita", mas Lehmann foi para a esquerda — e defendeu o pênalti. É claro, o papel pode ainda ter tido um efeito intimidador nos cobradores argentinos. Como me disse Arsène Wenger: "Muitas vezes, os goleiros recebem um pedaço de papel que mostra as preferências dos cobradores adversários, mas às vezes não tem nada no papel; serve só para mexer com a cabeça deles".

Existem casos anteriores de goleiros que fizeram seu dever de casa estudando os cobradores adversários. Em 1988, Hans van Breukelen fez (conforme lembrado anteriormente) uma defesa de pênalti importante pela Holanda contra a União Soviética na final da Eurocopa de 1988, e outra pelo PSV Eindhoven contra o Benfica na disputa de pênaltis da final da Copa Europeia naquele mesmo ano. Um técnico, chamado Jan Reker, ajudou Van Breukelen com seu banco de dados sobre cobradores de pênaltis e seus cantos de preferência.

"Criei um fichário em que os dados ficavam organizados por país e clube", revelou Reker. "Havia uma ficha para cada jogador. Também obtinha informações pela TV. Em casa, eu sempre deixava dois vídeos rodando. Em determinado momento, eu tinha quatro escaninhos com dados de 1.500 a 2.000 jogadores."[27]

Atualmente, todos os profissionais e seleções nacionais têm acesso a enormes acervos de vídeos pela internet com todos os jogos imagináveis em arquivo, além de contarem com numerosos analistas especializados à sua disposição. A inteligência sobre os pênaltis faz parte disso, e dados sofisticados se encontram com o mundo real, muitas vezes inglório, quando previsões são comunicadas aos goleiros em pedaços de papel colados a garrafas d'água que podem ser levadas para o campo. Todavia, esse dispositivo de baixa tecnologia pode ser subvertido. Andrew Redmayne demonstrou isso de forma categórica.

Como ficou registrado, as artimanhas dançantes de Redmayne na partida classificatória para a Copa do Mundo da Austrália de 2022 contra o Peru captaram a atenção de todos os espectadores e podem ter contribuído para a vitória da Austrália naquela disputa de pênaltis, mas não devemos subestimar outras ações indiscutivelmente ainda mais extravagantes naquela ocasião. Pedro Gallese, seu semelhante no gol da seleção peruana, tinha duas garrafas d'água com ele, uma com líquido e a outra com uma folha de papel à sua volta, mostrando os cantos de preferência das cobranças de pênaltis dos jogadores australianos. Ou, pelo menos, tinha antes de Redmayne se livrar de uma delas.

Enquanto Gallese estava no gol aguardando um dos pênaltis da Austrália, Redmayne simples e calculadamente pegou a garrafa que continha o plano e a atirou na arquibancada. Mas só conseguiu depois de algumas tentativas, na verdade. Na primeira, não conseguiu fazer com que a garrafa passasse das placas de publicidade, então, a pegou do chão e a lançou novamente. De qualquer maneira, Redmayne basicamente roubou e jogou fora o plano de jogo peruano.

É impossível saber com certeza o efeito que essa violação teve sobre Gallese e sobre o resultado final da disputa de pênaltis, mas o fato é que o goleiro peruano errou o canto em todos os três pênaltis restantes cobrados pelos australianos. Posteriormente, Redmayne admitiu que hesitou quanto a realmente colocar em prática aquela estratégia: "Acho moralmente inaceitável que alguém faça isso, pois contradiz tudo em que acredito". Apesar disso, ele justificou a artimanha defendendo que seus oponentes teriam feito igual: "Os sul-americanos são muito malandros no futebol, têm a malandragem das ruas, são os primeiros a passar alguém para trás, se puderem".[28]

Se julgar um oponente com base no estereótipo de todo um continente justifica tal tipo de ataque preventivo, aí já é uma questão diferente.

Posicionamento fora do meio do gol

Existem estratégias que são consideravelmente mais sutis, e menos grosseiras, do que atirar a garrafa d'água do adversário nas arquibancadas.

Uma linha de estudos fascinante mostra que, quando o goleiro fica posicionado ligeiramente fora do meio da linha do gol, de forma que os cobradores não fiquem conscientemente cientes de tal posicionamento, algo entre 60% e 64% das cobranças serão direcionadas para o lado ligeiramente mais aberto.[29] Portanto, essa é uma dica valiosa para os goleiros: posicionem-se fora do meio do gol e baguncem pra valer o psicológico do cara que vai cobrar o pênalti. Os dados sugerem que o posicionamento ideal para o goleiro nessas circunstâncias é ficar de seis a oito centímetros mais próximo de uma das traves.[30] Nunca soube de nenhum goleiro que realmente utilizasse essa estratégia, mas duvido que algum que o fizesse contaria para alguém. Talvez seja válido tentar.

Reputação

Conforme lembrado anteriormente, a reputação de um adversário pode bastar para desmoralizar, intimidar e afetar negativamente um jogador. Simplesmente saber que você está enfrentando um oponente formidável pode afetar o seu psicológico e fazer com que seu adversário cresça diante dos seus olhos. Uma linha de estudos indica que saber que um goleiro é bom em defender pênaltis, ou simplesmente quando o jogador vê que um goleiro defendeu a cobrança anterior, ele passa a acreditar que o goleiro é cerca de seis centímetros mais alto do que realmente é.[31]

Esse fenômeno também foi observado em um estudo que analisou todas as cobranças de pênaltis nos principais torneios do mundo (Copa do Mundo, Eurocopa, Champions League e Europa League) desde a temporada de 2005-2006 até a de 2019-2020 (1.711 cobranças no total).[32] Ele comprova que, quanto maior for o valor de mercado do goleiro, mais propenso o cobrador do pênalti fica a chutar para fora. Esse foi o único resultado significativo do estudo que correlacionou valor de mercado a resultado de cobranças de pênalti, tanto de cobradores quanto de goleiros (para a surpresa dos pesquisadores). Ainda assim, é uma boa demonstração literal do velho ditado que diz que a reputação precede a pessoa.

Em 2005, o jornalista científico Daniel Engber revelou uma tática intrigante: a distração sistemática de jogadores de basquete durante os lances livres.[33] Em partidas da NBA e do basquete universitário dos Estados Unidos, as torcidas da casa sempre se esforçaram demasiadamente na tentativa de tirar a paz do jogador adversário que vai arremessar lances livres, utilizando balões, cartazes, canções e, acima de tudo, um barulho ensurdecedor.[34] No entanto, a porcentagem de acertos nos lances livres parece ser similar tanto em casa quanto fora, indicando que as distrações como balões e gritos têm pouco impacto no desempenho dos jogadores.

Logo, Engber decidiu se aprofundar um pouco mais para explorar algumas das nuances em questão. Ele demonstrou que braços e balões agitados atrás de um alvo (aqui, a cesta) não fazem nada além de proporcionar uma série de sinais de movimento que efetivamente se anulam. Para o jogador que vai arremessar, toda essa movimentação acaba se parecendo como uma tela de TV com interferência, sem força o suficiente para distrair. Engber teve a ideia de criar um padrão visual atrás da cesta no qual os comportamentos dos torcedores não se anulassem, mas se movimentassem em uníssono, criando um campo visual coerente em segundo plano, algo que, ele acreditava, teria mais chance de provocar uma distração realmente eficaz. O mundo atrás da cesta pareceria para o arremessador como se estivesse se movimentando somente em um sentido, e provavelmente ele tentaria compensar essa movimentação em seus arremessos e possivelmente erraria a cesta. Engber deu essa ideia para Mark Cuban, proprietário do Dallas Mavericks, que decidiu experimentar. Três coordenadores organizaram a torcida atrás da cesta para que todos agitassem os braços e artefatos em apenas um sentido e em uníssono, depois no outro sentido, e assim por diante. A equipe de Dallas experimentou algum sucesso inicial, com os adversários convertendo somente cerca de 60% de seus lances livres nas primeiras duas partidas usando essa prática, cerca de 20% abaixo da média do campeonato. Sucesso!

Porém, depois eles enfrentaram o Los Angeles Lakers, que registrou um aproveitamento de 78% nos lances livres. Desse modo, Cuban resolveu interromper o experimento, descrevendo os efeitos iniciais como aleatórios.

Desde esse experimento, os torcedores de basquete continuaram a promover inovações no campo cada vez mais amplo da ciência da distração.[35] Entre aqueles que levaram a coisa para um nível superior estão os da equipe da Arizona State University, que inventaram o que chamam de "cortina de distração", que é, literalmente, uma cortina móvel posicionada atrás da cesta. Ela, então, é puxada no momento em que o adversário está prestes a arremessar, revelando... bom, toda uma série de desvarios: Papais Noéis rugindo, velhinhas gritando, palhaços acenando, homens com barrigas enormes se exercitando de cueca, lutadores de luta livre, famosos de sunga, estudantes com fantasias de animais se beijando, imitadores de celebridades... Se funciona? Alguns relatórios mostraram que nos dois primeiros anos de sua existência, a cortina — ou o que aparecia por trás dela — parecia reduzir o aproveitamento dos lances livres da equipe adversária entre 10% e 15%.[36] Entretanto, um relatório de uma temporada mais recente não encontrou nenhum efeito, o que sugere que, com o passar do tempo, os oponentes podem ter encontrado formas de tornar a cortina da distração... menos distrativa.[37]

Poderia uma artimanha de distração praticada pelos torcedores ser realizada em cobranças de pênaltis no futebol? Em princípio, é claro. Sendo assim, a cultura do torcedor no basquete dos Estados Unidos, e em especial no basquete universitário, é fundamentalmente diferente daquela que existe no futebol profissional. Certamente tenho dificuldade em imaginar fantasias de velhinhas com coreografias e torcedores malhando de cueca no Old Trafford ou no Santiago Bernabéu. Contudo, as torcidas de futebol demonstram uma criatividade imensa com seus cânticos de provocação direcionados a jogadores adversários, então, talvez essa criatividade um dia passe para performances distrativas igualmente coordenadas em cobranças de pênaltis. Elas podem ser valiosas.

Interferência na aproximação

Mostrei anteriormente o quanto os cobradores de pênaltis hoje em dia demoram significativamente mais após o apito do árbitro do que antes, e que essa é uma forma de eles conseguirem um maior controle sobre si mesmos e sobre a situação. Todavia, em todas as milhares de cobranças de pênaltis que já observei, somente duas vezes vi um goleiro tomar à força do cobrador, tão completamente, esse controle sobre o tempo. E nessas duas vezes, esse goleiro era o nosso velho amigo Diego Alves.

A primeira vez foi em outubro de 2017, contra o time brasileiro Ponte Preta e seu cobrador de pênalti Lucca. Após o apito do árbitro, Lucca esperou, de acordo com seu direito. Ele esperou muito tempo, na verdade... pouco mais de dez segundos. A essa altura, Diego Alves perdeu a paciência. No momento em que Lucca estava prestes a começar sua aproximação, Diego Alves ergueu a mão e deu um passo à frente, olhando para o árbitro e nitidamente protestando contra a extensão da demora de Lucca. Uma pequena discussão se seguiu, com Diego Alves continuando a expressar sua insatisfação tanto para o árbitro quanto para o assistente, antes de voltar para o gol e começar tudo de novo. Por dentro, ele devia estar radiante: a rotina de mais um cobrador de pênalti atrapalhada e a vantagem psicológica conquistada. Em sua segunda tentativa, Lucca não esperou mais do que quatro segundos e meio antes de fazer uma aproximação irregular e chutar a bola rasteira no canto direito do goleiro, onde Diego Alves facilmente a defendeu.

A segunda vez foi no momento crítico de uma disputa de pênaltis entre Flamengo e Palmeiras pela Supercopa do Brasil de 2021. Danilo tinha a chance de, com sua cobrança, ganhar a partida e conquistar o troféu, e após o apito, ele passou mais de dez segundos se preparando para a cobrança. Novamente, Diego Alves pediu tempo ao juiz, avançando em direção à bola para protestar contra o "desperdício de tempo" do cobrador, e levando tudo a desmoronar por um momento. Novamente, a rotina do cobrador da penalidade foi fundamentalmente atrapalhada. Em sua segunda tentativa, Danilo fez uma pausa de apenas dois segundos e meio e Diego Alves novamente defendeu o pênalti. O Flamengo acabou sagrando-se campeão. Diego Alves decifra situações de cobrança de pênalti como outras pessoas leem livros, e as rege como se os jogadores fossem sua própria e muito particular orquestra sinfônica.

Demora

Existe uma forma muito mais sutil de atrapalhar cobradores de pênaltis, e que pode ser bastante benéfica para goleiros mais tranquilos e serenos, que preferem não atrair tanta atenção e notoriedade para si mesmos. Em maio de 2008, Manchester United e Chelsea se enfrentaram em meio a uma chuva torrencial em Moscou para disputar a final da Champions League. A partida teve que ser decidida nos pênaltis. No momento do cara ou coroa, John Terry, capitão do Chelsea, estava visivelmente incomodado. Ele estava pronto; Rio Ferdinand, do Manchester United, não. Terry passou algum tempo ali de pé, juntamente com os árbitros, ergueu os braços com irritação e depois se afastou. Ter que esperar pode ser bastante frustrante. E aquela não foi a última vez que Terry e os jogadores de seu Chelsea tiveram que esperar naquela noite.[38]

Depois que Carlos Tévez converteu o primeiro pênalti do Manchester United, Michael Ballack, do Chelsea, começou a caminhar do círculo central até a área. Enquanto isso, o goleiro do Manchester United, o holandês Edwin van der Sar, parecia ter colocado sua toalha perto da bandeirinha de escanteio. Enquanto Ballack caminhava, Van der Sar secava a cabeça e reposicionava sua toalha. Isso levou algum tempo, então, Van der Sar e Ballack entraram na grande área ao mesmo tempo. Enquanto Ballack caminhava eficientemente na direção da marca do pênalti, decidido a dar um fim logo à sua cobrança, Van der Sar aparentemente dava um passeio de domingo ao ar livre, demorando-se para se posicionar na linha do gol. Consequentemente, quase doze segundos se passaram entre Ballack posicionar a bola na marca do pênalti e o árbitro soprar seu apito. No entanto, pareceu que Ballack percebeu que Van der Sar estava intencionalmente retardando os trabalhos, então voltou até onde estava a bola e a reposicionou antes de recuar novamente. Em seguida, ele converteu sua cobrança.

Mesmo assim, Van der Sar continuou com essa tática. Enquanto Petr Čech, do Chelsea, caminhava imediata e obedientemente até a linha do gol, Van der Sar se demorava, secava a cabeça com sua toalha colocada à distância, mexendo nas meias, pedindo que o árbitro verificasse o posicionamento da bola, e tudo isso obrigava o cobrador a esperar. Em média, Van der Sar deixou os jogadores do Chelsea esperando durante oito segundos e meio, enquanto os jogadores do Manchester United esperaram somente 0,7 segundo. Tanto John Terry quanto Nicolas Anelka, os dois jogadores do Chelsea que desperdiçaram suas cobranças, entregando o troféu ao Manchester United, foram obrigados a esperar mais do que oito segundos.

Esse foi um caso superlativo de tomada indireta do controle por Van der Sar. Um goleiro que retarda a movimentação toma a iniciativa, atrapalha a rotina e o ritmo do cobrador e obriga seu oponente a passar mais alguns segundos ruminando e refletindo. Quando o que você mais quer é que uma determinada coisa termine, ser obrigado a esperar deixa seus nervos em frangalhos.

Será que funciona quando o goleiro demora para se posicionar? Em nosso estudo sobre os efeitos do tempo nas disputas de pênaltis, publicado em 2009, descobrimos que os jogadores que não tiveram que esperar absolutamente nada pelo árbitro após terem recuado para preparar a aproximação da bola converteram 90% das cobranças. Essa porcentagem diminuía progressivamente quanto mais tempo os cobradores precisavam esperar pela autorização do árbitro, chegando a algo entre 60% e 70% entre os que aguardaram por mais tempo.[39] Revisitando os dados e acrescentando pênaltis posteriores à publicação de nosso estudo, e consequentemente examinando todas as cobranças feitas em disputas de pênaltis nos torneios masculinos mais importantes do mundo de 1976 a 2023, existe uma queda nítida e significativa nos resultados daqueles que esperaram as maiores quantidades de tempo. Cobradores de pênaltis que precisam esperar mais do que oito segundos convertem suas cobranças em apenas 44% das oportunidades, significativamente menos do que os jogadores em outras condições.

Importante: observem que essa medida diz respeito a quanto tempo os cobradores de pênaltis são obrigados a esperar pelo apito do árbitro, não a quanto tempo eles escolhem esperar após esse apito (a pausa após o apito planejada pelo próprio jogador sobre a qual discutimos anteriormente). O tipo de espera que discutimos aqui está fora do controle do cobrador.

A tendência geral é que, quanto mais tempo os cobradores de pênaltis precisam esperar pela ação do árbitro — geralmente causada pela demora do goleiro em se posicionar —, pior é o desempenho deles nas cobranças. Um motivo pode ser o receio, a espera obrigatória amplificando as sensações desagradáveis de distração. A porta se abre aqui, também, para o excesso de preocupação. O cobrador do pênalti também pode estar se sentindo diminuído por ter perdido o controle para o goleiro e por não vislumbrar nenhuma chance de reconquistá-lo.

No futebol americano, existe um fenômeno, com o qual é possível traçar paralelos, chamado de "congelar o cobrador". Essa é a prática de pedir um tempo quando a equipe adversária está prestes a chutar um *field goal*, e, dessa forma, introduzir um retardo lícito em um momento de tensão potencialmente alta. No primeiro estudo desta prática, os pesquisadores examinaram dados da NFL das temporadas de 2003 e 2004 e descobriram que o congelamento do cobrador reduziu a chance de uma cobrança de *field goal* bem-sucedida em cerca de 10%.[40] Os pesquisadores criaram a hipótese de que ter tempo para refletir sobre a cobrança poderia levar o cobrador a sucumbir diante da pressão. Mais um estudo que abrangeu seis temporadas da NFL (de 2002 a 2008) comprovou que os cobradores, quando eram "congelados", convertiam 14% menos cobranças do que quando não eram.[41] Contudo, esse resultado não foi replicado em um estudo mais recente com um contingente amostral maior, sugerindo que os cobradores podem ter se acostumado com essa prática, e agora se utilizam dela para preparar melhor suas cobranças.[42] Isso também pode acontecer com os pênaltis no futebol europeu.

Na verdade, um estudo já demonstra sinais disso. O tempo médio de espera entre o cometimento da infração e a cobrança do pênalti quase dobrou após a adoção do VAR, indo de 62 segundos antes do VAR para 114 segundos após o VAR.[43] As revisões do VAR são uma espécie de congelamento automático do cobrador, mas, ainda assim, esse estudo mostra que não houve redução nos resultados das cobranças de pênaltis com os tempos de espera mais prolongados provocados pelo VAR. Entretanto, esses intervalos de tempo são longos independentemente disso, e é possível que a diferença entre um e dois minutos não seja representativa. Apesar disso, pênaltis cobrados após a revisão do VAR foram convertidos significativamente menos (71%) do que quando não há revisão (81%). Isso pode ser coincidente com a descoberta do congelamento dos cobradores no futebol americano, que o que importa é a intenção e o contexto da demora, não a demora em si. Quando as demoras são provocadas pelo VAR, e não pelos adversários discutindo com o árbitro, existe uma incerteza real quanto a se o pênalti será confirmado ou não, e essa incerteza pode afetar negativamente o cobrador da penalidade.

Protegendo-se dos joguinhos psicológicos

Os joguinhos psicológicos não são novidade no futebol, mas ultimamente evoluíram em dois sentidos. Por um lado, agora são mais intensos, voláteis e brutais; por outro, são mais sutis, complexos e manipuladores. Cada vez mais os jogadores e as equipes precisam fazer um acompanhamento com seus cobradores de pênaltis e protegê-los de acordo.

Tradicionalmente, os cobradores de pênaltis confiam em sua resistência mental e em um único árbitro para controlar os adversários. Embora possa ser útil, confiar exclusivamente nessas duas coisas é um comportamento ingênuo e muitas vezes insuficiente. Estratégias mais intencionais são provavelmente úteis. No Capítulo 4, abordarei como os jogadores e as equipes podem e devem adotar uma perspectiva coletiva para lidar com a pressão da situação da cobrança de um pênalti. Porém, primeiramente, atentemos para algumas técnicas individuais quando o assunto é lidar com a pressão.

Os atletas podem compensar os efeitos negativos da distração investindo mais esforço mental em uma atividade.[44] Isso fica mais fácil com a experiência. Os treinamentos ajudam. Atletas mais experientes são menos impulsionados por estímulos (quando o que atrai a atenção é o que a outra pessoa está fazendo) e mais orientados por objetivos (quando você mantém a atenção na tarefa que está tentando resolver). Se você tiver sido frequentemente exposto a distrações provocadas por outras pessoas, ficará mais propenso a não deixar que essas distrações o afetem e a se manter concentrado na sua tarefa.

Por exemplo, a atuação excepcional de Kylian Mbappé sob pressão contra Dibu Martínez na final da Copa do Mundo de 2022 mostra um jogador que, apesar da pouca idade, possui uma grande experiência acumulada que lhe possibilitou suportar de forma mais eficiente os joguinhos psicológicos do adversário. A segunda cobrança de pênalti de Mbappé naquela final talvez seja um dos pênaltis sob a mais extrema pressão já visto no futebol. Recapitulando, o placar estava 3 × 2 para a Argentina faltando dois minutos para terminar a prorrogação, e se Mbappé não convertesse, a Argentina seria campeã mundial. Além do goleiro, três outros jogadores argentinos tentaram influenciar Mbappé antes da cobrança para distraí-lo. Ainda assim, de forma assertiva, porém tranquila e sem alardes desnecessários, o atacante fez o que foi preciso para manter os adversários afastados, aparentemente sem prestar muita atenção neles. Em situações como essa, o atleta precisa produzir um foco claro e nítido na tarefa à sua frente, enquanto se mantém cognitivamente flexível o bastante para suportar com fluidez qualquer distração. É muito mais fácil resistir às distrações provocadas por terceiros quando você já vivenciou coisa semelhante e passou ileso.

Planejar é importante, não só para reduzir erros práticos e logísticos, mas também para o benefício psicológico em consequência da redução das incertezas.[45] Contraposição mental é uma técnica que ajuda a lidar com tal caos: em outras palavras, mentalizar o objetivo que se quer atingir e depois o caminho concreto necessário para atingir esse objetivo, com todos os obstáculos e desafios para resolver durante a trajetória. Essa estratégia provou-se significativamente mais eficiente para a conquista de objetivos do que meramente mentalizar o objetivo em si.[46]

Além disso, cobradores de pênaltis em especial podem se proteger contra goleiros voláteis e outros oponentes: 1) esperando o árbitro sinalizar para avançar à grande área; 2) demorando-se para posicionar a bola na marca da cal (a técnica de Haaland); 3) afastando-se estrategicamente (olhar de evitação); 4) reposicionando a bola e recomeçando a rotina do zero (o que Michael Ballack e Salomon Kalou, do Chelsea, fizeram com êxito para lidar com a tática de demora na final da Champions League de 2008); e 5) variação (certificar-se de que a sua rotina apresenta algum nível de imprevisibilidade para que você fique menos vulnerável aos goleiros que o analisam ao longo do tempo).

A DISTRAÇÃO É JUSTA?

Considerando a difusão e a proliferação de comportamentos de distração, perturbação e manipulação dos goleiros, uma questão importante é: até que ponto esses comportamentos são algo que deve ser aceito no futebol? Afinal, se os aceitarmos, também os promovemos implicitamente, dado seu impacto aparente sobre os resultados de partidas importantes.

Até que ponto esses comportamentos são lícitos? Uma coisa interessante foi que, após as exibições inconvencionais de Martínez na Copa do Mundo no Catar em 2022, a International Football Association Board, órgão que determina as leis do esporte, emitiu um esclarecimento dando conta de que "o goleiro não deve se comportar de um modo que demonstre desrespeito pelo esporte e pelo adversário, ou seja, distraindo injustamente o cobrador".[47] Especificamente, foi feito um acréscimo à Lei 14 ("a cobrança de pênalti"), que entrou em vigência a partir de julho de 2023: "O goleiro não deve se comportar de um modo que distraia injustamente o cobrador, ex.: retardar a cobrança do pênalti ou tocar nas traves, no travessão ou na rede da baliza".

A regra anterior não abordava explicitamente os joguinhos psicológicos dos goleiros, portanto, uma atualização era compreensível. Contudo, o que significa "distrair injustamente"? Esse acréscimo subjetivo possibilita muita interpretação. Os goleiros ainda podem ocupar de forma criativa e irritante posições incomuns e se movimentar em cima da linha antes da cobrança? Podem conversar com o cobrador? Podem se movimentar pela grande área antes de uma cobrança? Podem se apropriar da bola e passá-la para o cobrador de maneiras que sejam um pouquinho incômodas? Atitudes como essas são nitidamente voltadas para distrair o cobrador da penalidade, mas desde o acréscimo à regra, ainda se permite que a maioria dos goleiros faça coisas assim. Além disso, acredito que os movimentos de enganação dos goleiros durante a aproximação da bola sejam parte legítima do jogo, mesmo que alguns os executem com tamanha maestria que possam parecer antiéticos. Inclusive, por que somente os comportamentos dos goleiros são regulamentados? E quanto aos jogadores que não estão envolvidos? Como já foi demonstrado diversas vezes neste livro, os jogadores que não estão envolvidos às vezes tentam influenciar os cobradores de pênalti do adversário. Por que a regra não vale para eles, também?

Considerando a ampla gama de distrações exibida recentemente no futebol em seu maior palco, faz sentido esclarecer o que é permitido e o que não é. A nova determinação, por exigir muita interpretação, possivelmente cria tantos problemas quanto soluciona. Até o momento, não sei muito bem se a mudança fará muita diferença, a menos que: a) as regras sejam mais específicas quanto aos comportamentos exatos que se deseja desincentivar; e b) rotinas e diretrizes específicas sejam adotadas para auxiliar os árbitros a fazer cumprir essas regras. Do jeito que está, existe efetivamente um árbitro, de quem se exige o controle de diversos jogadores, muitas vezes espalhados por uma grande e caótica área, enquanto estes e as equipes se tornam cada vez mais sofisticados nas maneiras de praticar esse joguinho psicológico.

Uma pergunta mais importante é: comportamentos como esses são morais? Um posicionamento é que joguinhos psicológicos são aceitáveis, contanto que as regras emitidas pelo órgão regulador os permita — conforme já permitem, até determinada altura.[48] Mas será que deveríamos almejar extinguir totalmente esses comportamentos? Afinal de contas, são manipuladores, exploradores e psicologicamente nocivos. Alguns deles são abusivos, e outros beiram a intimidação. Muitos defenderiam que esses não são os comportamentos que desejamos desculpar e incentivar em um esporte.

Todavia, do outro lado da discussão, esportes coletivos são um conflito controlado entre duas equipes, onde um elemento psicológico é inevitável e essencial. Cobranças de pênaltis, e particularmente a disputa de pênaltis, demonstram o desempenho sob pressão em sua forma mais primordial, o que faz do futebol um jogo psicológico mais do que qualquer coisa. Parte desse esporte é o duelo cognitivo e emotivo dinâmico, intenso e às vezes volátil entre dois combatentes. Seria realmente o nosso desejo neutralizar o conflito, a emoção e o drama entre os indivíduos no âmbito dessa competição? Comportamentos como esses não fazem simplesmente parte do que significa competir?

Consigo compreender ambos os pontos de vista, mas o que não pode ser contestado é que, em uma disputa de pênaltis, assim como em qualquer outra situação de competição de alto risco, haverá oponentes provocando, explorando a pressão e sempre forçando a barra do que é permitido. E quanto à praticidade, a preparação para a pressão envolve a preparação para o que os competidores farão, quer você aprove ou não.

4
Unindo forças contra a pressão

Nossa noção de pertencimento precisa ser alimentada constantemente por sinais de conexão.

Dan Coyle, *Equipes Brilhantes*, 2018

Muitos jogadores são da opinião de que a caminhada mais longa do futebol é a de quem vai do círculo central à marca da cal durante uma disputa de pênaltis. Não é verdade. A caminhada mais longa do futebol é a de quem *volta* para o círculo central depois de ter perdido um pênalti. Quando voltava para o círculo central após desperdiçar o terceiro pênalti pela Inglaterra na disputa que decidiu a Eurocopa de 2020 contra a Itália, Marcus Rashford estava nitidamente arrasado. Voltar para encarar seus companheiros de equipe, as pessoas que decepcionou, aquelas cujos sonhos você despedaçou juntamente com os seus, é provavelmente a experiência mais solitária do esporte. E isso sem considerar a quantidade de telespectadores assistindo ao vivo pela televisão... estimada em 328 milhões de pessoas naquela oportunidade.[1]

A seleção inglesa havia supostamente formado um grupo bastante unido naquele torneio. Isso foi dito por jogadores como Kieran Trippier

("Temos um bom espírito de equipe. Nosso entrosamento é bom e nos esforçamos um pelo outro") e pelo técnico Gareth Southgate ("Muitos países são eliminados porque seu espírito de equipe não é como o dos nossos rapazes"). Essas foram declarações marcantes.

Mas até que ponto os jogadores se apoiavam em seu comportamento? O que fizeram os companheiros de equipe de Rashford enquanto ele embarcava na caminhada mais longa de sua vida? Nada. Continuaram abraçados uns aos outros no círculo central e não se mexeram sequer um centímetro até Rashford chegar onde eles estavam. Por quê? Será que aqueles jogadores simplesmente nutriam um respeito tão grande pelas regras do esporte? "Todos os jogadores de ambas as equipes, exceto o que for fazer a cobrança e os dois goleiros, devem permanecer no círculo central" é o que determina a regra. Contudo, ainda assim, eles poderiam ter ido até o limite do círculo e demonstrado algum apoio sem burlar a regra. Mas não o fizeram. Tendo em mente os comentários de Chris Markham no Capítulo 2 sobre o que a Inglaterra falava antes de 2018, podia ser também que a reação estoica a um companheiro de equipe desperdiçar um pênalti fosse intencional — uma tentativa de ser e parecer imperturbável e focado no processo quando confrontado com qualquer resultado da cobrança. Existe uma lógica nisso, e suspeito que pelo menos alguns dos jogadores lembraram disso. Não obstante, isso não bate com a observação da mesma disputa de pênaltis em que vários dos jogadores da Inglaterra saltavam efusivamente tanto quando seus próprios companheiros convertiam suas cobranças quanto quando seus oponentes as desperdiçavam. Tampouco bate com a observação de que houve um jogador inglês que, umas duas vezes, começou a ir na direção de Rashford, mas se deteve depois de dar uma olhadela para trás para ver se mais jogadores iriam com ele, mas ninguém foi. Esse jogador era Kalvin Phillips. Se houvesse um plano coletivo de não sair do lugar após uma cobrança desperdiçada, Phillips não teria se comportado diferentemente?

Independentemente de a reação estática aos companheiros de equipe que desperdiçaram cobranças ter sido intencional ou não, aquela foi uma oportunidade perdida de demonstrar espírito de equipe e pertencimento. Sim, os jogadores permanecerem abraçados àquela altura pode até comunicar a unidade da equipe, e provavelmente passa uma sensação de segurança para aqueles que estão de pé no círculo central, mas para o pobre-diabo que está caminhando de volta, tal formação pode comunicar uma mensagem diferente: "Somos um grupo forte e conectado, e você não faz parte dele".

Rashford não foi o primeiro jogador a desperdiçar uma cobrança naquela disputa de pênaltis. Quando o segundo pênalti da Itália, cobrado por Andrea Belotti, foi defendido por Jordan Pickford, Belotti também embarcou na longa caminhada de volta para seu grupo. Todavia, a caminhada dele foi encurtada quando o capitão da seleção italiana, Giorgio Chiellini, e o lateral-direito Alessandro Florenzi se separaram da formação da equipe no círculo central e caminharam até Belotti para acolhê-lo de volta ao grupo o mais rápido possível. Esse gesto aparentemente insignificante carregava muito significado, e é plausível imaginar que teve um impacto grande. Quando a sensação de ter decepcionado todo mundo e de estar em seu momento mais solitário te consome, ver seus companheiros de equipe se aproximarem de você transmite uma mensagem poderosa e direta: você ainda é querido e pertence àquele grupo. E os demais jogadores ainda recebem um recado tranquilizador, também: "Se você não converter a sua cobrança quando for a sua vez, este grupo não lhe dará as costas". Isso pode aliviar a pressão, ainda que ligeiramente, e inclusive representar a diferença entre um gol ou um pênalti perdido para os cobradores seguintes.

E quanto ao capitão inglês nessa situação? Harry Kane já havia convertido sua cobrança, o primeiro pênalti cobrado pela Inglaterra, e como não tinha mais uma cobrança futura em que pensar, estava livre para se concentrar em liderar e oferecer apoio ao restante do grupo. Entretanto, enquanto Rashford retornava para ficar com o grupo, Kane permaneceu de pé, imóvel, praticamente invisível em certas fotos, coberto nas imagens pelos outros jogadores. No entanto, suspeito que Kane possa ter se inspirado na estratégia da Equipe Britânica de hóquei sobre a grama: manter a mesma postura tanto na vitória quanto na derrota. De qualquer maneira, ninguém se adiantou para aliviar o sofrimento de Rashford, desperdiçando, assim, a oportunidade de o grupo se recuperar instantaneamente.

Essa reação coletiva dócil à primeira perda de um pênalti demonstrou indiretamente a jogadores como Jadon Sancho e Bukayo Saka que, se eles também desperdiçassem as cobranças que viriam a fazer, seria improvável que seus companheiros de equipe lhes demonstrassem apoio. Tanto Sancho quanto Saka, de fato, desperdiçaram seus pênaltis, e a Inglaterra fracassou em mais uma tentativa de conquistar um troféu.

Na Copa do Mundo de 2022, várias seleções reagiram de forma célere e coletiva a pênaltis desperdiçados, acolhendo de volta ao grupo os companheiros de equipe que voltavam para ficar entre os seus após terem perdido as cobranças. O interessante é que alguns dos melhores jogadores do mundo foram os que se apresentaram para fazer isso. Por exemplo, na final, Kylian Mbappé assumiu a responsabilidade praticamente sozinho de ir até os dois jogadores franceses que desperdiçaram suas cobranças durante a disputa, mesmo fora do círculo central, enquanto, no confronto pelas quartas de final do torneio, Lionel Messi foi quem saiu de sua zona de conforto para ir acolher o retorno de Enzo Fernández após o único pênalti perdido por um argentino. De forma semelhante, na Copa do Mundo Feminina de 2023, a capitã francesa Wendie Renard afastou-se bastante do círculo central para acolher Vicki Becho de volta ao grupo após ela ter perdido seu pênalti contra a Austrália nas quartas de final.[2] O impacto de umgesto de acolhimento desses é provavelmente mais influente quando uma figura de renome do grupo é aquela que o pratica. Isso é liderança na prática, não só na teoria.

Das 93 disputas de pênaltis que já aconteceram no histórico combinado da Copa do Mundo, da Eurocopa e da Champions League/Copa Europeia até 2022, 49 (52,7%) foram vencidas por uma equipe que desperdiçou um ou mais de seus pênaltis. Mais que a metade, portanto. Isso significa que é de fundamental importância que uma equipe saiba lidar com o desperdício de um pênalti e se recupere bem disso. Muitas vezes um pênalti perdido é apenas um revés temporário. O que importa é como a equipe reage coletivamente a esse revés. Essa é uma lição que aprendi na pele quando trabalhei como consultor para cobranças de pênaltis das seleções holandesas de 2005 a 2008.

No final de 2004, juntamente com meus colegas da Universidade de Groningen, comecei a conversar com a associação de futebol da Holanda sobre fazer um projeto de pesquisa sobre disputas de pênaltis. Após algumas daquelas reuniões, de repente, do nada, recebemos um telefonema de Foppe de Haaan, o técnico das seleções sub-20/sub-21, que vinha preparando sua equipe para participar da Copa do Mundo sub-20 que aconteceria em meados de 2005. Ele queria saber se eu estava disposto a ir até os treinamentos deles para conversar com os jogadores sobre como lidar com o desgaste emocional provocado por uma disputa de pênaltis.

É claro. Uma bela oportunidade. Contudo, eu entendia que, obviamente, não é possível a pessoa achar que vai sair do ambiente universitário como um bólido para apresentar dados acadêmicos complexos e secos diante de jogadores de futebol que se preparam para uma competição sem o risco de perder o interesse deles. Então, passei seis meses reunindo informações e elaborando uma apresentação para a equipe, pensando sempre nas melhores formas de condensá-las e comunicá-las de um jeito inteligente e relevante. Acabou chegando o meu grande dia. Realizei a apresentação para a seleção sub-20 e senti que me saí bem.

Minha satisfação não durou muito.

A seleção holandesa sub-20 enfrentou a Nigéria nas quartas de final. A partida terminou em 1 × 1. Pênaltis.

Naqueles dias de final de junho, estava extremamente quente na Holanda, e em meu minúsculo apartamento de um quarto na região central de Groningen, o calor estava quase insuportável. Assisti à partida sentado em meu sofá, só de cueca. E a sensação era de que a sala ia ficando cada vez mais quente conforme acontecia a disputa de pênaltis.

A disputa foi até 24 pênaltis cobrados — e os holandeses perderam. Perderam! Fiquei arrasado. Minhas esperanças de dominar qualquer habilidade prática do mundo real, como os pênaltis, foram por água abaixo

Eu não tinha a menor dúvida de que a associação de futebol da Holanda não ia querer mais a minha colaboração, pois meu nome, eu tinha certeza, estava na lama. No entanto, talvez algo pudesse ser extraído daquele desastre. Nas semanas seguintes, rodei pela Holanda em diversos trens para me encontrar com todos os jogadores em seus clubes, para entrevistá-los sobre os pênaltis que cobraram e sua preparação para eles. Todas as entrevistas duraram pelo menos uma hora, e aprendi muito sobre o que fazer para se preparar para cobrar um pênalti, e ainda mais sobre o que *não* fazer. Falaremos mais sobre isso futuramente.

Então, para minha grande surpresa, cerca de seis meses depois, o técnico me ligou novamente. Ele estava se preparando para um novo torneio, desta vez, a Eurocopa sub-21, e me perguntou se eu podia fazer uma nova visita, para conhecer a equipe e ensinar a eles sobre pênaltis. Depois disso, Marco van Basten ligou, o que, por si só, já era algo grandioso: a grande lenda do Ajax e do Milan era o gerente de seleções da Holanda à época. A Copa do Mundo de 2006 na Alemanha estava se aproximando, e ele me convidou para ir até onde estavam treinando para fazer uma apresentação para a equipe. Conhecer a seleção holandesa principal parecia o teste definitivo. Será que nossas observações sobre pênaltis fariam sentido para jogadores verdadeiramente de elite? Aquela seleção tinha uma geração de ouro de talento holandês: Robin van Persie, Arjen Robben, Wesley Sneijder, Rafael van der Vaart, Ruud van Nistelrooy, Edwin van der Sar... eu estava, compreensivelmente, bastante empolgado e muito nervoso. Mas a apresentação foi boa. Após a palestra, os dois jogadores mais experientes no que dizia respeito a cobranças de pênaltis, Van Nistelrooy e Van der Sar, me abordaram a fim de discutir mais detalhes. Isso é uma coisa que já vivenciei muitas vezes desde aquela época: os que nos abordam após uma apresentação são quase sempre os que já são os mais competentes. Já são muito bons, mas querem melhorar. Essa é a mentalidade de muitos dos que conquistam seu lugar ao sol.

Infelizmente, o Mundial de 2006 terminou precocemente para a seleção holandesa, derrotada nas oitavas de final por Portugal em uma das batalhas mais feias da história das Copas do Mundo, com quatro expulsões, mas lamentavelmente sem uma disputa de pênaltis. Essa foi a única vez em que trabalhei com a seleção holandesa principal. Contudo, fiz apresentações para muitas outras seleções holandesas num período de quatro anos: a sub-20 em 2005, a sub-21 em 2006 e 2007 e a seleção olímpica em 2008. Após aquele início pedregoso em 2005, apenas mais uma daquelas seleções terminou em uma disputa de pênaltis — mas essa, também, foi uma disputa de pênaltis que ficou na história.

Aconteceu na semifinal da Eurocopa sub-21 de 2007, quando a Holanda enfrentou uma Inglaterra com muitos jogadores que despontariam atuando no campeonato inglês: James Milner, Ashley Young, Mark Noble, Scott Carson... A partida seria na casa dos holandeses, no Abe Lenstra Stadion, em Heerenveen. Dois milhões de pessoas assistiam pela televisão, e a tensão era palpável para todos os envolvidos, inclusive para mim — ainda mais quando a disputa de pênaltis se prolongou tanto que acabou chegando a inacreditáveis 32 cobranças. Nenhuma outra disputa de pênaltis entre seleções jamais havia se prolongado tanto.[3] Para meus imensos prazer e alívio, a Holanda venceu ao final. Gianni Zuiverloon converteu a última e decisiva cobrança com um chute rasteiro inalcançável no canto direito do goleiro, e depois, muito gentilmente, lembrou de mim em uma entrevista pós-jogo para o jornal holandês *Algemeen Dagblad*: "Geir Jordet me disse para dar um tempo antes de fazer a cobrança. Antes da aproximação, é bom descansar um segundo e respirar fundo. Fiz isso e sabia exatamente onde queria colocar a bola". Depois daquele torneio, ficou claro que meu programa de pesquisa tinha fundamento e proporcionava ideias estratégicas não só para publicação em periódicos acadêmicos, mas que poderiam ser testadas na prática por técnicos e atletas.

Será que fiz algo diferente em 2007? Uma coisa específica, sim. Em 2005, tive a ideia de que a melhor maneira de passar confiança para um jogador antes de uma disputa de pênaltis seria ajudá-lo a ser grato por aquele momento e abraçar o que um pênalti também é: uma fantástica oportunidade de marcar um gol. Resumidamente, foquei no lado bom e queria que os jogadores "pensassem positivo", promovendo otimismo e expectativas positivas. Consequentemente, me certifiquei de que falaria apenas sobre a conversão de pênaltis, e que mostraria somente vídeos de gols brilhantes em cobranças de pênaltis.

Essa abordagem era ingênua, na melhor das hipóteses. Não que pensar positivo seja ruim quando a pessoa está atuando sob pressão. Pelo contrário, se os jogadores conseguirem fazer isso, ótimo para eles. Todavia, fazer do pensamento positivo o objetivo não é o ideal. O segredo da atuação sob pressão não é a pessoa se sentir bem; é a pessoa fazer o que é certo e inteligente independentemente de como se sente, e sobretudo quando se sente mal. Entendi totalmente isso depois de ter me reunido com alguns colegas que trabalhavam no departamento médico da Universidade de Groningen. Estavam pesquisando como os médicos e enfermeiros se comportavam em situações de estresse extremo, como em um pronto-socorro ou em uma sala de cirurgia. Considerando nosso óbvio interesse mútuo em situações de pressão, eles me convidaram para conversar sobre o que poderíamos aprender uns com os outros.

Aquilo foi fascinante para mim, e desnudou todo um mundo novo com relação ao modo com que as pessoas atuam diante de uma pressão real. E a pressão *é* real em hospitais, porque se as pessoas cometem erros, elas não só perdem uma partida, alguns pontos ou uma taça. Elas perdem vidas. Tipos de ambiente de trabalho como esse — entre os quais eu também incluiria aviação, combate a incêndio, usinas nucleares, porta-aviões e plataformas de petróleo — são muitas vezes chamados de organizações de alta confiabilidade. São locais onde a falha é uma possibilidade real, onde pequenas coisas podem fazer uma grande diferença e onde há vidas em risco quando alguma coisa sai errada.[4] Pesquisas comprovam, por exemplo, que 70% dos acidentes com aeronaves são provocados por erro humano, e que as causas dos erros frequentemente são exaustão, medo, carga de trabalho cognitiva, comunicação ruim e tomada de decisão aquém do ideal.[5] O interessante é que pessoas que trabalham em aeronaves, prontos-socorros e unidades de combate a incêndio cometem tantos erros quanto as pessoas de outras organizações, mas não costumam deixar que esses erros as incapacitem e as detenham.[6] Eles têm um sistema e uma cultura de reação a erros, com a lógica de que a reação ao erro é, no fim das contas, mais importante para a solução segura do problema do que o erro original. Eles se concentram em reagir de uma forma rápida e cuidadosa e em lidar com erros e aprender com eles, em vez de investir exclusivamente seus esforços para, a princípio, evitá-los. A ideia é reagir a ameaças de forma consciente, flexível e dinâmica, em vez de automaticamente, pela força do hábito e com rigidez. Esse controle de erro é proativo, avesso a punições e voltado para o sistema, a cultura e a comunicação, não só para os erros cometidos pelas pessoas.

Levei tudo isso para a apresentação que faria para a seleção holandesa sub-21 em 2007. Comecei dizendo que era provável que alguns dos jogadores desperdiçassem suas cobranças na disputa de pênaltis, e que, por isso, passaríamos algum tempo conversando a respeito. Enquanto eu falava, os jogadores pareciam nitidamente incomodados. Realmente não estavam gostando tanto assim de discutir seu pior medo nessa área. Entretanto, eu tinha uma missão, e segui em frente: "Os melhores jogadores costumam desperdiçar mais cobranças do que os outros. Alguns jogadores até entram em pânico diante da pressão". Depois disso, mostrei um slide com o título "Perder pênalti é natural!", onde coloquei citações de jogadores que eu havia entrevistado após a derrota de 2005 nos pênaltis para a Nigéria.

Em seguida, eu tinha mais uma citação, que era acompanhada de um videoclipe da disputa de pênaltis de 2005: "Os outros jogadores me acolheram quando retornei para o grupo". O videoclipe mostrava todos recebendo bem e abraçando um jogador que havia desperdiçado sua cobrança. Então, falei: "Podemos fazer ainda melhor do que isso. Eis minha sugestão. Quando um de nós desperdiçar sua cobrança, TODOS vamos até aquele jogador para recebê-lo de volta ao grupo o mais rápido possível!". Os jogadores ouviram, mas ninguém fez nenhum comentário, então, eu não fazia a menor ideia se eles estavam preparados para fazer aquilo.

No decorrer daquela disputa de pênaltis com 32 cobranças, diversos atletas holandeses desperdiçaram suas cobranças. Em todas elas, todo o grupo abandonou o círculo central e foi resgatar o jogador que retornava para o grupo, tornando a caminhada mais difícil menor. Em seguida, eles acabaram vencendo a disputa. Posteriormente, enviei um aluno para visitar os jogadores e entrevistá-los sobre os preparativos que havíamos feito.[7] O elemento que eles pareciam concordar que fora o mais eficiente foi o plano para resgatar os jogadores que desperdiçavam suas cobranças. Aquilo fora uma coisa que eles compreenderam e valorizaram.

Os seres humanos têm uma necessidade de pertencimento que é fundamental.[8] Quando nos sentimos excluídos, o sistema de alarme do nosso corpo é acionado. De fato, a exclusão ativa o mesmo sistema neural e fisiológico que está envolvido em ameaças de dano físico.[9] Em momentos-chave de fracasso, como após desperdiçar uma cobrança em uma disputa de pênaltis e decepcionar todos os seus companheiros de equipe, o som do alarme é quase ensurdecedor. Nessa situação, receber sugestões genuínas de que as pessoas ainda gostam de você, que você ainda é valorizado e ainda faz parte do grupo, pode ter um impacto considerável.

O valor de um gesto inclusivo como esse parecia ser claro para os jogadores no passado, quando eram mais raras as convenções sobre como os jogadores deveriam se comportar em uma disputa de pênaltis. A primeira delas em qualquer torneio internacional importante foi em novembro de 1970, na segunda rodada da Copa Europeia, quando o Everton derrotou o Borussia Mönchengladbach por 4 × 3 para avançar para as quartas de final. Olhando em retrospecto agora para a linguagem corporal naquela disputa, os jogadores aparentam estar extremamente nervosos. Todos reagem rapidamente ao sinal do árbitro, com quase todos os jogadores começando a correr assim que ouvem o som do apito. A maioria deles dão as costas para o goleiro após posicionar a bola na marca, como se estivessem determinados a evitar olhar para a figura que desencadeia o estresse diante deles. Um jogador do Mönchengladbach, sem dúvida o mais famoso no gramado, Günther Netzer, inclusive deu as costas por completo para a disputa de pênaltis, recusando-se, supostamente, a fazer uma das cobranças.

A disputa começa mal para o Everton. O goleiro do time da Alemanha Ocidental, Wolfgang Kleff, defende a primeira cobrança de Joe Royle, o que desencadeia uma comemoração como se o Mönchengladbach já tivesse vencido. Kleff é cercado por companheiros de equipe trajando uniformes de treino que entram no campo para parabenizá-lo. Fotojornalistas trajando ternos de verdade também entram correndo no gramado para tirar fotos dele posando com uma bandeira do time a lhe envolver os ombros — antes sequer da cobrança seguinte ser feita. Claramente eram outros tempos. O técnico do Everton, Harry Catterick, tinha certa razão quando disse após a partida: "Essa história de decidir jogo nos pênaltis é um absurdo".

Pode parecer uma afetação, mas em verdade, é uma coisa incrivelmente fascinante: a disputa de pênaltis exibe comportamentos individuais e coletivos sob uma pressão extrema que são brutos e descontrolados. Royle está arrasado após seu pênalti perdido e desaba ao chão na linha da pequena área em aflição e vergonha. Então, impressionantemente, seu companheiro de equipe, Alan Ball, campeão mundial com a Inglaterra em 1966, que seria o cobrador seguinte para o Everton, deixa seus próprios medos de lado e corre até ele, entrando na grande área para resgatar seu companheiro de equipe. Enquanto o assistente se esforça ao máximo para separar essa união e fazer Ball retornar ao círculo central, este abraça Royle, dá-lhe um tapinha no rosto e aponta para seu próprio queixo como se dissesse "levanta essa cabeça". Então, ele escolta Royle de volta ao círculo central. Quando questionado posteriormente sobre o que Ball teria lhe dito, Royle riu e respondeu: "Éramos grandes amigos, mas éramos sinceros no que dizíamos um para o outro. Ele provavelmente estava sorrindo e me chamando de um grande... ou algo assim". As palavras não importam muito. O importante é a presença. Herbert Laumen desperdiçou o pênalti seguinte pelo Mönchengladbach e a cena se repetiu, com seus companheiros de equipe indo até a grande área para resgatá-lo.

Vimos anteriormente como Pierre Littbarski correu até a grande área para literalmente levantar Uli Stielike do chão na disputa de pênaltis da semifinal da Copa do Mundo de 1982. Posteriormente, na mesma era, na disputa de pênaltis da final da Copa da UEFA de 1984 entre Tottenham e Anderlecht, quando Danny Thomas desperdiçou a quinta cobrança pelo Tottenham, que poderia ter dado o título à sua equipe, Graham Roberts e Steve Archibald correram até ele para consolá-lo e acolhê-lo de volta ao grupo. Arnór Guðjohnsen, então, perdeu um pelo Anderlecht e o Tottenham venceu. De fato, naquelas disputas de antigamente, podemos ver diversas vezes os companheiros de equipe correndo do círculo central até a grande área tanto para comemorar com os jogadores que convertem suas cobranças quanto para consolar aqueles que as desperdiçam. Me parece um jeito perfeitamente natural de reagir nos dois casos.

No entanto, hoje isso é muito mais raro. Ninguém mais sai do círculo central e corre metade do campo até a área das cobranças das penalidades para resgatar seus companheiros de equipe. Por que será que os jogadores pararam de fazer isso? Não houve mudança na regra. O regulamento na temporada de 1970-1971 era tão claro quanto é hoje, no sentido de que os jogadores que não estão participando da disputa de pênaltis devem permanecer no círculo central, então, por que será que os jogadores se sentem tão firmemente inclinados a obedecê-lo agora? Minha impressão é que as equipes deixaram de sair do círculo central ao mesmo tempo em que adotaram a prática de se abraçar nos ombros antes das cobranças. Essa formação passa a impressão de uma equipe unida para os jogadores oferecerem apoio uns aos outros, e o toque físico e a proximidade indubitavelmente produzem uma sensação de conforto e segurança para todos os envolvidos. Existem bons aspectos nessa formação, os quais abordarei mais à frente. Todavia, se isso evita que os jogadores se soltem para ir até o atleta que mais precisa deles para o levar de volta ao grupo, então, certamente essa estratégia coletiva sai pela culatra.

Atualmente existem muitas pesquisas que mostram que o apoio social reduz o estresse e a ansiedade de quem atua sob pressão. Um estudo revelou que, só de saber que há alguém disposto a oferecer apoio, isso já reduz os indicadores fisiológicos de estresse durante uma tarefa em que a pressão é elevada.[10] Assim, simplesmente ter falado antecipadamente sobre oferecer apoio uns aos outros pode surtir algum efeito. Outro estudo mostra que receber apoio antes de uma tarefa em que a pressão é elevada reduz significativamente o estresse, como indicam as respostas ao cortisol, e se o apoio for oferecido por alguém com quem a pessoa tenha uma relação segura, a ansiedade fica em seu ponto mais baixo.[11] Isso sugere que grupos precisam trabalhar em seus relacionamentos e laços uns com os outros ao longo de muito tempo para conseguirem oferecer um apoio social de forma mais eficaz ao atuar sob pressão.

Não obstante, também houve algumas medidas construtivas com relação ao aspecto social das cobranças de pênaltis. Nos últimos anos, testemunhamos uma revolução em relação ao modo com que as equipes se preparam para suas penalidades e as executam. Uma cobrança de pênalti deixou de ser uma tarefa individual isolada, na qual a pressão fica toda nas costas do cobrador, com os outros apenas assistindo. Atualmente, uma cobrança de pênalti — tanto no decorrer da partida quanto em disputas de pênaltis — é encarada como uma tarefa coletiva da equipe, na qual vários jogadores desempenham suas funções para se certificar de que o cobrador da penalidade receba apoio de todas as formas possíveis, em uma tentativa de aumentar a probabilidade de esse jogador estar preparado da maneira mais ideal para o sucesso. A seguir, descrevo algumas das maneiras como as equipes tratam o tema atualmente.

Protegendo a marca do pênalti

No Brasil, a marcação de um pênalti é quase sempre o tiro de partida para uma crise intensa, repleta de discussões dentro de campo entre os adversários, e todas precisam ser resolvidas antes de a cobrança ser feita. Isso pode ser demorado: algumas vezes chegam a passar quatro ou cinco minutos entre o árbitro apitar a infração e o jogador cobrar a penalidade. É muito tempo para um cobrador passar marinando na pressão da cobrança vindoura, e uma enorme janela em que os oponentes podem se esforçar ao máximo para desestabilizá-lo. Vimos anteriormente o quanto deformar com a chuteira a marca do pênalti pode complicar a vida do cobrador, tanto física, deixando a superfície irregular, quanto psicologicamente, injetando uma pequena dose de intimidação na expectativa para a cobrança. Os cobradores de pênaltis podem, então, considerar uma providência inteligente: se posicionar bem próximo da marca do pênalti o mais rápido possível para afastar quaisquer forças destrutivas. O problema disso é que o cobrador, então, ocupa um lugar bem no centro do caos pré-cobrança e se torna um alvo estático para quaisquer outros joguinhos psicológicos e intimidações que os oponentes tenham em mente. Existe uma alternativa melhor?

Em julho de 2019, Filipe Luís retornou ao Brasil para jogar no Flamengo depois de passar quinze anos no futebol europeu, mais notoriamente no Atlético de Madrid. Ele nunca cobrou um único pênalti oficial em toda a sua carreira na Europa, ainda assim, tornou-se rapidamente um dos jogadores mais importantes para as cobranças de pênalti do Flamengo.[12] Sempre que um pênalti era marcado para o Flamengo, Filipe Luís calmamente caminhava até a marca do pênalti para ali ocupar sua posição, com um pé de cada lado da marca. Frequentemente a essa altura, ele era o único jogador do Flamengo na grande área, e ficava cercado por oponentes que se empurravam e o árbitro. Ainda assim, ele permanecia obedientemente concentrado em sua tarefa, guardando seu quadrado de grama, afastando delicadamente qualquer jogador que se aproximasse da marca do pênalti. Enquanto isso, o jogador que realmente viria a cobrar o pênalti, habitualmente Gabriel Barbosa, teria recolhido a bola e estaria aguardando em algum lugar afastado da confusão, fora da área. Quando o árbitro tivesse, enfim, solucionado o caos ao redor de Filipe Luís, e todos os oponentes tivessem se afastado, o próprio Filipe Luís também se afastaria calmamente, com seu trabalho ali concluído, e Gabigol chegaria para colocar a bola na marca do pênalti intocada.

Uma solução elegante, então... oferecer apoio ao cobrador da penalidade, permitindo que ele se recomponha longe da confusão, e protegendo a marca do pênalti de chuteiras prontas para atrapalhar. No entanto, essa tática pode sair pela culatra.

Em 2022, houve um surto generalizado de destruição das marcas de pênalti. Eu e muitos outros falamos sobre isso nas redes sociais e sugerimos formas de protegê-las dessa prática. Possivelmente em consequência de uma maior atenção nisso, proteger a marca do pênalti tornou-se uma estratégia popular de diversas equipes na Copa do Mundo daquele ano, e também em alguns dos campeonatos europeus. Por exemplo, no Catar, sempre que a Argentina tinha um pênalti marcado, vários de seus atletas formavam um grupo ao redor da marca para garantir que nenhum dos adversários se aproximasse dela.

Isso, todavia, expôs rapidamente um efeito colateral acidental. A menos que os protetores da marca do pênalti fossem discretos e sutis no modo como ocupavam aquele pedaço de território precioso, os oponentes viam sua chegada na grande área como um confronto direto e invasivo. Ou, alternativamente, enxergavam nela uma oportunidade de *criar* um confronto, o que poderia até funcionar em sua própria vantagem. E em alguns casos, esses jogadores protetores até ampliaram o âmbito das tentativas de destruição das marcas de pênalti.

Exemplo 1: o pênalti da Argentina contra a Arábia Saudita. Lionel Messi posiciona a bola na marca e Lautaro Martínez se coloca do lado dela, protegendo-a. Um jogador saudita que passava para falar com o árbitro encosta na bola. Outros três argentinos imediatamente cercam a marca como proteção adicional. Vários atletas sauditas fazem o mesmo após os argentinos. Subitamente, acontece toda uma batalha de empurrões e intimidações ao redor da marca do pênalti, o que é algo de que Messi indubitavelmente não precisa nesse exato momento. Ele calmamente se isola e, no fim das contas, converte a cobrança.

Exemplo 2: o pênalti de Portugal contra o Uruguai. O goleiro, em discussão com o árbitro, começa a se dirigir lentamente para a marca do pênalti com, talvez, intenções maldosas no coração. O português Gonçalo Ramos, vendo isso, chega correndo e pula em cima da marca com as costas para o goleiro. Imediatamente juntam-se a ele três companheiros de equipe, que se posicionam ao redor da marca da cal como se fosse uma pilha de ouro. Isso, é claro, envia um recado para o adversário: suspeitamos que suas intenções são ruins. Novamente, uma confusão de empurrões se segue, e o uruguaio Matías Viña até consegue uma oportunidade de cutucar a marca do pênalti com o pé enquanto passa. Fica tudo muito caótico, embora, novamente, o cobrador da penalidade, Bruno Fernandes, permaneça calmo e faça o gol.

Exemplo 3: o pênalti de Gana contra o Uruguai. Se Gana vencer, passa da fase de grupos e se classifica para a fase eliminatória. Enquanto o árbitro aguarda a checagem do VAR, quatro jogadores de Gana cercam a marca do pênalti. Em determinado momento, outros dois juntam-se a eles, totalizando seis, quase como uma espécie de muralha das fortalezas da Roma antiga. Com André Ayew, o cobrador da penalidade, também posicionado próximo, são sete jogadores de Gana na área, o que os jogadores uruguaios interpretam como uma provocação. Visivelmente irritados, alguns desses jogadores agora se juntam aos ganeses na área, e mais uma confusão de empurrões se segue, até que Darwin Núñez tenta romper a muralha romana com um ataque, utilizando proeminentemente seu pé esquerdo, pelo que, após protestos amargos dos ganeses, recebe um cartão amarelo. O caos toma conta do ambiente, e, dessa vez, a cobrança ruim de André Ayew é defendida. O Uruguai, no fim das contas, vence por 2 × 0. As duas seleções são eliminadas.

Claramente a utilização bem-sucedida dessas contraestratégias coletivas exige sutileza e uma implementação delicada. De fato, após a confusão descrita acima, a Argentina adaptou sua abordagem na mesma competição, com os jogadores afastados enquanto monitoram a marca do pênalti, e entrando em ação somente quando necessário — como quando Rodrigo De Paul chegou antes da cobrança de Messi contra a Croácia, e quando Enzo Fernández e Leandro Paredes entraram na área antes da cobrança de Messi contra a Holanda.

Possivelmente o atleta que vi adotando essa tática de forma mais tranquila foi Kieffer Moore, do Bournemouth. Na Copa do Mundo de 2022, Moore jogou pelo País de Gales na partida de estreia contra os Estados Unidos. Os americanos venciam por 1 × 0 quando foi marcado um pênalti para Gales aos 37 minutos do segundo tempo. Seis jogadores dos Estados Unidos foram atrás do árbitro, tentando influenciá-lo a reverter a marcação. Moore, enquanto isso, primeiramente parabenizou Gareth Bale, que havia sofrido a penalidade e que iria fazer a cobrança, e depois calmamente caminhou até a marca do pênalti, que havia se transformado no epicentro dos protestos dos adversários. A maioria dos jogadores que protegem a marca do pênalti adota uma posição fixa, buscando parecer o mais fisicamente dominante possível. Moore adotou uma abordagem completamente diferente. Ele se mostrava flexível, ágil e amistoso. Ele empurrava com delicadeza, porém firmemente, para afastar os adversários, sempre com um comentário e um sorriso. Em diversas oportunidades, ele distribuía abraços aos oponentes enquanto os mantinha distantes da marca do pênalti e de Bale. Era uma amostra clássica de desagravamento. Verdade, Moore se impunha com seu 1,96 metro de altura, o que pode ter emprestado a ele alguma autoridade natural naquela situação. Porém, sua atitude firme mas amistosa parecia fazer a diferença ali, e Bale empatou o placar com muita calma.

Talvez o futebol tenha algo a aprender com os seguranças de boates. Muito embora as pesquisas comprovem claramente que o que prevê de forma mais intensa as brigas em casas noturnas seja a ausência de porteiros e seguranças, diversos estudos também mostram os efeitos colaterais indesejados de empregar profissionais agressivos e irracionais, que acabam *aumentando* os incidentes e confusões.[13] Alguns dos comportamentos que agravam conflitos são: parecer ameaçador, demonstrar hostilidade, atitude de enfrentamento, gritos e violação do espaço alheio.[14] Descobriu-se que os seguranças eficientes, por outro lado, são firmes, porém, amigáveis,[15] bons de lábia na hora de lidar com clientes problemáticos,[16] interferem precocemente em conflitos, confiam no trabalho em equipe e só utilizam a força física em último caso.[17] Os protetores da marca do pênalti no futebol podem se beneficiar da experiência dos bons seguranças.

Protegendo o cobrador da penalidade

Em uma partida pelo campeonato inglês de 2021 contra o Aston Villa, enquanto esperava para cobrar um pênalti, Bruno Fernandes, do Manchester United, viu-se cercado na marca da cal por nada menos do que seis atletas do time adversário, incluindo nosso mestre dos manipuladores, o goleiro argentino Dibu Martínez. Naquele mesmo momento, podia-se ver que seis jogadores do United estavam de costas para a marca do pênalti, afastando-se, aparentemente indiferentes ao fato de o cobrador de pênaltis de sua equipe estar em menor número e sendo assediado pelos adversários. Depois de alguns segundos, o brasileiro Fred olhou para trás, viu o que estava acontecendo e foi correndo ao auxílio do colega, mas a lentidão da reação dos jogadores do United naquela oportunidade (e Bruno Fernandes acabou desperdiçando a cobrança, a propósito) reflete uma ideia padrão de que o pênalti é uma situação individual — em que o cobrador pode ser abandonado pela equipe para se virar sozinho. É uma premissa falha.

Alguns meses depois, foi a vez do Liverpool de Mo Salah ter um pênalti marcado contra o Aston Villa de Dibu Martínez. Eles chegaram preparados. Primeiro, quando o pênalti foi marcado, o capitão do Liverpool, Jordan Henderson, acompanhou Salah para fora da grande área, distante do alcance tóxico de Martínez. Segundo, quando Martínez, em seguida, saiu da linha do gol para ir atrás de Salah, Henderson, acompanhado por dois companheiros de equipe, o confrontou, essencialmente erguendo uma barreira entre ele e Salah. Terceiro, assim que o caos na área se dissipou, e o árbitro começou a conseguir algum controle, Henderson demorou-se, fingindo endireitar os meiões e certificando-se de que estava posicionado em uma linha reta entre Martínez e Salah, mantendo, desse modo, a barreira erguida. Quarto, quando Martínez finalmente desistiu e assumiu sua posição na linha do gol, Henderson permaneceu com Salah para protegê-lo de outras ameaças. Os jogadores do Aston Villa viram que Martínez não teve efeito algum, então, alguns deles, especialmente Tyrone Mings, tentaram chegar em Salah, mas Henderson interferiu e manteve Salah isolado. Em meio a tudo isso, dois outros jogadores do Liverpool estavam em outra parte da grande área, onde os jogadores do Aston Villa discutiam com o árbitro no comício de protestos de sempre. Nunca se sabe o que pode acontecer em uma discussão dessas, e faz sentido para a equipe que teve o pênalti marcado a seu favor se fazer presente. Contando todos, além do cobrador da penalidade, cinco jogadores do Liverpool tiveram papéis fundamentais naqueles dois minutos que antecederam a cobrança do pênalti. Em outras palavras, o pênalti foi uma experiência coletiva. E a cobrança em si? Salah bateu rasteiro, não muito forte, mas a bola entrou, muito embora Martínez quase tenha encostado nela com a mão.

Nas duas temporadas seguintes, o Liverpool continuou, ampliou e expandiu essa estratégia territorial de um apoio orquestrado ao cobrador de pênaltis. Às vezes, apenas Jordan Henderson estava envolvido, ocupando casualmente uma posição de proteção atrás de Salah e da marca da cal. Outras vezes, a coisa era mais coordenada. No caso do pênalti de Fabinho contra o Watford em abril de 2022, três jogadores ofereceram uma cobertura abrangente para o cobrador: Henderson pela frente, protegendo Fabinho do goleiro, Naby Keïta por trás e pela esquerda, protegendo as costas de Fabinho, e Andy Robertson do outro lado, de costas para Fabinho, protegendo-o de frente contra outras ameaças. Jordan Henderson é filho de um policial, e tem bastante consciência do que pode e não pode fazer no campo de futebol: "Eu sabia que poderia trazer uma qualidade para a equipe: sentia que poderia colocar todos na minha frente".[18] Com Henderson em campo, essa estratégia de proteção foi sempre proativa, e acordada. Sem Henderson, o Liverpool parecia um pouco mais reativo. Na partida de abertura da temporada do futebol inglês batizada de Community Shield de 2022 contra o Manchester City, Henderson havia sido substituído quando o Liverpool teve um pênalti marcado a seu favor aos 39 minutos do segundo tempo. Salah entrou na grande área, e durante um breve momento, viu-se sozinho com cinco jogadores do City à sua volta, antes de Harvey Elliott e Thiago Alcântara chegarem correndo para protegê-lo. Esses dois, então, dividiram suas funções, com Thiago Alcântara protegendo-o de Ederson, goleiro do City, e Elliott protegendo as costas de Salah dos outros.

Jordan Henderson não é cobrador de pênalti. Pra não dizer que nunca, ele já cobrou dois pênaltis em partidas oficiais, um pelo Liverpool (converteu) e um pela Inglaterra, na disputa de pênaltis pela Copa do Mundo de 2018 contra a Colômbia (desperdiçou).[19] Contudo, seu impacto sobre outros cobradores de pênaltis não pode ser subestimado. Nas quartas de final da Copa do Mundo de 2022, quando a Inglaterra teve marcado a seu favor o primeiro de dois pênaltis no decorrer da partida contra a França, Henderson fez o que sabe fazer melhor. No instante em que o árbitro tomou sua decisão, ele agarrou a bola. Em seguida, entregou-a para Harry Kane enquanto o acompanhava até a grande área e lhe dizia algumas palavras de apoio, certificando-se de que nenhum jogador francês conseguisse se aproximar o bastante de Kane para ser capaz de comunicar-se com ele. Kane executou sua rotina normal para empatar a partida em 1 × 1.

No segundo pênalti para a Inglaterra, aos 39 minutos do segundo tempo, com a França em vantagem de 2 × 1 no placar e a vaga da Inglaterra no torneio em sério risco, Henderson havia acabado de ser substituído. Consequentemente, durante os primeiros trinta segundos após a revisão do VAR, Harry Kane ficou sozinho na marca do pênalti, apenas com jogadores franceses ao seu redor, até que os companheiros de equipe de Kane subitamente viram isso e urgentemente se apresentaram. Primeiro,

Mason Mount, depois Jude Bellingham se envolveram, por fim, acompanhando o particularmente ativo Olivier Giroud para fora da grande área. Tudo bem-feito, mas reativo e realizado com um vigor e uma intensidade que pareceram atrair, não repelir, a atenção dos jogadores franceses. Kane repetiu sua rotina normal, porém, para variar, inutilmente. Ele perdeu o pênalti e as esperanças inglesas deram n'água.

Foi interessante notar que os primeiros jogadores que chegaram em Kane após a cobrança foram franceses, todos com a maior liberdade, amontoados efusivamente em torno dele e de seu goleiro, Hugo Lloris. Chegou um momento em que um único jogador inglês se aproximou de Kane — Jude Bellingham, à época, com apenas dezenove anos, que o abraçou e falou com ele e depois correu, fazendo gestos enérgicos para os outros jogadores ingleses. Mas onde estavam esses outros jogadores? Até o momento em que a bola foi novamente colocada em jogo, nenhum deles havia falado com Kane para oferecer apoio. À exceção de Bellingham, eles deram as costas para Kane, demonstrando-lhe apoio somente após o apito final. Foi também nessa hora que Henderson conseguiu se aproximar dele, ficar ao seu lado e, no que pareceu um gesto intencional, lá permanecendo pelos momentos que se seguiram — literalmente de pé ao lado de seu companheiro de equipe naquele momento de baixa e firmemente transmitindo para todos que estivessem vendo que o futebol é um esporte coletivo, mesmo quando envolve pênaltis. E, possivelmente, sobretudo nessa hora.

Companheiros de equipe podem desempenhar muitas funções diferentes em uma situação dessas, desde uma ajuda funcional em questões práticas (como a bola e os oponentes) até um apoio rigorosamente emocional para lidar melhor com a pressão. Quando Maren Mjelde cobrou seu pênalti com a pressão lá no alto contra o Lyon na Champions League Feminina de 2023, ela recebeu muita ajuda desde o início. "Eu nem sequer estava com a bola", disse-me ela, "mas imaginava que alguém estivesse. Tínhamos planejado anteriormente, e eu tinha minhas companheiras me protegendo. A ideia é que haja duas protetoras, de forma que tenha sempre uma jogadora no campo com essa função. Assim como temos duas cobradoras de pênalti."

Então, na marca do pênalti: "Recebi a bola de uma dessas protetoras, e simplesmente me posicionei, mas estava ciente de que estava rolando muita confusão atrás de mim. Só que não dou ouvidos. Fico só lá, de pé. A protetora, minha companheira de equipe ao meu lado, Jess Carter, garante que ninguém se aproxime de mim".

É claro, o que está sendo dito, por quem, de que forma, também é importante aqui. "Chega a ser engraçado com ela, a Jess, somos boas amigas, e ela é a pessoa perfeita para estar ali do seu lado. Ela viu que eu estava tentando me preparar e me concentrar, mas às vezes ela diz coisas como: 'Esse negócio está se arrastando, Maren, quer conversar?'. Ao que respondo: 'Não, estou concentrada'. Mas acho que também dou uma discreta risada, porque é engraçado. E estou ali de pé, com um monte de grama no rosto, e ela começa a tirar. Daí, ela fala: 'Quer tomar um café semana que vem?'. Escuto tudo o que ela está dizendo, mas estou concentrada, pensando na minha tarefa. Dito isso, o que a Jess fez baixa a seriedade da coisa toda, durante apenas um ou dois segundos. Isso pode representar uma ajuda incrível. Do contrário, a pessoa pode travar completamente.

O cobrador de pênalti de mentira

A final do Mundial de Clubes da FIFA de 2021 atrasada pela pandemia de Covid-19 foi disputada em Abu Dhabi em fevereiro de 2022. O Chelsea, representando a Europa, enfrentava o Palmeiras, representando a América do Sul. No intervalo da prorrogação o placar estava 1 × 1, e a perspectiva de uma disputa de pênaltis se avizinhava. Eu assistia à partida do meu sofá de casa e, como sempre a essa altura de uma partida na qual não tenho nenhum investimento pessoal em nenhum dos times, comecei a torcer para haver decisão por pênaltis.

Não dei sorte, infelizmente, mas ainda assim, a partida produziu algo para os perspicazes estudantes dos pênaltis — algo genuinamente inovador, na verdade.

Faltando cerca de sete minutos, o Chelsea teve um pênalti marcado a seu favor. Ligeiramente decepcionante para mim, devo admitir, e apesar de todos os meus amigos no Chelsea Football Club: um pênalti possivelmente decisivo é sempre legal, mas não é páreo para minha preferência padrão — toda uma disputa de pênaltis.

Então, acho que eu não estava prestando total atenção ao que aconteceu antes da cobrança, pois quando Kai Havertz colocou a bola na marca da cal, fiquei ligeiramente confuso. Não era o César Azpilicueta que estava de pé ao lado da bola alguns segundos antes? Deixa para lá. Mais tarde eu olharia de novo. Enquanto isso, Havertz, aparentemente tranquilo e concentrado apesar da nítida pressão do momento, fez uma pausa de um segundo após o apito, fez uma aproximação que tinha metade do espaço normal, chutou no canto direito do goleiro. Gol. O Chelsea sagrava-se campeão mundial.

Posteriormente naquela mesma noite, ainda incomodado com aquele mistério de Azpilicueta, vi tudo de novo. Porém, o que foi frustrante, a emissora de TV manteve praticamente todas as suas câmeras nos jogadores do Palmeiras — um, Luan, que recebeu o cartão amarelo pelo toque de mão na bola que resultou no pênalti, e outro, Eduard Atuesta, por sua parte no caos de sempre em torno da marca do pênalti. Contudo, na manhã seguinte, entrei no YouTube, onde diversos torcedores nas arquibancadas haviam publicado seus próprios vídeos do evento. E finalmente percebi claramente o que acontecera. E tinha sido brilhante!

Após a revisão do VAR ter confirmado o pênalti, Azpilicueta, capitão do Chelsea, caminhou com o árbitro até a área, aparentemente discutindo com ele. Pouco antes de eles chegarem à área, Azpilicueta parecia procurar alguém atrás dele, depois resolutamente pegou a bola e caminhou rumo à marca do pênalti, de frente para a baliza, dando a impressão de que ele cobraria aquele pênalti. Inevitavelmente, ele atraiu muita atenção dos jogadores do Palmeiras. Em determinado momento, havia quatro deles agrupados ao redor do espanhol, falando com ele, gesticulando para ele, nitidamente tentando tirá-lo de seu equilíbrio. Atuesta foi tão engenhoso nesse esforço àquela altura que conseguiu levar um cartão amarelo. O árbitro seguia tentando pastorear os jogadores do Palmeiras para fora da grande área e afastá-los de Azpilicueta, mas, durante um tempo, foi uma tarefa sem solução. Quando um jogador saía, outro pegava seu lugar.

Tudo isso levou um minuto para acontecer. Em determinado momento, o árbitro havia restabelecido o controle e limpado a área de seus ocupantes palmeirenses. Nesse momento, Havertz, que passara calmamente pelo caos aguardando alguns metros afastado, totalmente despercebido e despreocupado, entrou na área. Azpilicueta deu a bola a ele. Havertz a colocou na marca da cal, totalmente imperturbado, recuou e fez o gol que valeu a conquista do Mundial de Clubes da FIFA para o Chelsea.

Azpilicueta confirmou posteriormente que a ideia era tirar a pressão do cobrador da penalidade. O Chelsea havia feito seu dever de casa. Nos pênaltis do início daquela temporada, o Palmeiras vinha formando uma multidão intimidante em torno da bola e do árbitro. Na verdade, o próprio Chelsea vinha se utilizando da mesma estratégia de amontoar jogadores em torno do cobrador da penalidade. "Era uma tática", disse Azpilicueta, "porque eu sabia como eles são, sabia que eles iriam tentar intimidar o cobrador do pênalti, então, peguei a bola. O Kai sabia que era ele que iria cobrar, então, aquilo foi para tirar a pressão de cima dele... Esperei e fiquei ouvindo tudo que os jogadores deles falaram para mim, e acho que funcionou, o que é o mais importante."[20] Havíamos testemunhado o nascimento do cobrador de pênalti de mentira. Uma verdadeira inovação nas cobranças de pênalti. Lindo!

Desde essa partida, muitos jogadores e equipes copiaram a estratégia, por todo o mundo — da Noruega (Bodø/Glimt × Rosenborg, abril de 2022) à Costa Rica (Alajuelense × Herediano, maio de 2022). A Suécia utilizou contra a Eslovênia em um empate pela Liga das Nações da UEFA em março de 2022. E ambas as seleções nacionais dos Estados Unidos, a masculina e a feminina, realizaram com sucesso esse estratagema em momentos cruciais — as mulheres na final da CONCACAF de 2022 contra o Canadá em julho daquele ano, quando Lindsay Horan atraiu toda a atenção para que Alex Morgan saísse das sombras; os homens, em sua partida eliminatória crucial para a Copa do Mundo de 2022 contra o Panamá em março de 2022, com Jesús Ferreira servindo de distração para Christian Pulisic. Naquela oportunidade, os Estados Unidos buscaram o realismo máximo, com os jogadores atuando como bloqueadores para proteger o cobrador de mentira das atenções dos jogadores do Panamá, uma maneira muito inteligente de reforçar a ilusão.

É claro, ajuda quando o oponente não conhece o cobrador de pênaltis do time adversário. Em março de 2023, houve uma situação clássica de pênalti com pressão lá no alto em uma partida pelo campeonato inglês entre Newcastle e Nottingham Forest. O placar estava 1 × 1 quando o Newcastle teve um pênalti marcado a seu favor aos 46 minutos do segundo tempo. O cobrador habitual de pênaltis do Newcastle, Callum Wilson, estava no banco, mas Alexander Isak havia cobrado o último pênalti da equipe e teria sido a escolha lógica dessa vez. Entretanto, foi Kieran Trippier que pegou a bola e se posicionou na marca do pênalti, fazendo uma imitação magnífica de uma pessoa prestes a cobrar um pênalti: colocando a bola na marca, recolhendo-a novamente quando adversários se aproximavam, colocando-a na marca de novo...

Os produtores da Sky Sports ficaram obviamente convencidos: imediatamente colocaram na tela um gráfico mostrando as estatísticas de cobrança de pênalti de Trippier. Mesmo o técnico do Newcastle, Eddie Howe, disse após a partida que ficara momentaneamente "confuso". Só que o goleiro do Nottingham Forest, Keylor Navas, não caiu na cilada. Ele ignorou Trippier e foi até fora da grande área para intimidar Isak, que disse após a partida: "Às vezes, você consegue enganar o adversário. O goleiro deles, Keylor, meio que sabia que seria eu que iria cobrar, então, veio direto em mim e tentou me intimidar. Fizemos o nosso melhor".[21] Isak converteu sua cobrança e o Newcastle venceu a partida por 2 × 1.

O Arsenal é, talvez, a equipe de elite que mais longe levou essa estratégia, beneficiando-se do fato de que, há algum tempo, identificar o batedor oficial de pênaltis da equipe se tornou uma tarefa quase impossível. Na primeira metade da temporada de 2023-2024, sete pênaltis para o Arsenal foram cobrados por cinco jogadores diferentes: Bukayo Saka, Martin Ødegaard, Kai Havertz, Fabio Vieira e Jorginho. Em cinco dessas sete cobranças, eles empreenderam a estratégia do cobrador de mentira, em que, na hora da cobrança, o primeiro jogador a pegar a bola a entrega ao que realmente cobrará o pênalti, mas em duas vezes, não o fizeram. Saka foi o primeiro a pegar a bola em quatro dessas ocasiões, sendo que, em três delas, ele entregou a bola para outro cobrador, e cobrou ele mesmo o pênalti na outra. Em outra oportunidade, Ødegaard pegou a bola e a entregou para Saka. Com essa variação, fica muito complicado para os adversários saber em quem devem concentrar suas tentativas de intimidação com joguinhos psicológicos, e também para o goleiro se preparar para o pênalti em si. Quando perguntei a Martin Ødegaard sobre a forma com que o Arsenal faz isso, ele explicou que não é uma estratégia explícita da equipe, e sim uma coisa que surgiu de forma orgânica entre os jogadores: "Nos últimos anos, tem sido mais constante as pessoas e equipes tentarem fazer intimidação com joguinhos psicológicos durante as partidas. Desgastar com a chuteira a marca do pênalti, falar com o cobrador do pênalti, e assim por diante. Na verdade, não foi uma coisa que combinamos, simplesmente aconteceu. Primeiro, concordamos sobre quem vai cobrar o pênalti. Então, fica a cargo dele nos dizer do que precisa. Se ele precisar que eu segure a bola e finja que sou eu que vou cobrar, eu faço isso. Se precisar segurar a bola e simplesmente se concentrar em si mesmo, ele faz isso. Na verdade, é apenas garantir que quem quer que for cobrar o pênalti se sinta o mais à vontade possível".

Tal como acontece com qualquer estratégia de enfrentamento, não há garantias de que a tática do cobrador de mentira vá produzir um gol de pênalti, mas, se bem executada, uma ação liderada pela equipe dessa natureza pode claramente absorver parte da ameaça advinda dos oponentes, combater distração com distração e reduzir efetivamente um pouco da pressão nos ombros do cobrador da penalidade. Possivelmente tão impactante quanto, esta estratégia é uma forma de obter o controle da situação e permanecer imprevisível para o goleiro adversário. Ødegaard: "Para nós, trata-se principalmente de proteger o cobrador do pênalti, mas também pode haver um efeito no goleiro. Se eu ficar lá de pé com a bola, o goleiro pode pensar em análises e repassar cenários pensando em mim como o cobrador da penalidade, mas se aparece outra pessoa de repente, ele precisa readaptar seu foco".

Comemoração pós-cobrança

Você é um cobrador de pênaltis que acabou de converter uma cobrança. A essa altura, lhe restam duas opções. Você pode se virar e voltar trotando tranquilamente para o círculo central (supondo que seja uma disputa de pênaltis) ou para o campo de defesa do seu time (supondo que seja no decorrer da partida). Ou pode fazer algo que talvez aumente as chances da sua equipe vencer a partida e o prêmio que existe além: você pode comemorar intensamente o seu gol.

Existe poder em comportamentos de comemoração. Poucas pessoas provavelmente se lembram dos detalhes do pênalti de Megan Rapinoe aos dezesseis minutos do segundo tempo na final da Copa do Mundo de 2019 contra a Holanda que deu ao time feminino dos Estados Unidos sua vantagem crucial de 1 × 0. Mas todos se lembram da pose de comemoração dela após aquele gol: braços abertos para os lados, tórax inflado, queixo erguido, um sorriso discreto. A cena tornou-se uma imagem icônica na capa da *Sports Illustrated*. Além disso — e pode ser por isso que essa imagem tem um apelo tão grande —, aquela expressão exata é quase 100% coerente com o que os psicólogos sociais descreveriam como o protótipo da expressão não verbal do orgulho: postura expandida, cabeça ligeiramente inclinada para trás, braços erguidos e um sorriso discreto.[22]

Uma comemoração afeta terceiros? Será que a ponto de influenciar o resultado de uma disputa de pênaltis? Pense no seguinte momento da história do futebol: a Argentina enfrenta a Itália na semifinal da Copa do Mundo de 1990 no Stadio San Paolo, em Nápoles. Representando a Argentina contra a nação anfitriã, está Diego Maradona, que também, coincidentemente, é jogador do Napoli — uma lenda do Napoli, para falar a verdade, fundamental no bicampeonato italiano conquistado pelo time. Então, Maradona está em casa aqui — porém, jogando pelo time visitante. A partida vai para a decisão nos pênaltis, assim como havia acontecido no empate anterior da Argentina contra a Iugoslávia, no qual Maradona desperdiçara sua cobrança. Então, considerando tudo, tem muita coisa em jogo quando Maradona caminha para cobrar o quarto pênalti contra os italianos.

Assobios ensurdecedores o acompanham em toda a sua jornada até a grande área e, se muito, ficam ainda mais fortes à medida que ele se aproxima da bola. Ele faz sua pequena pausa de sempre... e desta vez, sua técnica que depende da movimentação do goleiro funciona. O goleiro italiano Walter Zenga se adianta e pula no canto direito, e Maradona rola a bola apenas um metro para a esquerda, quase no meio do gol.

E depois disso, ele vai embora — disparando em velocidade, acelerando, esticando os braços, rugindo e demonstrando uma exibição desenfreada de exuberância. Seu destino é a comissão técnica da seleção argentina na linha lateral. Maradona salta nos braços deles, comemorando como se tivesse vencido a própria Copa do Mundo. Lembrem-se de que ele sequer vencera o *jogo* em si — a disputa de pênaltis ainda estava em andamento, mas por pouco tempo. O cobrador seguinte foi o italiano Aldo Serena, um atacante experiente, que foi, não obstante, afetado pelo momento: "Até para andar eu estava com dificuldade. Minhas pernas não respondiam. Elas não eram minhas mais, eram de outra pessoa, e não faziam o que eu pedia para elas".[23] Ele opta por bater forte, no canto esquerdo do goleiro, mas Sergio Goycochea, o goleiro, lê a cobrança e defende o pênalti, eliminando a dona da casa. A comemoração poderosa de Maradona foi profética. A Argentina está na final.

Mas será que aquela comemoração foi mesmo profética, ou será que havia algo menos misterioso acontecendo? Realizamos um estudo sobre a relação entre as comemorações pós-gol dos jogadores e o resultado final de disputas de pênaltis.[24] A análise foi feita com todas as cobranças realizadas em disputas de pênaltis das Copas do Mundo e das Eurocopas anteriores a 2008, mas incluiu apenas cobranças quando a disputa de pênaltis estava empatada no momento da cobrança (portanto, ou nenhum pênalti perdido ou uma quantidade igual de pênaltis perdidos[25]). Muito embora o espaço amostral necessariamente tenha se tornado bastante pequeno, havia uma relação nítida e significativa entre a comemoração pós-gol e o resultado da equipe na disputa de pênaltis. Jogadores que comemoraram seus gols efusivamente tiveram maior incidência de vitória na disputa de pênaltis. Por exemplo, 82% dos jogadores cujas comemorações pós-gol envolveram estender os dois braços para cima ou para os lados estavam na equipe que venceu a disputa de pênaltis. O interessante é que esse comportamento também aumentou significativamente a chance de o oponente seguinte desperdiçar sua cobrança, sugerindo que os adversários são afetados negativamente por uma grande exibição de orgulho após a cobrança. Também houve um ligeiro indício nos números que o companheiro de equipe que seria o próximo a cobrar tinha maior probabilidade de converter sua cobrança após uma comemoração efusiva.

Algumas dessas conclusões foram posteriormente replicadas sob condições controladas em laboratório. Em quatro experimentos, pesquisadores alemães e holandeses descobriram que simplesmente observar as expressões de orgulho dos cobradores dos pênaltis afetava intensamente as próprias expectativas de desempenho, os pensamentos e as emoções esperadas pelos observadores.[26] Goleiros experientes, após observarem exibições de orgulho dos cobradores de pênaltis adversários, esperavam sentir-se pior, mais estressados, menos autoconfiantes e tinham expectativas de desempenho mais baixas em uma disputa de pênaltis se comparado com situações em que observaram oponentes com expressões mais neutras. De modo semelhante, jogadores experientes de linha que observavam seus companheiros de equipe expressarem orgulho após gols de pênalti esperavam sentir-se melhor, mais autoconfiantes e ter expectativas de desempenho mais altas em uma disputa de pênaltis se comparado com quando observavam seus companheiros de equipe com uma expressão mais neutra.

Colocado de modo simples, um jogador estufar o peito e erguer os braços tem o potencial de impactar positivamente seus companheiros de equipe e negativamente seus adversários. Eu não recomendaria necessariamente transferir isso diretamente para contextos fora do esporte: sair correndo pela firma com os braços erguidos após aplicar um bom argumento em uma reunião provavelmente não fará muita diferença na estima coletiva de seus colegas, tampouco em sua própria reputação. Pensando bem, não cheguei a experimentar isso, para falar a verdade, então, quem sabe? Mas o princípio geral de comemorar pequenas vitórias para reforçar a confiança coletiva faz sentido, inclusive na firma.

No contexto de uma disputa de pênaltis? "Não se reprima" parece ser o conselho mais inteligente.

Como vimos anteriormente, na Copa do Mundo de 2018, a Inglaterra virou do avesso seu histórico infeliz de fracassos em disputas de pênaltis após algum esforço minucioso e inédito em preparação para elas. Uma das estratégias-chave foi, sempre que possível, o goleiro inglês pegar a bola e entregá-la ao próximo cobrador inglês. Isso era claramente uma forma de assumir o controle da situação. E funcionou.

Até que, na oportunidade seguinte, não funcionou mais. De qualquer maneira, Jordan Pickford utilizou a mesma tática de entrega da bola pelo goleiro na final da Eurocopa de 2020 contra a Itália, quando três cobradores ingleses desperdiçaram suas cobranças. Tal como acontece com todas as estratégias, não há garantias. Mas isso não significa que essa estratégia específica não tenha seu valor.

O Liverpool participou de algumas disputas de pênaltis nos últimos anos, e, em geral, tem se saído exitoso. Desde que derrotou o Leicester no confronto pelas quartas de final da Copa da Liga Inglesa em dezembro de 2021, a equipe venceu todas as disputas de pênaltis de que participou — uma sequência de quatro vitórias. Pode ser coincidência, mas também pode ser devido à intensa preparação que o Liverpool tem feito para os pênaltis nos últimos anos. Parte dessa preparação é o trabalho com a empresa alemã de neurociência Neuro 11, que já foi publicamente elogiada pelos jogadores e pelo técnico do Liverpool por seu papel nesse sucesso. Ela ajuda os jogadores a desenvolverem suas rotinas pré-atuação e utiliza um *feedback* objetivo com relação às ondas cerebrais durante os treinamentos no campo para alcançar estados mentais ideais sob pressão. Ao longo desses últimos anos, tive algum contato com o fundador e CEO da empresa, o dr. Niklas Häusler, que me contou que sentia que seu trabalho com os jogadores do Liverpool produziu uma "consciência por toda a equipe para avaliar de maneira mais correta até mesmo situações psicologicamente muito complexas dentro do esporte e ajudar os outros de uma forma mais eficiente". Um dos detalhes que o Liverpool aperfeiçoou em sua preparação foi a entrega da bola pelo goleiro. A equipe empregou isso pela primeira vez na final da FA Cup de 2022 contra o Chelsea, quando seu goleiro, Alisson

Becker, entregou a bola para todos os cobradores de sua equipe. A forma com que o brasileiro fez isso foi uma coisa válida de se notar. Ele se posiciona bem no limite da grande área, traçando uma linha reta entre o cobrador da penalidade que está caminhando até a bola e o meio do gol. Quando faz isso, o que o cobrador que se aproxima vê à sua frente não é o goleiro adversário, mas seu companheiro de equipe. Então, quando Alisson lhe entrega a bola (e ele sempre a entrega em mãos e muitas vezes adiciona um toque físico adicional, possivelmente um tapinha na cabeça de seu companheiro de equipe com a luva), ele entra na grande área ao lado do cobrador. É uma maneira inteligente de formar, efetivamente, uma dobradinha contra o goleiro adversário na fase inicial da disputa de pênaltis e permite que o cobrador se sinta com apoio total. A respeito dessa estratégia, Häusler afirma quão crucial é uma estrutura de apoio dessas sob pressão e acrescenta: "A equipe desenvolveu uma dinâmica brilhante de ajudar e entender uns aos outros quando mais importa".

Quem adotou essa função de apoio de forma ainda mais notória foi o australiano Andrew Redmayne na disputa de pênaltis da partida classificatória para a Copa do Mundo de 2022 contra o Peru. Já conhecíamos as habilidades de dança de Redmayne e sua atitude moralmente questionável de atirar a garrafa d'água do goleiro adversário nas arquibancadas; mas deveríamos dedicar mais um momento para observar o quão minuciosamente ele adotou seu papel como principal protetor do cobrador de pênaltis que está chegando para fazer sua cobrança. Ele não só estava sempre no limite da área para entregar a bola para o próximo cobrador, e ao seu lado para entrar na área com ele, como às vezes até parecia que Redmayne estava prestes a ajudar o cobrador a colocar a bola na marca da cal. Em determinado momento, as câmeras até captaram Redmayne na área gesticulando para que o goleiro peruano se aquietasse e/ou recuasse.

Poderia o goleiro alguma vez passar dos limites ao auxiliar em uma situação dessas? Bem... talvez... mas depende. Na disputa de pênaltis entre a Suécia e os Estados Unidos pelas oitavas de final da Copa do Mundo Feminina de 2023, as duas goleiras entregaram a bola a todas as cobradoras das penalidades seguintes. No entanto, a *forma* com que faziam essa entrega foi significativamente diferente. Alyssa Naeher, a goleira dos Estados Unidos, esperava com a bola entre a marca do pênalti e a linha da área, entregava-a relativamente rapidamente, e depois se afastava trotando. Rápida, eficiente e sem complicações.

Zećira Mušović, a goleira sueca, tinha um estilo totalmente diferente. Aproximava-se de cada companheira de equipe com um grande sorriso, conversava com elas, entregava a bola e depois caminhava para fora da grande área lentamente. Em algumas das cobradoras de pênaltis suecas, sua goleira sorridente e tagarela provocava um sorriso, uma risada e algumas palavras de resposta. Elas pareciam à vontade com esse estilo de entregar a bola; talvez até as tenha ajudado. Algumas das outras pareciam mais sérias, intimamente concentradas, menos inclinadas a jogar conversa fora. A sétima a cobrar, com possibilidade de levar sua seleção à vitória se convertesse a penalidade, foi Lina Hurtig, e ela teve com Mušović o que pareceu ser uma troca alegre quando a bola lhe foi entregue. Questionada posteriormente sobre essa troca, Mušović disse: "Ela me perguntou o que aconteceria se ela convertesse a cobrança. Eu não sabia se tinha coragem para responder, então, disse apenas para ela chutar a p**** da bola dentro do gol". Ela fez o gol. A Suécia venceu e avançou de fase.

Mušović teve uma atuação brilhante, defendeu três pênaltis e tornou-se merecidamente a heroína sueca. Ela está sempre ávida por aprender coisas novas. Quando viu meus tuítes sobre aquela disputa de pênaltis, ela entrou em contato. Em nossas conversas que se seguiram, ela confessou que seu estilo surgiu de forma espontânea: "Foi um movimento que me ocorreu naturalmente. Naquele momento de pressão, a última coisa que eu queria que minhas companheiras sentissem era que estavam sozinhas". Contudo, é legítimo perguntar: uma goleira sorridente e tagarela ajuda ou atrapalha uma cobradora de pênaltis em momentos de tanta pressão? Mušović disse: "Eu mudava minha forma de me comunicar com base na pessoa com quem falava. Conheço algumas delas muito bem, e sei que um recado mais descontraído é adequado, ao passo que, com as outras, senti que um tom mais sério e direto seria melhor". Esse é um ponto importante. Alguns cobradores podem considerar o bate-papo amistoso útil, enquanto outros podem considerá-lo perturbador, e ainda outros podem ser totalmente indiferentes a ele. É uma abordagem que precisa de uma adaptação cuidadosa.

Formação no círculo central

Conforme observamos, nas décadas de 1970 e 1980, os jogadores no círculo central costumavam ficar aleatoriamente espalhados, alguns de pé e outros sentados. Às vezes, se misturavam com os jogadores da outra equipe, e muitas vezes, os jogadores dos dois times recebiam no círculo central a visita de técnicos e outros membros da comissão técnica. Na década de 1990, as equipes normal e gradualmente se reuniam um pouco mais, muitas vezes em linha, embora alguns jogadores ainda preferissem ficar sentados. A partir do final da década de 1990 e no decorrer da década de 2000, as equipes aprimoraram sua formação, posicionando-se ao longo da linha intermediária, ficando mais próximos uns dos outros e entrelaçando os braços. Agora, desde cerca de 2010, todas as equipes ficam unidas, de pé, em uma formação rígida e com os jogadores abraçados pelos ombros sobre a linha do meio de campo.

Será que essa formação entrelaçada tem uma função? Talvez. Uma equipe está literalmente unida nesse formato, enviando sinais de unidade e coesão. Além disso, é claro, o contato pode ser reconfortante em um momento de estresse, como comprovam estudos e nossas próprias experiências.[27] Dito isso, suspeito que a maioria das equipes assume essa formação principalmente porque todas as outras o fazem, sem muita lógica adicional por trás disso.

Quais seriam posições alternativas a assumir no círculo central? Primeiro, não existe nenhuma regra que estabeleça que as equipes devem ficar na linha de meio de campo, mas, ainda assim, todas ficam ali. Acho que é assim porque a cor branca no campo funciona como uma espécie de diretriz: para as equipes se alinharem, é a linha reta mais próxima. Todavia, uma postura mais progressiva seria ficar no limite do círculo, onde os jogadores ficariam de oito a nove metros mais próximos do gol. Isso significaria uma caminhada mais curta de ida e volta da grande área, e deixaria o resto da equipe mais próximo da marca do pênalti e do cobrador. E mais, possivelmente colocaria sua equipe nove metros à frente dos adversários, de costas para eles — pelo menos até eles perceberem e resolverem ficar também no mesmo lugar, o que provavelmente fariam. Mas mesmo assim, a outra equipe teria sido forçada a assumir um papel reativo, o que poderia servir em sua vantagem, psicologicamente falando.

A primeira vez que sugeri essa postura progressiva no círculo central a uma equipe foi quando trabalhava com os jogadores da seleção holandesa sub-21 antes da Eurocopa de 2007. A semifinal contra a Inglaterra foi, como escrevi anteriormente, a ocasião da disputa de pênaltis que quebrou o recorde com 32 cobranças. Porém, tal como havíamos discutido algumas semanas antes da partida, os jogadores holandeses ficaram no limite do círculo central. Tal como previsto, os jogadores ingleses os imitaram imediatamente, mas os nossos jogadores posteriormente relataram que foi boa a sensação de ter tomado a iniciativa e ver a outra equipe reagir a isso.

Outra oportunidade em que sugeri isso foi com a equipe belga Zulte Waregem. Fui convidado para dar uma palestra para os jogadores cerca de duas semanas antes do confronto pela final da Copa da Bélgica de 2017 contra o Oostende. A apresentação tratou, na verdade, da dinâmica e da coesão da equipe em geral e foi planejada antes de a diretoria saber que o clube chegaria à final da copa. Entretanto, antes da apresentação, me perguntaram se também poderia dedicar alguns minutos aos pênaltis, então, decidi incluir algumas estratégias, entre elas, a sugestão de assumir uma postura mais progressiva no círculo central.

Não pareceu um bom presságio quando, no dia em que compareci para fazer minha apresentação, houve uma queda repentina de energia no centro de treinamento do clube. A reunião foi adiada por algumas horas e acabou sendo transferida do belo e iluminado auditório do recém-construído centro de treinamento para um antigo e mal iluminado refeitório no estádio. Ainda assim, a apresentação correu bem, e quando a equipe acabou devidamente em uma disputa de pênaltis naquela final de copa, todos fizeram as coisas de que havíamos falado, inclusive ir para a frente do círculo; converteram os quatro pênaltis que cobraram e o goleiro defendeu dois do adversário, e isso deu a eles o troféu e a classificação para a Liga Europa de 2017-2018.

Mais tarde naquela noite, os jogadores deram entrevistas aos jornalistas belgas sobre o norueguês especialista em pênaltis que os visitara, e logo depois, meu telefone começou a tocar. Tive que contar aos jornalistas que o clube era um cliente meu, no que me dizia respeito, por isso, não poderia tecer comentários sobre o que havia acontecido. No entanto, me ligaram do clube depois, dizendo que achavam que seria bom para eles receber alguma atenção com relação ao nível de detalhe do planejamento e da preparação em torno da disputa de pênaltis, então, falei com a imprensa — ganhando, assim, meus quinze minutos de fama na Bélgica, e também uma citação errada que me deixou com cara de tacho. Um repórter publicou que eu afirmei: "Assisti à final por uma transmissão ao vivo na internet, e no momento em que começaram os pênaltis, tive a certeza: o Zulte Waregem vai vencer!".[28]

Bem, é verdade que assisti à partida por uma transmissão ao vivo na internet, mas, por enquanto, nenhum aspecto do meu trabalho relativo aos pênaltis me deu o superpoder de prever o futuro ou o resultado de uma disputa de pênaltis, independentemente do quanto eu adoraria ser capaz de fazê-lo. E quanto a estar confiante quando começa uma disputa de pênaltis... na verdade, nunca fico tão nervoso como quando assisto a uma equipe com a qual trabalhei participar de uma disputa de pênaltis. E ali não foi exceção. Fiquei nervosíssimo.

Outro time que utilizou a postura progressiva no círculo central foi o New York City FC. Sob o comando do técnico norueguês Ronny Deila, para quem fiz apresentações sobre o assunto alguns anos antes, eles conquistaram seu primeiro título do campeonato dos Estados Unidos em 2021, após vencerem nos pênaltis tanto nas quartas de final, contra o New England Revolution, quanto na final, contra o Portland Timbers. Em ambas as ocasiões, os jogadores do NY City assumiram imediatamente uma postura avançada no círculo central, o que levou as duas equipes adversárias a reagir e juntar-se a eles.

Deila posteriormente falou sobre minhas apresentações a que havia assistido e explicou que o posicionamento deles foi todo calculado: "Você fica mais perto do jogador que vai fazer a cobrança. A caminhada até a grande área fica mais curta". Além disso, a estratégia tinha um propósito mais psicológico: "Você está mandando no campo. Você está no comando".[29] Existe uma competição territorial no círculo central, então, por que não tentar dominar esse espaço? Martin Ødegaard me contou algo semelhante: "A maioria das equipes apenas fica alinhada na linha do meio do campo. Sinto que se trata de assumir o controle. Queremos ficar aqui, então, vamos ficar aqui. É fácil ser um pouco passivo e deixar a situação, ou outras pessoas, assumir o controle". O caso em questão: todos viram o Arsenal se posicionando na frente do círculo central na disputa de pênaltis contra o Porto pelas oitavas de final da Champions League de 2023-2024.

Faz diferença de que lado do círculo, esquerdo ou direito, a equipe se posiciona? Não necessariamente, mas pode ser que faça. Ficar no lado mais próximo do banco, com o técnico, os jogadores substituídos e os reservas, facilita a comunicação entre treinadores e jogadores durante a disputa de pênaltis, o que pode ser vantajoso. Psicologicamente, também pode ser benéfico para a equipe ficar próxima de seus técnicos e do restante do elenco — recebendo apoio de seu próprio pessoal. Dito isso, em muitos casos, há jogadores que se sentiriam mais à vontade com alguma *distância* de seu técnico. Acontece também assim no jogo normal, onde alas e laterais às vezes podem ter experiências de jogo profundamente diferentes no primeiro e no segundo tempos das partidas, simplesmente dependendo se jogam com seu técnico motivador ou excessivamente controlador próximos a eles ou não.

Também é interessante observar que não há nada nas regras que determine que os jogadores no círculo central devem ficar parados. Ainda assim, essa é a tendência da maioria, como se fossem proibidos de fazer qualquer outra coisa. Fisiologicamente, não faz sentido jogar uma partida de futebol durante mais de 120 minutos, e de repente, congelar como uma escultura durante cinco a dez minutos pouco antes de ter que fazer o que pode ser a cobrança mais importante de toda a sua vida. Psicologicamente, também, esperar passivamente sem nada para ocupar a cabeça pode provocar estresse e pressão. Movimentação é inteligente, e pode ser feita de pelo menos umas duas maneiras.

Por que não, por exemplo, tornar a formação da equipe um pouco mais dinâmica, movimentando-a pelo círculo central durante a disputa de pênaltis? A equipe pode começar na frente do círculo, e depois, em momentos pré-acordados, passar para a parte de trás, e depois para a frente novamente. Além de fazer com que os jogadores se movimentem um pouco, isso pode criar um ambiente muito imprevisível no círculo central para os adversários, o que provavelmente os deixaria incomodados.

Como alternativa, utilizar as possibilidades oferecidas por comemorações de gols. Essa foi mais uma dica que nasceu com a seleção sub-21 holandesa em 2007: libertar-se da formação em equipe para comemorar individualmente após cada gol marcado e também após cada pênalti perdido do adversário. Isso não só relaxa músculos, como também traz um pouco de entusiasmo e energia positiva para a própria equipe. Repetindo, isso também pode incomodar o adversário, sendo bem conhecido o quão irritante é quando se percebe que equipes estão comemorando excessivamente pequenas vitórias. Quando o New York City venceu aquela disputa de pênaltis na final do campeonato dos Estados Unidos contra o Portland Timbers, o assistente teve que repreender a equipe por comemorar excessivamente pênaltis convertidos e defendidos, o que sugere que os jogadores aderiram a essa parte da estratégia, bem como à ideia da postura progressiva no círculo central.

Mais uma vez, porém, devo salientar que não há garantias, e existem muitos exemplos de ocasiões em que essa estratégia de comemoração não valeu a pena. Lembremos, por exemplo, da Holanda na disputa de pênaltis da Copa do Mundo de 2022 contra a Argentina. A seleção holandesa manteve-se consistentemente de um a dois metros à frente da argentina no círculo central, comemorou efusivamente todas as cobranças convertidas, e movimentou-se bastante do início ao fim da disputa de pênaltis. Contudo, os argentinos não se deixaram dominar, devolveram na mesma moeda e acabaram vencendo a partida.

Erling Haaland é do tipo raro de jogador que, por um lado, é um individualista extremo, e por outro, tem grande senso de equipe. Sua fome por gols é mundialmente conhecida. Ele sempre busca oportunidades de marcar, e isso é uma obsessão para ele. Portanto, para ele, uma cobrança de pênalti é uma chance muito desejada de marcar um gol de uma posição muito favorável. Sendo assim, cobrar um pênalti não é um castigo; é um privilégio. Não é uma ameaça, mas um prazer, e, portanto, uma *commodity* valiosa que pode ser presenteada e negociada.

Em outubro de 2019, o Red Bull Salzburg de Haaland enfrentou o Rapid Wien em casa e teve seu primeiro pênalti marcado após cerca de meia hora de jogo, quando o atacante entrou vigorosamente na área e foi derrubado pelo goleiro. Haaland era o cobrador de pênaltis oficial, mas quando se pôs de pé após ter sido derrubado, deu a bola ao húngaro Dominik Szoboszlai, nosso amigo do Capítulo 2 que tem aquela forte cobrança que independe da movimentação do goleiro. Quando isso aconteceu, outro jogador do Red Bull tentou interferir. Pareceu que o sul-coreano Hwang Hee-chan também queria cobrar o pênalti. Mas Szoboszlai não soltou a bola.

Àquela altura do campeonato austríaco, Haaland já havia marcado onze gols em onze partidas, enquanto Szoboszlai, apenas três, e nenhum nos últimos cinco jogos. Quando Szoboszlai converteu essa cobrança, com sua batida característica, forte e no canto direito do goleiro, Haaland foi o primeiro a chegar, agarrando-o e sacudindo-o ferozmente enquanto gritava como um louco. Szoboszlai, a princípio, pareceu simplesmente aliviado pelo fim de sua seca de gols, mas depois, não conseguiu evitar rir de seu companheiro de equipe generoso e aparentemente fora de si.

Menos de dois minutos depois, tudo se repetiu. Haaland entrou na grande área aos galopes, muito mais rápido do que o zagueiro e foi derrubado. Mais um pênalti. Mais uma vez, o norueguês abriu mão de cobrar. Este foi para o anteriormente rejeitado Hwang. Desta vez, entretanto, a estratégia saiu pela culatra. O pênalti mal batido no canto esquerdo do goleiro foi fácil de defender. Mais uma vez, Haaland foi o primeiro companheiro de equipe a chegar ao cobrador, mas agora, com um tapinha amistoso e consolador em seu ombro.

Quatro minutos depois, Haaland entrou na área como uma flecha, mas desta vez ficou de pé e fez o gol. Depois do jogo, Jesse Marsch, o técnico do Salzburg, não estava lá tão feliz com a história dos pênaltis: Haaland é o cobrador de pênaltis oficial, e não devia ficar abrindo mão de cobrá-los. Marsch admitiu que aquilo não seria um grande problema porque eles haviam vencido, mas acrescentou com um tom carregado: "Isso será discutido oportunamente".[30] Posteriormente, depois que Marsch e Haaland já serviam a clubes maiores, o técnico relembrou o que havia vivenciado naquela partida e disse o seguinte sobre o atacante: "Não vi um momento de egoísmo sequer nos seis meses desde que o conheci. Vivemos um período em que ele estava dando para seus companheiros de equipe oportunidades para cobrar pênaltis, porque ele simplesmente sentia que queria compartilhar aquela energia positiva com outros jogadores da equipe, e tive que interferir e dizer não, é o Erling que vai cobrar nossos pênaltis".

Em seu livro *Dar e receber*, o psicólogo organizacional Adam Grant divide as pessoas em recebedores, coincidentes ou doadores. Recebedores são os que tentam conseguir o máximo que puderem de terceiros; coincidentes são aqueles que retribuem qualquer coisa que for feita para eles; e doadores são os que ficam felizes em dar mais para os outros do que recebem em troca. Aqueles que têm mais sucesso profissional são, na verdade, os doadores. Por exemplo, estudos realizados com engenheiros, estudantes de medicina e profissionais de vendas mostram que doadores apresentam os melhores desempenhos. No entanto, curiosamente, acontece que aqueles que apresentam os piores desempenhos também são doadores. Pessoas que nunca param de dar indiscriminadamente acabam sendo exploradas. Tornam-se "marionetes" ou "capachos", e então, com o passar do tempo, apresentam desempenho inferior. Portanto, é claramente importante ser do tipo certo de doador.

Voltando a Haaland por um momento. Em setembro de 2020, o Borussia Dortmund, time no qual Haaland foi jogar depois que saiu do Salzburg, disputou a primeira partida da nova temporada do campeonato contra o Borussia Mönchengladbach. Após 53 minutos, o Borussia Dortmund teve um pênalti marcado a seu favor, e Jadon Sancho, que havia convertido uma cobrança de pênalti em um jogo de copa alguns dias antes, pegou a bola e começou a se preparar. Nesse momento, Haaland caminhou até ele, discutindo vigorosamente algum assunto, tapando a boca com a mão. Sancho não pareceu entusiasmado com a proposta apresentada, mas também não conseguiu evitar sorrir. Houve um momento em que Sancho nitidamente pesou suas opções, depois soltou relutantemente a bola, olhando para baixo com um sorriso tímido. Haaland havia, basicamente, acabado de roubar a cobrança de pênalti dele — mas claramente de uma forma que foi difícil para Sancho recusar. Haaland, então, colocou a bola na marca da cal. Uma cobrança que dependeu da movimentação do goleiro, porém, inteligente e bem executada. Gol.

Posteriormente, no segundo tempo daquela partida, Haaland marcou de novo, após receber passe de Sancho, num gol que foi um dos mais espetaculares de sua carreira, na minha opinião. Em uma pausa após um escanteio, Haaland correu quase o campo todo em uma velocidade extraordinária para ultrapassar os zagueiros e receber o passe perfeitamente cronometrado e colocado de Sancho. Em sua comemoração, ele foi direto na direção de Sancho e quase o despedaçou de empolgação com o gol que os dois haviam acabado de criar.

Histórias como essa comprovam que Haaland se encaixa perfeitamente no modelo de doador de sucesso de Grant, aqueles que doam estrategicamente. Haaland é um gigante gentil. É altruísta e ambicioso. Ele dá, de forma genuína e generosa, mas também entende como tratar as pessoas e os relacionamentos para que ninguém se aproveite dele. Quando é melhor para a equipe que ele cobre o pênalti (como pode ter acontecido no caso de Sancho), ele não hesita, mas expressa seu desejo, possivelmente até luta por ele, e o cobra. Além disso, em sua função de atacante artilheiro, ele depende totalmente que seus companheiros de equipe lhe passem a bola quando está em posições favoráveis. Se eles nunca receberem nada de Haaland, passarão menos a bola para ele. Consequentemente, Haaland tem que dar para poder receber. Ainda assim, é um autêntico jogador de equipe. Quando é melhor para a equipe que ele dê o pênalti para outra pessoa, ele felizmente doa essa oportunidade para um companheiro. Dessa forma, Haaland é muito intencional em suas doações.

Isso não significa, todavia, que suas doações sejam sempre bem recebidas por todos. Alguns anos depois dos exemplos acima, em maio de 2023, Haaland abriu mão de cobrar mais um pênalti. Desta vez, pelo Manchester City contra o Leeds United, aos 38 minutos do segundo tempo, com o City segurando uma vantagem relativamente confortável de 2 × 0. İlkay Gündoğan havia marcado os dois gols do City, e Haaland quis que ele tivesse a oportunidade de marcar três gols em uma só partida pela primeira vez em sua carreira profissional com aquele pênalti. No entanto, Gündoğan acertou a trave e a chance foi desperdiçada. Pep Guardiola, técnico do City, ficou furioso e todos o viram claramente gritar com Haaland: "Erling, é você que bate os pênaltis!". Para piorar, menos de um minuto depois, o Leeds United diminuiu a diferença para 1 × 2, e então, subitamente, a partida não estava mais decidida. O City segurou o placar para vencer no final, mas Guardiola obviamente foi questionado sobre a situação do pênalti e disse: "Isso mostra o quanto Erling é simpático e generoso, mas o jogo não tinha acabado. Se estiver 4 × 0 faltando 10 minutos para acabar, tudo bem. Mas com 2 × 0? Erling é o melhor cobrador de pênaltis da atualidade, então, quem tem que cobrar é ele".

O interessante foi que, quando o Arsenal fez algo semelhante, em setembro de 2023, em uma partida contra o Bournemouth, algumas pessoas reagiram fortemente contra, muito embora tenha funcionado. Com 2 × 0 para o Arsenal, a grande contratação do clube para a temporada, Kai Havertz, recebeu a oportunidade de cobrar um pênalti de seus companheiros de equipe Saka e Ødegaard, sendo que um desses dois normalmente teria feito a cobrança. Em 20 jogos, Havertz ainda não havia marcado, e seu primeiro gol pelo Arsenal obviamente significaria muito para ele. Ele converteu a cobrança, colocando o placar em 3 × 0, e seus companheiros de equipe e os torcedores ficaram tão extasiados quanto ele.

Ainda assim, Steve Nicol, ex-Liverpool e agora comentarista da ESPN, chamou a prática de nada profissional, e seu conselho adotou uma perspectiva mais tradicional e de curto prazo para situações desse tipo. Referindo-se a Saka e Ødegaard, ele disse: "*Você* bate o pênalti, ou *você* bate o pênalti. Um de vocês dois. Não, 'vamos ser legais, fofinhos e adoráveis e dar a oportunidade para o Havertz'".[31]

Porém, o futebol é um esporte social e psicológico complexo, praticado por seres de carne e osso. Para tirar o máximo proveito das pessoas, dons estratégicos, como aqueles para os quais essa geração atual de jogadores encontrou espaço, podem nem sempre parecer a maneira mais segura de garantir três pontos em um determinado dia. Mas esses dons são mais generosos, mais humanos e, em longo prazo, mais funcionais.

5
Treinando para suportar a pressão

O normal é suficiente.
Mika Kojonkoski, treinador de salto de esqui

É uma linda manhã de domingo, com um céu azul e limpo. Condições de voo perfeitas. Você tem liberação da torre e está aplicando aceleração total suavemente. A velocidade aumenta, empurrando você para trás, contra o encosto do seu assento na cabine de comando e levantando o nariz da aeronave com relação à pista enquanto monitora cuidadosamente os instrumentos. A taxa de subida está boa e você já decolou, então, recolhe o trem de pouso. Subindo para uma altitude de aproximadamente 500 pés agora, e tudo está tranquilo e fácil e com uma boa cara para o voo de duas horas que temos pela frente.

E então — *bang!* Ocorre um choque enorme seguido de um silêncio horripilante. Você empurra o acelerador com força, mas nada acontece. O motor apagou. E parou de responder. Sua frequência cardíaca aumenta vertiginosamente. A aeronave agora está planando — e, de acordo com o altímetro, já começou a descer. Você tenta combater o pânico e verifica suas opções. O que dá para ver pela janela? À frente você vê árvores e colinas — terreno complicado. Logo atrás de você está a segurança da pista de pouso. Mas você precisa agir rapidamente porque o avião está caindo.

Esse é o momento crítico. Seguir voando para a frente em busca de um local para pousar ou retornar? Você tem que decidir, e decidir o quanto antes. Você escolhe retornar. Afinal de contas, ela está bem ali, não é? A pista? Você deve conseguir virar, retornar e estar no chão novamente em um piscar de olhos.

Você começa a virar a aeronave. Tranquilo e fácil. O avião começa a virar. Mas então, de repente, ele parece desenvolver vida própria. E agora o horizonte não está mais diretamente à sua frente, você o vê pela janela lateral da esquerda, e vê pelo vidro o chão vindo em sua direção em uma velocidade assustadora. Você tenta fazer a aeronave alçar voo novamente, mas não consegue. Apenas o chão se aproximando cada vez mais e os alarmes gritando estridentemente e os controles se iluminando por todo o painel à sua frente enquanto você se atraca com os controles mortos.

E então, tudo fica preto.

Nesse momento, em seu ouvido, surge uma voz calma. "Opa", diz seu instrutor, de sua posição fora do simulador. "Curva fechada com baixa potência. Péssima escolha. Nunca tente uma curva de 180° abaixo de mil pés. Você tinha que ter seguido voando e procurando um lugar para pousar à sua frente."

E então, o computador é reiniciado e você tenta novamente.

Na aviação, os simuladores de voo fazem parte do treinamento de pilotos desde antes da Segunda Guerra Mundial. Os pilotos se preparam para emergências. Tenho certeza de que todos que voamos como passageiros ficamos tranquilos em saber que é isso que acontece. Da mesma forma, agora o treinamento médico utiliza rotineiramente os simuladores, principalmente para cirurgias complexas. Novamente, ficamos tranquilos em saber. Os simuladores também são utilizados na preparação de operações militares e constituem uma parte importante do treinamento de astronautas.

Pilotos, cirurgiões, soldados, astronautas... essas pessoas sabem que trabalham em ambientes em que a falha traz consequências reais e irreversíveis. Trabalham sob imensa pressão e treinam antecipadamente para essa pressão, na crença de que é possível se preparar para momentos de alto estresse e que eles podem ser atenuados. A vasta experiência dessas profissões demonstra a viabilidade de simular de forma realista situações de alta pressão, como em zonas de guerra, salas de cirurgia, estações espaciais ou cabines de comando em emergência, beneficiando significativamente os profissionais envolvidos.

Ainda assim, continua sendo uma das crenças mais queridas e mais difundidas no futebol que não é possível simular as condições de pressão intensa de uma disputa de pênaltis.

Por exemplo, temos Didier Deschamps, que foi o capitão da França no título da Copa do Mundo de 1998 como jogador, e depois fez o mesmo como técnico em 2018. Em 2016, Deschamps declarou que nunca havia treinado pênalti. Sua linha de raciocínio? "Porque não vejo relação entre cobrar pênalti em um treino relaxado e em um jogo com muita pressão."[1]

Depois que a França perdeu nos pênaltis para a Argentina na final da Copa do Mundo de 2022, Deschamps elaborou mais detalhadamente o seu pensamento: "No treinamento é só você. Você nunca consegue recriar as condições de uma partida. Se for uma final, o lado emocional, a torcida, o posicionamento dos cobradores... não dá para se preparar para nada disso".

Pelo menos, ele admitiu que um pouco de treino de cobrança de pênalti ao final de uma sessão de treinamentos pode ter algum valor. Mas não muito. "Se os melhores cobrarem um, dois, três, quatro no treinamento, por que não? Não estou convencido de que adianta muito, mas essa é só a minha opinião. É por isso que não faço sessões específicas. No final da sessão, pode acontecer de os jogadores ofensivos ficarem para cobrar pênaltis, mas só assim."[2]

Deschamps não é, de forma alguma, o único de seus compatriotas que pensa dessa forma. Mickaël Landreau, ex-goleiro com onze convocações para a seleção francesa, também não via sentido em treinar pênalti porque "é impossível estar nas mesmas circunstâncias de uma partida. Depois de 120 minutos pesando nas suas pernas, com uma pressão insana, não tem nada mais a ver com treinamento".

Só para constar, a França não tem um bom histórico recente em disputas de pênaltis, com derrota nas últimas três (em 2006, 2016 e 2022) e apenas três vitórias de oito no total (38% de vitórias) desde a primeira, na Copa do Mundo de 1982. Seria falta de treinamento? Ou apenas azar?

Muitos técnicos conceituados por todo o mundo assumem o mesmo posicionamento de Deschamps. Quando Carlo Ancelotti, um dos nomes com maior número de conquistas de todos os tempos, foi questionado, em janeiro de 2023, se sua equipe do Real Madrid havia se preparado para a possibilidade de uma disputa de pênaltis em um determinado jogo que estava para acontecer, ele admitiu que não: "A verdade é que não treinamos pênaltis tanto assim. É impossível replicar a atmosfera real de um pênalti importante nos treinamentos".[3]

O lendário Johan Cruyff era da mesma opinião: "Também não acredito que faça muito sentido treinar pênaltis. Não se trata de saber se você tem habilidade para chutar a bola — isso não é tão difícil. Não, trata-se de saber se você consegue fazê-lo com o estádio lotado, sob uma pressão enorme. Uma situação que nunca, jamais poderá ser imitada no campo de treinamento".[4]

Antes da partida pelas oitavas de final da Copa da Alemanha entre Bayern de Munique e Hertha Berlin em 2019, o técnico do Bayern, Niko Kovač, foi igualmente claro: "É totalmente impossível simular algo assim. Nos treinamentos, o cobrador acerta todas as vezes, mas quando tem 40 mil ou 50 mil pessoas vaiando você...".[5]

Outros técnicos parecem estar abertos a que seus jogadores façam algum treinamento isolado de cobrança de pênaltis, porém, têm a mesma opinião de que é impossível simular a pressão. Pep Guardiola, pupilo de Cruyff: "Olha, podemos até treinar pênaltis, mas é impossível replicar a tensão que acontece nos momentos reais".[6]

E alguns acreditam fortemente em treinar cobranças de pênalti, e fazem seus jogadores treinar muito, embora reconheçam a impossibilidade de se preparar para a pressão em si. Luis Enrique, técnico da seleção espanhola na Copa do Mundo de 2022, manifestou isso no Catar: "Há mais de um ano, em muitos treinamentos da seleção, dissemos aos jogadores: 'Vocês têm lição de casa antes da Copa do Mundo. Devem cobrar pelo menos mil pênaltis com seus clubes'. Não concordo que seja loteria. Se você treinar bastante, a forma com que você cobra o pênalti melhora. Obviamente, é impossível treinar a pressão e a tensão, mas é possível lidar com elas".[7]

Porém, mesmo com mil repetições, os espanhóis não conseguiram ter um bom desempenho na Copa do Mundo. Todos os três cobradores, Pablo Sarabia, Carlos Soler e Sergio Busquets, desperdiçaram suas cobranças e a Espanha perdeu nos pênaltis para o Marrocos nas oitavas de final. Três mil repetições e nenhum gol!

Essas são as afirmações que reforçam fortemente a noção popular de que a disputa de pênaltis é loteria. Como poderia ser outra coisa quando o treinamento parece não ajudar? Como poderia ser outra coisa quando alguns dos melhores técnicos do esporte se resignam a ir para os pênaltis fundamentalmente despreparados?

Contudo, será que todos esses técnicos profundamente experientes e superinteligentes poderiam estar enganados sobre treinamento para pressão? Contrariamente ao conhecimento amplamente difundido no futebol, seria possível simular pressão a um ponto que tenha um impacto positivo na capacidade dos jogadores de cobrar pênaltis sob pressão no mais alto nível?

Antes de considerarmos essa questão, pare um momento para imaginar que está conversando com o cirurgião que, no dia seguinte, fará um procedimento delicado em você.

Você pergunta: "O senhor treinou isso, certo, doutor?".

Cirurgião: "Bem... sim... obviamente fiz alguma coisinha aqui e ali ao final de um dia de trabalho. Mas em termos de treinamento para toda a operação... bem... sabe... o problema é que é simplesmente impossível replicar a tensão daquele cenário do mundo real quando o paciente de carne e osso está na mesa de operações e o bisturi está na sua mão. Então, não haveria muito sentido, haveria?".

Posso até estar enganado, mas acho que qualquer um esperaria que seu cirurgião houvesse treinado. E acredito que é possível obter benefícios do treinamento de simulação para disputas de pênaltis, assim como é possível obter benefícios do treinamento de simulação para cirurgia médica. E fico satisfeito em ver que pelo menos um ou outro técnico concorda comigo.

Eis o que disse Thomas Tuchel, que já treinou Chelsea, PSG e Bayern de Munique: "Sempre treinamos pênaltis quando vamos para uma partida em que exista a possibilidade da decisão por pênaltis. Podemos simular a pressão, o cansaço, a ocasião, como vamos nos sentir no dia seguinte? Não, não podemos. Ainda assim, acreditamos que podemos abordar alguns padrões, um determinado ritmo e determinados hábitos durante os pênaltis".[8]

E eis o que disse Lionel Scaloni, o técnico que agora reúne três vitórias em disputas de pênaltis importantes consecutivas com a Argentina, falando sobre treinar, antes do jogo (que foi para os pênaltis) contra a Holanda: "Sempre treinamos pênaltis",[9] e "Temos treinado pênaltis antes e depois dos treinamentos".[10]

Depois da Copa do Mundo, embora reconheça as dificuldades em simular pressão, Scaloni deixou claro que ainda acreditava no valor do treinamento: "Quando tem gente atrás da baliza... e 80 mil pessoas no estádio, não é a mesma coisa que o pênalti do treinamento, mas acho que [treinar] tem sua valia. Você sente a bola, sente a força".[11]

Voltando ao passado, em 2002, o técnico holandês Guus Hiddink treinou a Coreia do Sul na Copa do Mundo da Coreia do Sul e do Japão e apresentou uma verdadeira inovação em termos de preparação para disputas de pênaltis. Há alguns anos, fui à casa de Hiddink em Amsterdã para conversar com ele. Ele é um sujeito impressionante, com um histórico internacional único, trabalhou em dez países, em alguns dos principais clubes do mundo, incluindo Real Madrid e Chelsea. Além disso, sua curiosidade cultural e a ênfase em pensar que os jogadores são pessoas, antes de mais nada, fazem dele um técnico com muito a oferecer em termos de ideias psicológicas estratégicas.[12] Quando ele falou sobre a preparação da Coreia do Sul para seu confronto pelas quartas de final da Copa do Mundo contra a Espanha em 2002, os pênaltis fizeram parte dessa preparação.[13]

"Na noite anterior, cobramos pênaltis. Pedi a cada jogador que cobrasse um. Só um. Sem repetição, nada."

Isso foi o contrário dos mil pênaltis da Espanha de Luis Enrique. Ao fazê-los cobrar apenas um pênalti — foi a teoria de Hiddink — haveria mais pressão naquela cobrança, o que é mais próximo da realidade do que acontece em uma disputa de pênaltis. O foco ali era menos em calibrar a mecânica da cobrança ao longo de várias tentativas e mais em encontrar uma maneira de lidar com a pressão de ter uma única tentativa, o seu grande e único momento.

Hiddink também criou um tipo especial de simulação de disputa de pênaltis: "Enquanto eram observados por todos os outros jogadores, os cobradores das penalidades tinham que caminhar o campo inteiro para cobrar um pênalti. É um longo caminho, se você tiver que caminhar cem metros para cobrar um pênalti. Muitos pensamentos passam pela sua cabeça nessa hora."

Naquela época, Hiddink não só fazia os jogadores caminharem da linha do meio do campo do centro de treinamento, como algumas equipes às vezes fazem. Ele os fazia caminhar da grande área do campo de defesa, o que exagera um aspecto específico da disputa de pênaltis, e, novamente, coloca o foco mais na pressão do que no próprio pênalti: "Foi lindo ver como os corpos deles reagiram à tensão, onde todos eles tinham suas próprias expressões, seu próprio estilo de caminhar", disse.

Nesse cenário, não havia recompensa ou castigo para cobranças convertidas ou desperdiçadas: "Se alguém perdesse o pênalti, apenas agíamos como se nada tivesse acontecido. Simplesmente continuávamos com as outras cobranças".

Como foi no dia seguinte?

"No dia seguinte, realmente tivemos que cobrar pênaltis contra a Espanha, e todas as cinco cobranças entraram. Foi lindo. Ninguém queria cobrar os pênaltis, mas todo mundo converteu."

Com esse episódio, a Coreia do Sul se tornou a primeira seleção asiática em toda a história a chegar à semifinal de uma Copa do Mundo (quando acabou perdendo para a Alemanha após um gol de Ballack aos trinta minutos do segundo tempo).

Portanto, com base na abordagem de Hiddink, vamos examinar o conceito de treinamento para pressão, as comprovações de seus efeitos e, no fim das contas, estabeleceremos como esse modo de preparação pode ser aplicado especificamente às cobranças de pênalti no futebol.

O TREINAMENTO PARA PRESSÃO FUNCIONA?

A essência do treinamento para pressão baseia-se em uma ideia bastante simples: exposição a um estresse leve possibilita que atletas tolerem estresse em uma intensidade mais elevada.[14] Especificamente, o treinamento com alguma forma de pressão aumenta a capacidade de uma pessoa resistir e prosperar em condições extremas de pressão posteriormente. A comprovação do valor de um treinamento desses se origina de fontes diversas.

As ciências biológicas, por exemplo, mostram que, quando um organismo é exposto a uma dose baixa de estresse, a sobrevivência desse organismo é aprimorada porque os mecanismos que protegem contra um estresse semelhante ou mais grave serão ativados.[15] O exemplo mais familiar desse mecanismo em ação são as vacinas. Inserir uma microdose de um vírus pode ser suficiente para acionar o sistema imunológico e criar proteção para quando chega o vírus de verdade. Da mesma forma, a ideia é que uma pequena dose de estresse produza resiliência contra uma dose semelhante ou maior de estresse posteriormente.

Possivelmente, então, possamos pensar no treinamento para pressão como uma espécie de programa de vacinação. Ao aplicar microdoses de pressão, a pessoa fica inoculada e protegida contra doses maiores de pressão às quais pode ser exposta posteriormente. Com essa perspectiva, o estresse leva ao crescimento após o trauma, e não a um trauma duradouro — a uma melhoria na capacidade da pessoa lidar com o estresse. O estatístico e autor *best-seller* Nassim Nicholas Taleb promoveu o conceito de "antifragilidade" para descrever a capacidade de um sistema aumentar sua capacidade e prosperar em consequência do estresse.[16] Nessa linha de pensamento, o estresse, na verdade, nos beneficia.

Pesquisas com animais produziram algumas descobertas coerentes com isso. Roedores e primatas expostos a níveis moderados de estresse, em comparação com os que são expostos a um estresse elevado/baixo, parecem apresentar reações neurobiológicas, neuroendocrinológicas, cognitivas, afetivas e comportamentais mais adaptativas a gatilhos de estresse posteriormente.[17] Por exemplo, um estudo mostra que macacos que são brevemente separados de suas mães durante a primeira infância não só vivenciam menos ansiedade e estresse após nove meses, como também exibem um controle cognitivo mais elevado, mais curiosidade e um cérebro maior em comparação com um grupo de controle.[18]

Uma linha de estudo diferente sugere que o nível de controle que um animal apresenta sobre o estresse a que fica sujeito determina o resultado da experiência. Se for exposto a choques inevitáveis e imprevisíveis, por exemplo, um animal desenvolve um medo exagerado, maior ansiedade e um enfrentamento ineficaz; um fenômeno muitas vezes chamado de "desesperança aprendida". Todavia, se os animais forem capazes de modificar seu comportamento para evitar o choque, terão muito mais controle, e o resultado será uma resiliência aprimorada.[19]

Os princípios observados tanto nos sistemas biológicos quanto nos animais também são encontrados nos seres humanos. Experimentar doses moderadas de estresse no início da vida geralmente está associado a uma série de consequências positivas posteriormente, como menos estresse, menos ansiedade, melhor funcionamento cognitivo e maior qualidade de vida.[20] Por exemplo, em um estudo, recém-casados que vivenciaram estresse moderado nos primeiros meses do casamento relataram uma melhor adaptação conjugal após a transição para a parentalidade, com todos os seus estresses adicionais, se comparados a cônjuges que não relataram estresse no início do casamento.[21]

Mais especificamente no que diz respeito aos esportes, uma série de estudos mostra que atletas que competem no mais alto desempenho têm maior probabilidade de terem passado por adversidades ou traumas no início da vida do que atletas de nível inferior.[22] Por exemplo, os pesquisadores entrevistaram 32 ex-atletas da Grã-Bretanha, dos quais dezesseis tinham conquistado mais de uma medalha em campeonatos importantes, e dezesseis eram atletas de elite de nível muito alto, mas não medalhados.[23] Uma das diferenças era que todos os dezesseis medalhistas haviam passado por um evento crítico negativo e significativo no início da vida (como a morte de algum familiar importante, o divórcio dos pais, um ambiente instável em casa ou terem sido separados forçosamente dos pais), enquanto apenas quatro dos não medalhistas tiveram experiências como essas em seus passados. Para quatorze dos medalhistas, esse evento negativo ocorreu pouco antes de um evento crítico positivo relacionado aos esportes (como encontrar sua vocação, encontrar um técnico ou mentor importante, ou vivenciar um momento esportivo inspirador), o que sugere que o esporte, de alguma forma, preencheu um vazio, ou que talvez a experiência negativa tenha estimulado a motivação e a concentração desses jovens no esporte. Independentemente disso, vivenciar o evento traumático fundamental não travou o desenvolvimento desses atletas; se algo, os ajudou.

Uma versão disso foi observada no futebol. Um estudo com jogadores da famosa academia do Ajax, em Amsterdã, mostrou que aqueles que acabam se tornando jogadores de elite tinham mais do que o triplo de chance de terem pais que se divorciaram em comparação com aqueles que não chegaram ao nível de elite.[24] No geral, muito embora também haja estudos que não proporcionam suporte a essas ligações entre trauma e desenvolvimento positivo,[25] alguns pesquisadores defendem que o talento precisa do trauma, e que o trauma pode ser utilizado como uma ferramenta para o desenvolvimento.[26] Agora, isso obviamente não é uma defesa quanto a expor indiscriminadamente atletas em desenvolvimento a coisas horríveis para colher frutos de desempenho. Mas que tal se substituirmos o termo "trauma" por "desafio", e depois aplicarmos isso num contexto puramente esportivo? Pequenos desafios aos quais jovens aspirantes a atletas poderiam ser utilmente expostos incluiriam, por exemplo, competir em um nível acima daquele a que estão acostumados em algum ponto sensato, ou aquecer em um grande evento de profissionais com atletas profissionais, ou cobrar pênaltis no intervalo de eventos de profissionais com grande público. Cuidadosamente administrados e periodizados, e com as necessidades de enfrentamento dos atletas sendo monitoradas de forma vigilante, esses desafios podem proporcionar uma oportunidade para os atletas se mobilizarem, ensaiarem e aperfeiçoarem formas de lidar com cargas de estresse mais elevadas, o que pode ser valioso para qualquer atleta aprender desde cedo.

Uma equipe de pesquisadores da Universidade Livre de Amsterdã realizou uma série de experiências que comprovam com bastante elegância o impacto de treinar sob estresse.[27] Em uma delas, 24 participantes foram distribuídos aleatoriamente em um grupo experimental e um grupo de controle. O grupo experimental treinou lançamento de dardos sob baixas doses de uma ansiedade produzida artificialmente. Essa ansiedade foi induzida de várias maneiras. Por exemplo, as sessões de treinamento foram gravadas com uma câmera de vídeo e eles disseram aos participantes que os vídeos seriam utilizados para um programa de TV em que especialistas analisariam seus comportamentos. Ou, de forma mais enganosa, disseram aos participantes que eles formavam dupla com outro participante e que suas pontuações combinadas possivelmente renderiam uma recompensa — mas que seu parceiro já havia concluído seus lançamentos, e agora cabia a eles garantir o prêmio para ambos. Em outros testes, disseram a eles que cada sexto dardo valia o dobro de pontos, e que suas pontuações seriam posteriormente distribuídas entre todos os participantes.

Medições de autoavaliações mostraram que esse treinamento, de fato, produziu níveis leves de ansiedade nos participantes. Posteriormente, os participantes foram testados no lançamento de dardos enquanto ficavam de pé sobre um pequenino apoio para os pés a quatro metros de altura em uma parede de escalada interna. As medições de autoavaliações e da frequência cardíaca confirmaram que esse teste produziu altos níveis de ansiedade em todos os participantes. Entretanto, os participantes que haviam feito o treinamento com ansiedade leve conseguiram manter seu desempenho no lançamento de dardos mesmo nessas condições. O grupo de controle, que havia treinado em condições sem ansiedade, teve um desempenho significativamente inferior nessa tarefa em que a pressão era mais intensa.

Essa experiência comprova uma coisa de extrema importância: não é necessário replicar perfeitamente os elevados níveis de estresse de uma situação de teste para que o treinamento produza um impacto significativo.

Em vez disso, pode bastar treinar com níveis leves de estresse. Embora exista a necessidade de replicar esse estudo em condições muito mais realistas, há implicações óbvias aqui para a nossa tarefa de cobrar pênaltis no futebol, e para o pensamento dos técnicos que optam por não treinar pênaltis porque a pressão não pode ser 100% replicada. Assim como soldados das forças especiais passam meses e anos treinando operações militares sem nunca serem capazes de simular perfeitamente o verdadeiro estresse de ficar sob fogo real durante uma guerra, jogadores de futebol podem se envolver em simulações imperfeitas de disputas de pênaltis e esperar que isso os deixe mais bem preparados do que os jogadores que nem sequer treinam.

O que dizem outras pesquisas? Uma análise de 47 estudos sobre intervenções projetadas para evitar que atletas sucumbam à pressão nos esportes constatou que, em geral, elas beneficiam o desempenho.[28] Os estudos analisados eram de categorias diferentes, baseados em abordagens teóricas de quando atletas sucumbem à pressão nos esportes. A mais relevante, uma categoria que dizia respeito a testes que utilizam a aclimatação, ou seja, treinar sob condições que imitam a pressão. Foram analisados, no total, dez estudos nessa área, em que o treinamento com autoconsciência e ansiedade leve mostrou efeitos positivos.

Uma análise diferente de 23 estudos sobre a eficácia de intervenções de enfrentamento para desempenho sob pressão observou diversas categorias de intervenção, incluindo educação, consultoria, simulação e regulação emocional.[29] A conclusão mais consistente foi que o treinamento de simulação que expôs pessoas à pressão proporcionou as melhorias mais significativas de desempenho em comparação com o grupo de controle. Os pesquisadores concluíram que simular a atuação sob pressão proporcionou competências e autoconfiança específicas ao contexto, bem como a oportunidade de desenvolver habilidades de enfrentamento em um ambiente controlado.

Por fim, foi realizada uma meta-análise com quatorze estudos sobre treinamento de simulação para pressão no esporte (dez estudos) e no policiamento (quatro estudos).[30] A pressão nesses testes foi criada utilizando julgamento (ex.: avaliação dos técnicos), recompensa (ex.: a possibilidade de um prêmio em dinheiro) ou prendas (ex.: o perdedor limpa o vestiário).

A análise concluiu que os estudos compreendidos mostraram um efeito positivo de moderado a grande no desempenho, sugerindo que os praticantes que receberam treinamento para pressão tiveram um desempenho melhor do que aqueles que não receberam. Essa é uma notícia muito boa. O treinamento para pressão parece funcionar. Ele muda a relação dos atletas com a pressão. Possibilita que eles pensem "Sim, a pressão que provavelmente sentirei no meu papel é incômoda, mas pode ser treinada, ajustada e controlada".[31]

O treinamento para pressão pode ser feito regularmente com resultados positivos, mas se feito com uma frequência demasiada, seus efeitos são atenuados. Sessões de pressão intensa relativamente raras, com sessões de reforço ocasionais (equivalentes a doses de vacina de reforço, se preferir), parecem fazer mais sentido.

No entanto, é tênue a linha entre aplicar pressão de forma intencional, temporária e intermitente para aumentar a capacidade dos praticantes em situações de pressão intensa e abusar diretamente deles.[32] É fácil imaginar técnicos justificando regimes de treinamento excessivamente severos com o pretexto de treinar para pressão, o que não pode ser tolerado. As pessoas reagem de maneiras diferentes ao treinamento para pressão. Com base na idade, experiência e personalidade, alguns se beneficiam muito de um treinamento como esse, outros menos, e alguns têm dificuldades com ele, possivelmente até descobrindo que ele diminui sua autoconfiança, o que é exatamente o oposto do resultado desejado.[33] Em razão disso, saber a dosagem e o momento são de fundamental importância.[34] E também o é obter o consentimento dos envolvidos.[35]

Treinamento para pressão e pênaltis

José Mourinho, que treinou o especialista em pênaltis Harry Kane no Tottenham de 2019 a 2021, declarou que "Harry decide antes das partidas, alguns dias antes, como vai cobrar o pênalti, e depois passa de três a quatro dias treinando aquela cobrança".[36] Não é só Kane que adota essa abordagem.

Todos os cobradores competentes com quem conversei elogiam o valor do treinamento de pênaltis. Por exemplo, quando perguntei a Robert Lewandowski por que ele é tão eficiente nas cobranças, ele simplesmente respondeu: "Treino. Cobro pênaltis após o treinamento algumas vezes por semana. Sempre. A técnica que adoto, estou sempre tentando encontrar a melhor solução. Para consertar alguma coisa ou lembrar do que devo fazer". Martin Ødegaard disse algo semelhante: "Cobro de um a três pênaltis nos treinos, se não todos os dias, com frequência. Em média, talvez eu cobre um pênalti por dia. Muitas vezes, após o término do treinamento regular. Contra um goleiro". Quando Maren Mjelde me contou sobre aquele pênalti decisivo na prorrogação contra o Lyon, acrescentou: "Na véspera da partida, cobrei cinco pênaltis no treinamento de jeitos diferentes para sentir com qual me sentia mais à vontade. O pênalti que acabei utilizando, também converti no dia anterior, no treinamento". Celso Borges provavelmente colocou de forma mais concisa: "Não tenho visto bons cobradores de pênaltis que não treinam". É a isso que eles estão acostumados. Jogadores desse nível são atletas de elite que desenvolvem competência e autoconfiança por meio do treinamento diário.

A grande questão, porém, é: como aproveitar isso para treinar para a intensa pressão vivenciada em torno dos pênaltis? De certa forma, apenas realizar uma simulação de disputa de pênaltis no treinamento produz um estímulo de pressão. Fizemos uma simulação de disputa de pênaltis dessas com a seleção feminina da Noruega quando se preparava para a Copa do Mundo de 2023, antes de elas partirem para a Nova Zelândia. Para aumentar a pressão, informamos às jogadoras que suas cobranças seriam rigorosamente dissecadas e analisadas até o mínimo detalhe por técnicos e especialistas. Na condição de especialista em cobranças de pênaltis, me posicionei ao lado da marca do pênalti, em uma tentativa de sentir o que os jogadores sentem ao serem examinados e julgados enquanto se preparam para fazer a cobrança. Maren Mjelde, capitã dessa equipe, descreveu da seguinte forma: "Quando você tem uma disputa de pênaltis no treinamento, sua frequência cardíaca sobe, porque é uma situação bastante incômoda com cada jogadora sendo colocada no centro das atenções.

Você faz o que faria em uma partida. A decisão é sua. São as suas rotinas. Mesmo que não haja ninguém nas arquibancadas e nenhuma consequência, você deve ensaiar. Vejo os benefícios disso. E muitas equipes que acabam nessa situação provavelmente se arrependem de não terem se preparado melhor, de não terem ensaiado".

Algumas equipes começaram a adotar tecnologias altamente sofisticadas nessa área. O treinamento de neuromodulação autorregulatória do Liverpool consiste em realizar cobranças de pênaltis durante o treinamento com os jogadores conectados a um equipamento que mede as ondas cerebrais antes e durante a cobrança. Receber informações contínuas sobre as ondas cerebrais, enquanto estão em campo, possibilita aos jogadores trabalhar ativamente para alcançar um estado emocional ideal antes de suas cobranças, como diz Niklas Häusler: "Durante o nosso treinamento, ajudamos os jogadores a entrar e permanecer em frequências cerebrais específicas mais longas e profundas pouco antes de cobrar um pênalti ou uma falta". Outra tecnologia que provavelmente veremos mais é a realidade aumentada. Em um estudo recente, o treinamento de pênaltis foi realizado com goleiros holográficos para treinar sistematicamente as cobranças de pênalti que dependem da movimentação do goleiro, com resultados positivos.[37]

Mas e quanto à disputa de pênaltis, especificamente? Em 2012, publicamos um estudo qualitativo que documentava a experiência subjetiva de cobrar um pênalti em uma disputa de pênaltis pela Eurocopa.[38] Com base nessas descrições, pesquisadores criaram um protocolo de seis etapas para simular e recriar uma pressão desse tipo em um ambiente de treinamento, e depois testaram até que ponto dezesseis jogadores profissionais foram afetados por essa simulação em comparação com uma condição de controle de pouca pressão.[39]

Especificamente, a simulação de pressão elevada envolveu: 1) caminhar saindo da linha do meio de campo e retornar à linha do meio de campo após uma cobrança; 2) barulho de torcida; 3) anunciar aos jogadores que eles estavam em competição direta uns contra os outros e que seriam ranqueados posteriormente; 4) destacar que o vídeo da atuação deles seria avaliado pelo técnico; 5) mostrar aos participantes alvos aleatórios nos quais eles deveriam mirar antes de cada cobrança; e 6) anunciar aos jogadores que o goleiro seria informado sobre a direção de duas de suas cobranças. (Na realidade, a competição direta e a avaliação do técnico eram mentiras. Nesse teste, o que importava era a experiência das consequências potenciais em vez das reais.)

Os resultados mostraram que os jogadores foram realmente impactados pela simulação com pressão elevada. Ao cobrar um pênalti em condições de pressão induzida, os jogadores avaliaram-na significativamente mais elevada, tiveram maior ansiedade cognitiva, menos autoconfiança, estavam mais distraídos e registraram ritmos de respiração mais elevados do que quando o fizeram em condições controladas com pouca pressão. No geral, esses resultados sugerem que simular uma disputa de pênaltis pode, de fato, ter um impacto psicológico pronunciado sobre os cobradores de pênaltis semelhante aos efeitos de participar de uma disputa de pênaltis real.

Em outras palavras, ao contrário do que afirmam os céticos, é *possível* replicar a pressão de uma disputa de pênaltis no treinamento, pelo menos até um ponto determinado e provavelmente benéfico.

Treinamento para pênaltis: a história do Canadá

A seleção feminina do Canadá ocupava a oitava posição no ranking mundial antes das Olimpíadas de 2020 em Tóquio que foi adiada devido à pandemia de Covid-19. Embora sua técnica, Bev Priestman, tenha criado expectativas exageradas antes do torneio ao aludir à presença delas na final como um objetivo natural, as expectativas de outras pessoas eram significativamente mais moderadas. E com alguma razão: nas últimas onze partidas delas contra países ranqueados entre os dez melhores do mundo em futebol feminino, foram oito derrotas e apenas uma vitória.

Na fase de grupos nas Olimpíadas, elas conseguiram uma vitória e dois empates e avançaram por pouco para a fase de mata-mata. A equipe parecia possuir, pelo menos, resiliência.

O que essa seleção canadense produziu, então, foi uma das maiores conquistas em disputas de pênaltis já vistas. Primeiro, derrotaram o Brasil nas quartas de final. Depois, na semifinal, enfrentaram as grandes favoritas, a equipe dos Estados Unidos. Em uma partida muito acirrada, o placar estava 0 × 0 faltando quinze minutos para o fim, quando o Canadá teve um pênalti marcado a seu favor. Jessie Fleming, de 23 anos, se apresentou para a cobrança. Gol. Resultado final: 1 × 0. Elas enfrentaram a Suécia na final e levaram um gol no primeiro tempo. O placar permaneceu assim até os 22 minutos do segundo tempo, quando o Canadá teve mais um pênalti marcado a seu favor. Fleming novamente. 1 × 1. Assim, essa partida também acabou indo para os pênaltis. Depois de um duelo dramático, com vários pênaltis perdidos de ambos os lados, as canadenses acabaram se tornando campeãs olímpicas, graças, em grande parte, à sua habilidade nas cobranças.

As canadenses foram impecáveis nos pênaltis. Como conseguiram isso? Seguiram uma receita secreta? Ou foi apenas sorte?

Provavelmente houve alguma sorte envolvida, sobretudo na final, mas também havia, de fato, uma receita. Quando entrevistei o técnico de desempenho mental da seleção canadense, Alex Hodgins, ele me disse que haviam começado a preparação para os pênaltis muito tempo antes. "Sempre tivemos o que chamávamos de protocolo de disputa de pênaltis", explicou. "Ao longo de oito ou nove anos, desenvolvemos um documento ativo que continuamos a atualizar. Tínhamos uma estratégia para cenários de cobranças de pênaltis que acontecem durante as partidas e de disputas de pênaltis. E protocolos para ambas."

O Canadá continuou a refinar o plano ao longo dos anos, muito embora não tenha participado de muitas disputas de pênaltis.

"Antes das Olimpíadas, havíamos participado de apenas uma disputa de pênaltis nos nove anos em que trabalhei com a seleção. Tinha sido a final de um torneio pequeno, que não significava muita coisa. Mas sempre procurávamos garantir que estivéssemos preparados, por via das dúvidas."

Um dos aspectos em que eles se concentraram com suas jogadoras foi o tempo entre o apito do árbitro e a corrida de aproximação da bola.

"Adorei a pesquisa relacionando o apito ao tempo de espera. Nunca gostei de jogadoras que partiam assim que ouviam o apito. Estávamos tentando incentivar nossas jogadoras a não só reagir ao apito, como também a não demorar tanto assim. Realmente treinar esse ajuste fino."

Eles, então, treinaram muito as rotinas pré-cobrança das jogadoras.

"Fornecemos informações sobre rotina. Pesquisamos atletas como os *kickers* da NFL, a liga de futebol americano profissional dos Estados Unidos. Eles dão alguns passos para trás e alguns passos para o lado. Nenhuma das nossas atletas dava o mesmo número de passos, mas queríamos nos certificar de que todas tivessem seu próprio processo. Isso é uma coisa que pode ser controlada em um mundo totalmente descontrolado."

Jessie Fleming, que jogava pelo Chelsea naquela época, converteu quatro pênaltis nas Olimpíadas, dois durante as partidas e dois em disputas de pênaltis. Em cada cobrança a rotina dela era idêntica.

"Jessie dava três passos para trás. Um passo para o lado. Então, respirava fundo e travava um diálogo interno com ela mesma. Quando soava o apito, o que adoro, ela fazia mais uma respiração profunda. Posso imaginar que aquela respiração provavelmente deixa as goleiras só um pouquinho fora do prumo, quando estão acostumadas com as cobradoras de pênaltis reagindo tão rapidamente."

A concentração e a ênfase que os técnicos canadenses colocam nas esperas e nas rotinas pré-cobrança pareceram ajudar também a própria goleira deles.

"O que achei bastante inteligente foi que nossa goleira pegou muitas das informações que dávamos às nossas cobradoras de pênaltis, como os tempos de demora, e então, fez a engenharia reversa disso. Quando a bola estava na marca do pênalti, ela ficava bem ali em cima dela, e depois recuava lentamente, abrindo um enorme sorriso. Se eu fosse uma das cobradoras, teria ficado muito irritado com ela desde aquele momento, e talvez isso as tenha distraído do trabalho que precisavam fazer. Ela fez um trabalho fantástico. E defendeu muitos pênaltis..."

Essa estratégia também se estendeu ao gerenciamento dos aspectos coletivos de uma disputa de pênaltis.

"Uma de nossas jogadoras, apesar de não querer cobrar pênalti, é a alma do time. Por isso, ela se ofereceu para confortar a companheira que havia acabado de cobrar. Independentemente de a jogadora ter convertido ou não, ela ia ao encontro dela no meio do caminho, para que essa não se sentisse tão solitária. Todas sempre tiveram a sensação de que faziam parte de alguma coisa, não estavam totalmente sozinhas, porque é uma longa caminhada para se fazer em silêncio se você está sozinho."

Tendo dito tudo isso, algumas margens muito pequenas acabaram por favorecer a seleção do Canadá, sobretudo na final. Se a Suécia tivesse convertido seu quinto pênalti, teria sido a campeã olímpica. A cobrança foi executada pela extraordinária Caroline Seger, a jogadora europeia com mais convocações de todos os tempos, com 221 partidas disputadas pela seleção de seu país. Stephanie Labbé, a goleira do Canadá, certamente tentou desestabilizar Seger psicologicamente posicionando-se na entrada da área e demorando uma eternidade para voltar para a linha do gol. Quando percebeu as artimanhas de Labbé, Seger lhe deu as costas após colocar a bola na marca do pênalti, recuou e foi obrigada a esperar mais de quinze segundos pelo apito. Esse é um intervalo extraordinariamente longo em uma disputa de pênaltis. Quando soou o apito, Seger reagiu rapidamente e chutou a bola muito acima do travessão. Cobrança desperdiçada. O Canadá ainda tinha chance.

Depois da partida, Seger comentou sobre o pênalti: "Eu tinha total certeza de que faria o gol. A goleira sequer acerta o canto, mas a bola vai e sobe... Depois disso, é como se todo o meu mundo estivesse desabando".[40]

Depois de Seger na disputa de pênaltis, Deanne Rose seria a próxima e teria que converter sua cobrança para que o Canadá ainda tivesse chance. Rose, de 22 anos, fez, como Jesse Fleming, a mesma caminhada distinta para trás depois de posicionar a bola, inspirada na abordagem dos *kickers* da NFL, com passadas caracteristicamente longas, o que indicava uma rotina intencional e ensaiada. Depois, uma espera de quatro segundos após o apito. Nem muito curto, nem muito longo. Ela, então, chutou a bola no ângulo esquerdo da goleira. Foi provavelmente o pênalti mais bem cobrado do torneio, na pressão mais severa. Muito embora a goleira sueca tenha se adiantado e acertado o canto, nenhum goleiro no mundo, homem ou mulher, teria defendido aquela cobrança. A disputa de pênaltis foi finalmente decidida nas duas cobranças seguintes alternadas — um pênalti perdido pela Suécia e um gol canadense — mas a atuação de Rose foi, possivelmente, a maior demonstração do poder das rotinas pré-atuação do Canadá. E também um enorme atestado do poder dos treinos.

Porque, acima de tudo, o que diferenciou a abordagem canadense na preparação para os pênaltis foi o treinamento que elas fizeram.

"Antes da disputa de pênaltis em Tóquio, eu diria que, confortavelmente, fizemos quatro ensaios gerais completos. Três antes do início do torneio, e um logo após o fim da fase de grupos."

E como isso foi realizado com muitas das mesmas jogadoras ao longo de muitos anos, elas puderam coletar informações, aprender e fazer ajustes com base nisso.

"Eu diria que o retorno foi ótimo. Antes da Copa do Mundo de 2019, tínhamos feito um ensaio geral onde tentamos distrair as jogadoras. Tínhamos uns dois integrantes da comissão técnica atrás do gol batendo coisas e cantando várias músicas aleatórias. Achamos aquilo uma boa ideia, trabalhar na reorientação. Então, uma das jogadoras chegou e disse: 'Entendemos por que vocês estão fazendo isso, mas fica um silêncio tão grande durante uma disputa de pênaltis... Quase não tem barulho. Então, isso não é muito útil'. Aquele foi um ótimo feedback. Paramos com a distração com sons durante o treinamento e apenas permitimos a elas aquele silêncio bem longo e constrangedor."

Esse treinamento também envolvia o técnico e a comissão técnica.

"Fizemos muitos ensaios gerais para que a comissão técnica soubesse onde precisava se posicionar, quem faria o quê, para que as funções e as responsabilidades ficassem claras."

Em suma, a abordagem da seleção canadense com relação àquele torneio em 2021 foi a implementação de vários dos temas de minhas pesquisas nos últimos anos, e que venho retransmitindo aqui neste livro. Mas a principal mensagem passada foi que, ao contrário do pensamento predominante no futebol, pênaltis podem, de fato, ser treinados. E a seleção feminina do Canadá tem suas medalhas de ouro olímpicas como prova disso.

6
Administrando a pressão

Atualmente na vida é essencial ser uma boa pessoa e se importar com as pessoas com as quais trabalhamos, porque isso as aproxima muito mais de nós; se não, isso nos afasta delas. E agora mais do que nunca, precisamos ter muito contato pessoal.

Lionel Scaloni, técnico da Argentina

Nascido em Santa Fé, Argentina, em 1978, Lionel Scaloni teve uma carreira decente no esporte, em grande parte na Espanha e na Itália, com um breve período de empréstimo ao West Ham United para a disputa do campeonato inglês. Também fez parte do elenco argentino que perdeu para a Alemanha na disputa de pênaltis pelas quartas de final da Copa do Mundo de 2006, embora ele próprio não tenha entrado em campo naquela partida. Sua carreira de técnico começou com auxiliar de Jorge Sampaoli no Sevilla, da Espanha, que, à época, levou Scaloni com ele quando virou técnico da Argentina pouco antes da Copa do Mundo de 2018 na Rússia. Quando a Argentina decepcionou naquele Mundial, Scaloni e Pablo Aimar sucederam Sampaoli como técnicos interinos, um acordo que foi prorrogado em determinado momento para incluir a Copa América de

2019. A decisão não foi lá muito bem aceita na Argentina. Diego Maradona foi um dos que mais reclamou entre os muitos que foram contra a indicação de uma pessoa que nunca havia sido um grande jogador.

"Não quero esse cara para a minha seleção", declarou Maradona. "Ele seria incapaz de controlar o trânsito."[1]

O terceiro lugar naquela Copa América não foi suficiente para mudar a opinião dos críticos, mas Scaloni foi mantido no cargo e a maré de críticas ao seu redor virou quando ele conduziu a Argentina para seu primeiro título em 28 anos, a Copa América de 2021, ao vencer o Brasil na final. Agora as pessoas pareciam mais interessadas em conhecer quem realmente era o técnico no âmbito pessoal. A impressão que ele passa em entrevistas é de uma pessoa extremamente humilde, bastante em desacordo com o que se espera de alguém em sua posição. "O dia em que fui confirmado como o técnico da seleção me disseram que, a partir daquele momento, eu seria a pessoa mais importante da Argentina... loucura", disse-me ele. "Sinceramente, isso não me interessa. A vida acontece fora do futebol. Curtam seus familiares e amigos. Não acho que sou mais ou menos porque sou técnico da seleção. Sou técnico de um grupo de jogadores e nada mais que isso."[2]

A Copa do Mundo de 2022 começou da pior maneira possível para a Argentina de Scaloni. Na primeira partida, eles perderam de 2 × 1 para a Arábia Saudita em uma derrota que foi considerada a maior zebra da história das Copas.[3] Mas depois disso a maré virou. Depois disso viralizou um vídeo de Scaloni em um carro logo após aquela partida contra a Arábia Saudita, conversando supostamente com um integrante de sua comissão técnica.

"Temos que saber que podemos perder. Porque, em primeiro lugar, há muitos anos que não ganhamos nada. E em segundo lugar, isso modela a nossa forma de jogar e modela nosso aprendizado... Se, após recebermos essa pancada, conseguirmos nos recuperar... meu amigo, ninguém será capaz de nos deter."[4]

Scaloni é um gestor de pessoas tanto quanto é um gestor de atletas. Um dos mais experientes de seu elenco, Ángel Di María, o descreve da seguinte maneira: "Ele é o nosso pai, é o comandante deste navio. É uma pessoa muito afetuosa, muito ligada aos jogadores". Especialistas em liderança na Argentina chamam Scaloni de "o líder pacífico".[5] Outros o chamam de o líder "feminino".[6] Essas são alcunhas raramente utilizadas para se referir a técnicos de futebol. E talvez em nenhum lugar o impacto de seu estilo pacífico de treinar a seleção tenha sido mais alto e mais claro do que na final daquela Copa do Mundo de 2022 contra a França, quando ele liderou sua equipe em meio às condições de extrema pressão da disputa de pênaltis.

Quando o árbitro apitou o final da prorrogação, os jogadores da Argentina tinham bons motivos para se sentirem desanimados. Poucos momentos antes, eles estiveram prestes a se tornar campeões mundiais, vencendo por 3 × 2 a três minutos do fim da prorrogação. Estavam praticamente com as mãos na taça. Porém, nesse momento, a França entrou na grande área da Argentina e Mbappé bateu cruzado. Mão na bola. Pênalti. Hora da excelência de Mbappé na marca da cal. 3 × 3. E agora a Argentina teria que ganhar novamente nos pênaltis.

Durante trinta segundos após o apito, Scaloni permaneceu sentado no banco, conversando com um assistente. Então, ele se levantou e entrou no campo com suas passadas largas e fortes, gesticulando para os retardatários que voltavam, exaustos, para a lateral do campo: "Vamos! Depressa!". Daí, ele assumiu sua posição em meio aos que foram os primeiros a chegar, e se curvou apoiando as mãos nos joelhos enquanto os outros se reuniam ao redor dele em forma de círculo.

Alguns jogadores bebiam água, outros se curvaram e ficaram olhando para o gramado, outros colocaram a mão nas costas de um companheiro de equipe em um apoio silencioso. Ninguém falava nada. Todos estavam esgotados. Muitos deles provavelmente estavam sentindo a pressão começando a crescer. Dali a poucos minutos eles voltariam ao campo para cobrar pênaltis valendo o título da Copa do Mundo. Todos eles sabiam... a coisa não fica mais extrema do que aquilo.

Um jogador do grupo aparentava estar particularmente perturbado: o lateral-direito Gonzalo Montiel. Sua linguagem corporal àquela altura era de uma pessoa enlutada em um enterro. Talvez compreensivelmente. Fora ele que havia colocado a mão na bola que deu à França o pênalti no último suspiro. Ele provavelmente se sentia culpado por toda aquela situação.

Scaloni conversou com seus jogadores durante um tempo extraordinariamente curto — menos de dez segundos. Sem emoções visíveis. Em seguida, se levantou e saiu do meio deles, deixando um momento para que refletissem e se recompusessem sozinhos. Enquanto o técnico se afastava, Luis Martín, o preparador físico, que estivera observando o grupo desde o limite do círculo, imediatamente foi até Scaloni e sussurrou-lhe algumas palavras no ouvido. Exatamente depois disso, Scaloni retornou decididamente pelo meio dos jogadores, com os olhos centrados em Gonzalo Montiel.

Montiel estava posicionado no lado mais distante do grupo, então, Scaloni demorou cerca de doze segundos para chegar a ele, e quando conseguiu, efetivamente deu um encontrão proposital em seu próprio jogador, acertando Montiel com o ombro. Em seguida, Scaloni disse uma ou duas palavras muito rápidas para ele, recebeu em troca um minúsculo aceno positivo da cabeça e depois se afastou. O encontrão não pareceu fazer muito efeito: Montiel ainda estava visivelmente abalado. Scaloni, contudo, não tinha terminado. Ele se movimentava de um lado para o outro com nervosismo pelo meio do grupo de jogadores, sem tirar o olho de Montiel. Depois de dar uma volta completa no círculo de jogadores, o que levou cerca de quinze segundos, ele chegou junto de Montiel novamente, segurou-lhe o ombro, sussurrou algumas palavras em seu ouvido enquanto tapava a boca com a outra mão e lhe deu um tapinha incentivador no peito para depois se afastar novamente. Posteriormente ficou evidente que Scaloni, em ambas essas ocasiões, perguntara a Montiel se estava disposto a cobrar um dos pênaltis, ao que Montiel, da segunda vez, respondera positivamente.

Em seguida, Scaloni imediatamente assumiu posição no meio do círculo, pediu energicamente que seus jogadores se curvassem para a frente, e fez mais uma conversa motivadora curta. Esta foi mais emotiva que a primeira, acompanhada de uma expressão determinada e diversos gestos com as mãos. Também foi ligeiramente mais longa, mas não muito: durou somente quinze segundos. E não houve mais nenhuma conversa com a seleção. Nenhuma outra informação foi comunicada ao grupo.

Porém, novamente, enquanto Scaloni saía do círculo, um de seus auxiliares, desta vez Walter Samuel, o alcançou e sussurrou em seu ouvido. Scaloni reagiu rapidamente, erguendo o olhar e avançando pelo meio dos jogadores amontoados para chegar ao goleiro Dibu Martínez. Um abraço, duas ou três últimas palavras de incentivo, e ele estava preparado. Os jogadores da Argentina, então, foram para o círculo central e ocuparam suas posições.

Antes de desvendarmos o que estava acontecendo ali, consideremos o que estava acontecendo simultaneamente entre os franceses. Quando o árbitro apitou o final da partida, a França tinha motivos para estar aliviada e decepcionada. Aliviada porque chegou a estar perdendo por 0 × 2 e por 2 × 3, e os pênaltis de Mbappé a mantiveram na briga quando o sonho do título da Copa do Mundo parecia acabado. Mas também decepcionada, porque depois disso, faltando segundos para acabar a partida, a chuteira esticada de Dibu Martínez foi a única coisa que evitou que Randal Kolo Muani concluísse uma virada fantástica e roubasse de uma vez por todas a taça. Mbappé deixou clara sua frustração. Quando o árbitro apitou o final da partida, ele levou as mãos à cabeça e exclamou um palavrão a plenos pulmões: "Putain!" ["Puta que pariu!"]. Em seguida, ele passou dez segundos curvado com as mãos nos joelhos antes de o primeiro companheiro de equipe se aproximar dele oferecendo uma das mãos, e lentamente ele começou a caminhar na direção da linha lateral.

Quando Mbappé chegou junto do grupo francês, Didier Deschamps, o técnico, seguido de perto por Guy Stéphan, seu auxiliar, imediatamente o abordou. Deschamps falou tapando a boca com a mão. A conversa durou cerca de quinze segundos antes de eles se separarem. Mbappé cobraria o primeiro pênalti.

Deschamps e seu auxiliar, então, se dirigiram até Kingsley Coman, com Aurélien Tchouaméni de pé ao lado dele. Deschamps cuidou da conversa, enquanto Stéphan permaneceu ali por perto tomando nota de tudo o que acontecia. Perguntaram alguma coisa a Coman: houve um rápido bate-papo, e um gesto de concordância com a cabeça. Coman cobraria o segundo pênalti.

Enquanto isso se desenrolava, Tchouaméni estava ao lado de Coman e bebia em uma garrafa enquanto olhava para o nada. Deschamps estava a trinta centímetros de distância do volante. A princípio, ele deu as costas para o jogador, depois virou de novo e olhou para ele. Em seguida, deu novamente as costas para o jogador, disse algo para Stéphan e virou de novo para Tchouaméni, olhando para ele novamente. Porém, aparentemente, Deschamps ainda não estava decidido, então, embarcou em uma pirueta completa de 360 graus, lançando lentamente olhares por todo o grupo, até finalmente retornar a Tchouaméni pela terceira vez. Por fim, Deschamps pergunta a ele. Tchouaméni seria o terceiro a cobrar.

Enquanto esse discreto, porém ligeiramente doloroso drama se desenrolava, Kolo Muani estava de pé bem no limite do círculo, distante dos outros jogadores, a cerca de sete metros de distância. Todos que estavam dentro do círculo pareciam estar ativamente fazendo alguma coisa — abraçando seus companheiros de equipe, falando algumas palavras de incentivo, batendo palmas ou olhando em volta para encontrar uma maneira de ajudar ou oferecer apoio a alguém. Kolo Muani estava totalmente imóvel, em silêncio. Não falava uma palavra, apenas calmamente contemplava algum ponto distante nas alturas das arquibancadas — longe de Deschamps, embora às vezes levasse seu olhar na direção do técnico, visivelmente ciente de que poderia ser chamado para cobrar um dos pênaltis e que ele também provavelmente seria convidado a participar daquele evento de pressão extrema que decidiria destinos e que estava prestes a acontecer.

O atacante tinha razão em seu palpite. Após mais uma conversa com Stéphan e suas anotações, Deschamps começou a caminhar na direção de Kolo Muani, o que o jogador percebeu, levando sua atenção total para seu técnico que se aproximava. Entretanto, a caminhada de Deschamps até ele foi hesitante e aparentemente indecisa; ele ia na direção de Kolo Muani, porém, olhando ao redor o tempo todo e buscando outros jogadores. Deschamps demorou sete segundos para caminhar cinco metros dessa maneira, e durante esse tempo, realizou não menos do que sete varreduras visuais por outros jogadores. Quando se aproximou de Kolo Muani, Deschamps fez a pergunta. Um olhar, uma reverência, algumas palavras e acabou. Kolo Muani, assim como Tchouaméni antes dele, aceitou a proposta aparentemente improvisada, impessoal e possivelmente até, diante de todas as aparências, um tanto descrente de seu professor, e acabaria por cobrar o quarto pênalti para a França.

Todos esses acontecimentos demoraram quase dois minutos a partir do apito final. Os jogadores franceses aparentavam impaciência, e agora formavam um círculo que se fechava rapidamente em torno de Deschamps e de seu auxiliar. O grupo estava preparado para ouvir as últimas palavras de motivação de seu professor, e Deschamps cuidou disso. Ao mesmo tempo que consultava Stéphan continuamente, bem como o bloco de notas, Deschamps agachou-se e fez uma conversa motivadora de trinta segundos repleta de gestos e emoção. Então, levantou-se. Alguns jogadores bateram palmas, e o grupo se dispersou.

Deschamps precisara de dois minutos e meio para concluir a preparação final de sua equipe para a fase decisiva do maior confronto do futebol mundial. A maior parte desse tempo pareceu ter sido utilizada localizando, abordando e confirmando quem cobraria os pênaltis. O contraste com a Argentina de Scaloni era imenso. Scaloni certamente já tinha um plano bem claro e pré-elaborado para que muito pouca informação precisasse ser transmitida para sua equipe naquele momento repleto de pressão, e a comunicação foi breve — apenas aquelas duas conversas motivadoras curtas e quase em um ritmo *staccato*. As funções dos jogadores pareceram ser muito rapidamente confirmadas, se é que já não eram conhecidas. Para não ser injusto, a Argentina, diferentemente da França, já havia participado de uma disputa de pênaltis durante aquela Copa, no confronto contra a Holanda pelas quartas de final, o que teria servido em alguma medida como ensaio geral. Não obstante, com as questões logísticas cruciais resolvidas antecipadamente, Scaloni pôde concentrar sua atenção em dois objetivos: 1) passar com eficiência as informações táticas necessárias, em explosões curtas e envolventes, e 2) gerir e oferecer apoio às necessidades psicológicas de seus jogadores. Com relação ao segundo item, ele passou a maior parte de seu tempo disponível dando atenção a Montiel, o atleta que provavelmente mais precisava de apoio àquela altura.

Além disso, os auxiliares do técnico também serviam como seus olhos e ouvidos, concentrando-se também nos aspectos emocionais: "Tal jogador precisa de apoio", "Já conversou com tal jogador?". Portanto, havia delegação de tarefas, mas essa delegação tratava-se de coleta de informações. Os jogadores ouviam apenas uma voz, que era a da pessoa com a mais alta autoridade, o técnico.

Scaloni já falou muitas vezes — como na citação da introdução deste capítulo — sobre o quanto o foco de seu estilo de comandar uma equipe é colocado nas pessoas. Entretanto, esse princípio costuma ser mais fácil na teoria do que na prática. Naquele momento da final da Copa do Mundo, contudo, vimos Scaloni mostrar em ações o que defende com palavras, e em meio a condições de pressão das mais severas que o esporte pode produzir. De fato, aqueles poucos minutos após a partida com Scaloni, de muitas maneiras, oferecem uma lição perfeita do mundo real no exercício da liderança sob intensa pressão, e uma lista de conferência das práticas essenciais de gestão de equipes em condições de estresse extremo.

- Preparação minuciosa.
- O máximo possível de decisões importantes tomadas antecipadamente, possibilitando a concentração no gerenciamento de sua própria prontidão emocional e de sua equipe.
- Comunicação concisa e eficiente.
- Receptividade a opiniões de terceiros.
- A flexibilidade e a agilidade de se comunicar com qualquer pessoa que mais precise naquele momento.

Quando chegou a hora da disputa de pênaltis, a Argentina converteu todas as suas quatro cobranças, e seu goleiro, Dibu Martínez, foi o herói do título com suas duas defesas. Para a França, Mbappé e Kolo Muani converteram as suas, enquanto Coman e o muito indecisamente escolhido Tchouaméni desperdiçaram.

E quanto ao atormentado Gonzalo Montiel, com quem Scaloni tanto se preocupou entre suas duas conversas com a equipe? E quanto a ele, cuja mão na bola resultou no pênalti com o qual a França empatou a partida? O jogador em quem Scaloni deu aquele encontrão e com quem conversou em consulta particular durante cinco segundos no ponto mais baixo e mais tenso de sua carreira?

Montiel converteu a quarta e última cobrança pela Argentina e tornou-se o jogador cuja cobrança viverá para sempre na história do futebol como a que deu à Argentina o título da Copa do Mundo de 2022, sua primeira conquista desde 1986.

Liderança sob pressão

Disputas de pênalti não são tão raras como muitos imaginam. Nas fases eliminatórias de torneios importantes, algo entre 20% e 30% das partidas (jogo único) vão para os pênaltis. A partir de 2026, as seleções que fizerem a final da Copa do Mundo jogarão sua quinta partida eliminatória consecutiva no torneio. A probabilidade de pelo menos uma dessas partidas ir para os pênaltis é relativamente alta. Quando os técnicos comunicam, antes de uma partida eliminatória, que escolheram não preparar suas equipes para os pênaltis, e, no lugar disso, se concentraram em vencer a partida no tempo regulamentar, isso não parece meramente pouco profissional; desafia as probabilidades.

Pesquisadores que investigam liderança em contextos extremos (ambientes militares ou médicos, segurança pública, corpo de bombeiros, resposta a crises etc.) definem uma ocorrência extrema como uma "ocorrência ou episódio discreto que pode resultar em uma magnitude extensa e intolerável de consequências físicas, psicológicas ou materiais para integrantes da organização".[7] Parece a descrição de uma disputa de pênaltis para mim. Os líderes desempenham funções críticas para garantir que suas organizações estejam preparadas para essas ocorrências extremas. Parte dessa preparação é superar a tendência humana de pensar que "isso não pode acontecer conosco". Os líderes têm que se envolver com as possibilidades para garantir que se planejem e preparem, mesmo quando a possibilidade de uma coisa acontecer parecer remota.

Existe uma coisa que eu chamaria de "crise comportamental" no campo da psicologia acadêmica, em que a pesquisa psicológica tem ignorado amplamente comportamentos autênticos em ambientes do mundo real.[8] Isso vem acontecendo há décadas, deixando-nos com uma montanha de documentação sobre as percepções e lembranças das pessoas, e suas crenças sobre situações de pressão elevada, mas muito poucas provas do que as pessoas estão realmente *fazendo* nessas situações. O mesmo problema existe em pesquisas sobre liderança. Uma análise recente de 214 estudos sobre comportamento de liderança mostra que menos do que um a cada cinco estudos inclui medidas do que eles pretendem examinar: comportamentos de liderança reais.[9] Além disso, no mínimo 3% das variáveis examinadas nesses estudos são comportamentais — o resto é tipicamente sobre conscientização e avaliações de comportamentos. A mesma coisa pode ser vista na pesquisa esportiva. Uma análise de 610 estudos sobre treinamentos de esportes mostrou que menos de um quinto deles apresentou observação de comportamentos reais como parte da metodologia.[10] Isso significa essencialmente que temos poucas provas sobre o que os técnicos realmente fazem durante os treinamentos e as competições no esporte.

Essa lacuna de conhecimento também existe nas disputas de pênaltis. Não existe uma única pesquisa publicada sobre comportamentos de técnicos antes de disputas de pênaltis no futebol ou durante as mesmas. De certa maneira, isso não é tão surpreendente. Além de um ou outro eventual corte de câmera, emissoras de TV raramente focam nos técnicos e nas comissões técnicas durante disputas de pênaltis, então, fica muito difícil estudar os comportamentos deles a partir dos vídeos das transmissões, o que nos deixa com as raras e inadequadas documentações disponíveis ao público. Isso, por sua vez, significa que os comentaristas e as torcidas, e até os profissionais, tendem a não prestar muita atenção a essas áreas.

Consegui acessar material bruto em vídeo de cada uma das cinco disputas de pênaltis que aconteceram na Copa do Mundo de 2022. Essas imagens mostraram tudo o que aconteceu no gramado de muitos ângulos de vídeo ininterrupto, incluindo imagens aproximadas de jogadores das duas seleções. Isso, no mínimo dos mínimos, permitiu que eu fizesse observações sistemáticas sobre o que exatamente os técnicos fazem naqueles dois a três minutos que eles têm para se comunicar com seus elencos e dar apoio a eles pouco antes da disputa de pênaltis.[11]

Quais foram as minhas conclusões?

Bem, uma coisa ficou muito evidente logo de cara: ninguém em uma disputa de pênaltis de Copa do Mundo no século XXI fica sem água. Havia garrafas d'água em abundância todas as vezes, para todas as seleções. A mesma coisa com toalhas, suplementos energéticos, massagens... Hordas de médicos, fisioterapeutas e auxiliares pareciam estar disponíveis imediatamente para dar aos jogadores tudo de que seus corpos precisavam. O futebol de elite realmente parece ter descoberto o segredo do suporte fisiológico.

Sobre suporte psicológico, por outro lado... há espaço para aprimoramento.

Passando a mensagem

No caso de França × Argentina, vimos como um técnico demorou relativamente bastante tempo para tomar decisões logísticas e táticas e depois comunicá-las para sua seleção (Deschamps), e como o outro comunicou seus planos e decisões para sua seleção de forma muito mais célere (Scaloni).

A medição do tempo que levou para cada um dos dez técnicos envolvidos nas disputas de pênaltis da Copa do Mundo de 2022 concluir suas instruções táticas e logísticas para sua seleção revelou um padrão muito claro (vide o diagrama a seguir). As seleções que demoraram menos acabaram vencendo as disputas. As que demoraram mais perderam. Sem exceção. E a diferença foi marcante, com a seleção vencedora que demorou mais (Marrocos) ainda demorando menos do que a seleção derrotada que demorou menos (França).

Tempo para concluir as instruções táticas coletivas após a prorrogação

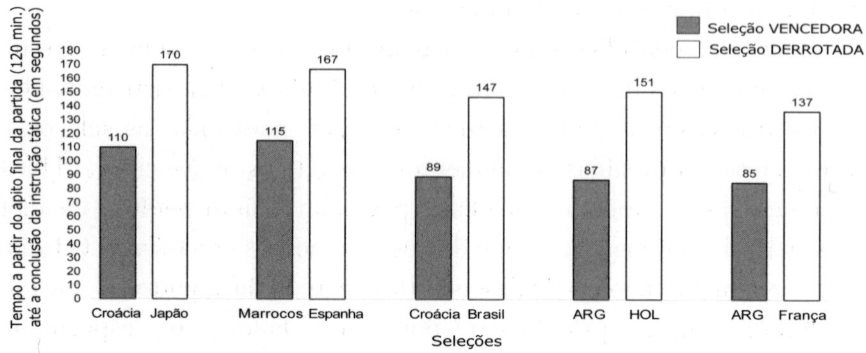

Todas as cinco disputas de pênaltis da Copa do Mundo de 2022

Uma interpretação lógica dessas observações é que as seleções que transmitiram seus planos mais rapidamente para seus jogadores também foram as que haviam se preparado mais ou melhor para a disputa de pênaltis. Se você tomou a maior parte das suas decisões sobre seleção de jogadores, cobranças e tática antes da partida, fica mais fácil ser sucinto quando chega o momento. Com relação a isso, observe que a Argentina registrou os dois tempos mais rápidos, com o tempo contra a França no topo da lista, e o tempo contra a Holanda, o segundo. Contra a França, Scaloni e a Argentina tiveram o luxo de ter passado por pênaltis anteriormente no torneio, o que seria de supor que facilita a eficácia da segunda vez. Isso também foi claramente o que ocorreu com a Croácia, que demorou vinte segundos a menos da segunda vez (contra o Brasil) em comparação com a primeira (contra o Japão). Nem sempre se tem uma disputa de pênaltis para treinar, naturalmente, mas a implicação clara é que faz sentido organizar jogos-treino com disputas de pênaltis ou realizar simulações realistas de disputas de pênaltis que envolvam o técnico e a comissão técnica ensaiando suas comunicações.

Por outro lado, houve seleções que pareciam ter um plano pré-definido, mas que demoraram mais para executá-lo. A Holanda, que perdeu para a Argentina, foi um exemplo. Quando os jogadores foram para a lateral do campo, Louis van Gaal, de forma relativamente rápida, foi de um em um entre os jogadores perguntando/confirmando se eles fariam cobranças. Frans Hoek, o treinador de goleiros, parecia ter uma responsabilidade extra. Quando o grupo, enfim, reuniu-se em um abraço entre todos, ele visivelmente leu para o grupo onze nomes da anotação que tinha na mão. Aquela era provavelmente a ordem de todos os possíveis cobradores holandeses — e bastante completa, se é que era isso, porque a maioria das equipes faz somente um plano para os cinco primeiros, e, no máximo, seis ou sete. Até aí, tudo bem.

Todavia, uma discussão intensa se seguiu entre jogadores e treinadores: Frenkie de Jong e Davy Klaassen, mais notoriamente. Van Gaal também disse algo, ao que Hoek e Danny Blind, seu auxiliar técnico, pareceram discordar ou ter uma visão diferente a respeito. Isso levou a um debate aquecido que durou 40 segundos que pareceram uma eternidade, até que o abraço se desfez, com a equipe se motivando mutuamente. É tentador especular se o estilo típico (ou arquetípico) holandês de treinar futebol de dar voz a todos complicou a tática e a seleção de jogadores. Os holandeses são famosos por uma estrutura muito plana, na qual o status e os títulos são postos de lado, ninguém segue cegamente, as pessoas falam direta e abertamente, e todos querem se envolver.[12] Consequentemente, a discussão entre jogadores e treinadores tomou muito tempo. Enquanto isso, a Argentina concluiu rapidamente sua preparação, o que pode, por si só, ter induzido uma sensação de pânico competitivo do lado da Holanda, porque eles viram a Argentina ao lado deles, desfazendo sua reunião, apressando-os para terminarem eles próprios. Certamente Van Gaal perdeu a oportunidade de oferecer um apoio individual adicional a quem quer que dele precisasse.

Existem outros benefícios possíveis em manter curtas as comunicações táticas de último minuto em situações de pressão elevada. Em primeiro lugar, simplicidade, clareza e falta de ambiguidade têm suas próprias virtudes. Nenhum técnico quer deixar os jogadores sobrecarregados com planos e instruções de último minuto que talvez compliquem, semeiem dúvidas, interfiram nos processos de preparação para o pênalti de cada um e incentivem o excesso de preocupação.

Em segundo lugar, comunicações precisas e sucintas podem ajudar a incentivar a percepção de controle, dando aos jogadores a impressão tranquilizadora de um plano estruturado e uma estratégia clara. A Argentina é novamente um exemplo de primor com relação a isso. Durante ambas as disputas de pênaltis de que sua seleção participou, Scaloni estava nitidamente comandando uma operação de comunicação incrivelmente harmoniosa e bem azeitada, em que deve ter parecido, para todos os envolvidos, que a pessoa que estava no comando sabia o que fazia. Ainda que essa sensação de controle por parte de Scaloni tivesse sido ilusória (o que não acredito que foi), teria sido útil; somente a impressão de ordem e controle da pessoa que está no comando pode ter um impacto positivo sobre os atletas em uma situação de pressão demasiada.

E, em terceiro lugar, a comunicação rápida libera tempo para outras coisas, principalmente para o apoio emocional, como vimos nas interações entre Scaloni e o perturbado Montiel. Se o técnico gastar tempo demais na conversa em grupo, não haverá espaço para isso.

Acertando nas escolhas

Como os técnicos comunicam à equipe a escalação dos cobradores de uma disputa de pênaltis? Muitas vezes, combinam essa escolha e a comunicação dessa escolha pedindo abertamente que voluntários se apresentem. Vários dos técnicos da Copa do Mundo de 2022 utilizaram essa abordagem, entre eles, os de duas das seleções vencedoras: Croácia e Marrocos. Nesses casos, Zlatko Dalić e Walid Regragui, respectivamente, estavam com o grupo ao seu redor em um abraço coletivo e devem ter perguntado “Quem quer cobrar?”, porque é possível ver os jogadores levantarem a mão ou um dedo, um por um, e os técnicos respondendo, também levantando logo em seguida seus próprios dedos para indicar a posição daquele jogador na ordem de cobrança. No caso dessas duas seleções, fica difícil dizer se esse processo foi realizado sem uma consulta prévia, ou se tratava-se de repetir uma coisa de que os jogadores envolvidos já soubessem em alguma medida. No entanto, os jogadores pareciam, no mínimo, estarem informados previamente, pois ergueram as mãos bem rápido, e em nenhum momento houve qualquer confusão ou discordância visível. Em vez disso, tudo ocorreu de forma bastante eficiente.

Entre as seleções derrotadas, essa também foi a estratégia escolhida pelo Japão, cujo técnico, Hajime Moriyasu, claramente solicitou que os jogadores se voluntariassem. Quando houve um momento de hesitação coletiva, Moriyasu reagiu estendendo os braços para os lados, o que pode ter sido feito por frustração em razão da falta de voluntários ou para indicar que ele estava disposto a aceitar qualquer um. Ou ambos. Takumi Minamino, então, ergueu a mão para ser o primeiro cobrador, e alguns segundos depois, Kaoru Mitoma fez o mesmo para ser o segundo. Depois desses dois, os jogadores de maior renome da seleção japonesa, demorou algum tempo para que outros se apresentassem, e em um momento constrangedor, enquanto ninguém se voluntariava, um dos reservas até apontou para um de seus companheiros de equipe, como se o escalasse. Consequentemente, para o Japão, a abordagem dos voluntários aconteceu mais lenta e desastradamente do que para as duas seleções supracitadas. Na disputa de pênaltis, Minamino e Mitoma desperdiçaram suas cobranças, assim como Maya Yoshida, ou seja, em quatro cobranças, apenas uma foi convertida para o Japão. Após a Copa do Mundo, esse sistema de indicação de "levantar a mão" foi amplamente discutido no Japão, e Moriyasu anunciou que faria diferente da próxima vez: "Os jogadores que perdem seus pênaltis se culpam e se abatem, então, de hoje em diante, quero eu mesmo tomar as decisões".[13]

A Espanha e seu técnico, Luis Enrique, também solicitaram voluntários, mas de uma forma muito incomum. Ele escolheu os três primeiros cobradores, e depois deixou que os jogadores, coletivamente, escolhessem os outros dois.[14] O capitão naquele dia era Sergio Busquets, e depois que ele foi escolhido pelo técnico para cobrar o terceiro pênalti, seu professor deu a ele papel, caneta e a incumbência de descobrir quem seriam os outros dois cobradores. Eis aí um serviço extra bastante significativo para delegar a um jogador que está prestes a dar, possivelmente, o chute mais importante de sua vida, sobretudo quando esse jogador não é um cobrador de pênaltis experiente. (Busquets nunca cobra pênaltis no decorrer das partidas, mas já havia feito uma cobrança em uma disputa de pênaltis importante, na Eurocopa de 2021, e desperdiçou.) Além disso, embora Busquets seja um jogador experiente da seleção da Espanha, ele não poderia ser considerado um capitão experiente, pois a primeira vez que usou a braçadeira espanhola havia sido no final de outubro de 2020. De qualquer maneira, o volante aceitou aquele desafio um tanto ingrato, reuniu seus companheiros em um novo abraço, e utilizou o método mais simples para concluir sua incumbência — solicitar voluntários. Felizmente, Aymeric Laporte e Pedri González se apresentaram bem rápido. Infelizmente para a Espanha, todos os três cobradores escolhidos por Luis Enrique, incluindo Busquets, desperdiçaram suas cobranças, fazendo com que os dois que se voluntariaram não chegassem a ter a oportunidade de mostrar o que poderiam fazer.

Nunca vi muita vantagem na abordagem de solicitar voluntários, um argumento que defendi em diversas pesquisas publicadas anteriormente.[15] O que se presume é que os técnicos optam por esse caminho porque consideram importante que os cobradores *queiram* cobrar o pênalti, e acreditam que essa é uma forma de garantir que todos os cinco cobradores estejam dispostos a participar. Também suspeito que alguns técnicos fazem dessa maneira por ser conveniente e fácil para eles. Contudo, quando o técnico solicita voluntários publicamente, diante de todo o grupo, isso cria uma situação social que, na prática, efervesce com consequências não intencionais e negativas.

1. Os jogadores que o técnico leva a se voluntariar não serão necessariamente aqueles que querem muito cobrar uma das penalidades; os que se voluntariam são os jogadores que acham que devem assumir a responsabilidade de se voluntariar. Os jogadores que acham isso, e ousam erguer a mão, não são necessariamente os melhores cobradores de pênaltis.
2. Um jogador que ergue a mão também está comunicando, em alto e bom som, o seguinte: "Eu assumo a responsabilidade por essa cobrança!". Assim, quando os técnicos pedem que os jogadores se voluntariem, o que estão fazendo, efetivamente, é transferir a responsabilidade (e a pressão) para os atletas. Já sabemos, baseado em

amplas demonstrações nos capítulos anteriores deste livro, que mais pressão sobre os ombros dos jogadores resulta em menos gols. O técnico deve se esforçar para aliviar a pressão sobre os jogadores, não para reforçá-la.

3. Quando o técnico solicita que voluntários se apresentem, fica evidente que o técnico e a equipe não têm um plano A para a disputa de pênaltis, o único plano é solicitar que os jogadores se voluntariem.
4. Pedir aos jogadores para considerar não só se estão dispostos a cobrar uma das penalidades, mas também se devem comunicar isso ao grupo e depois se colocar à frente dos outros jogadores na fila, é adicionar um peso significativo sobre suas cargas cognitivas em um momento crucial como os pênaltis. Ao colocar uma solicitação dessas, o técnico cria uma situação social complexa, imprevisível e incerta em um momento em que os jogadores precisam de instruções simples e previsíveis.
5. Quando ninguém se voluntaria (como pareceu ser o caso do Japão, por exemplo), a situação deixa de ser simplesmente um desafio logístico; é um desafio psicológico mais profundo. Todos veem que ninguém quer cobrar os pênaltis, e isso pode facilmente criar um ambiente pessimista, negativo e repleto de ansiedade em um grupo. Existem provas oriundas de outros contextos de que a disposição em assumir riscos é contagiosa,[16] e é provável, por outro lado, que, ao ver seus companheiros de equipe *não* aceitarem o risco de uma cobrança de pênalti, isso faça os outros ficarem mais avessos ao risco, possivelmente desencadeando motivação para evitação e ansiedade.

Hope Powell, técnica da seleção inglesa feminina na Copa do Mundo de 2011, optou pela abordagem de solicitar voluntárias na disputa de pênaltis contra a França e enfrentou exatamente esse mesmo problema: "Tive que pedir três vezes para que as jogadoras se voluntariassem, só na terceira elas ergueram as mãos. Fiquei perplexa. Cadê vocês?".[17] Depois de algum tempo ela conseguiu suas cinco jogadoras, mas a França venceu a disputa no fim das contas. Quando conversei com Powell sobre isso, ela havia revisado totalmente sua perspectiva sobre como conduzir a seleção das jogadoras para uma disputa de pênaltis: "Nunca mais solicitarei voluntárias! Em um momento de pressão, não ache que as pessoas se colocarão na berlinda; normalmente elas se escondem". Basicamente, ela reconheceu que havia se enganado em relação a suas jogadoras em 2011: "Ao me colocar no lugar delas, imaginei que seria simples para as outras fazerem o mesmo, mas me enganei". Ela concluiu o seguinte: "Tenho que assumir a responsabilidade por não ter preparado as jogadoras como elas deveriam ter sido preparadas. Eu nunca deveria ter solicitado voluntárias". Se fosse comandar novamente uma equipe em uma nova disputa de pênaltis, ela criaria uma lista com a ordem das cobradoras de pênaltis com base nas estatísticas dos treinamentos — "quem converteu mais cobranças e quem desperdiçou mais" — e conversaria antes com as jogadoras para ver se estavam se sentindo bem-dispostas: "Você quer que as jogadoras concordem".

Muitas vezes, os técnicos não solicitam voluntários tão abertamente; em vez disso, identificam e perguntam aos jogadores um por um, naquele abraço coletivo imediatamente antes da disputa de pênaltis. Colocar essa opção como uma pergunta aberta e esperar a resposta é somente um pouco melhor do que adotar a estratégia do voluntariado. Possivelmente produzirá todas as consequências relacionadas acima. O técnico tira a responsabilidade de seus próprios ombros e a coloca nos ombros dos jogadores que aceitam cobrar as penalidades. Além disso, o que acontece se um ou vários jogadores se negarem a cobrar? Com base em nossas entrevistas com os jogadores abordando o assunto da disputa de pênaltis, descobrimos que muitos deles (até 30%) recusam a oferta de seu técnico nessa situação.[18] Negar um pedido do técnico é difícil para um jogador, que pode achar que está abandonando seus companheiros de equipe, e também é uma resposta difícil de ouvir para os outros atletas, que, impactados pelas ansiedades que sustentam tal recusa, podem começar também a duvidar de sua própria capacidade. Além disso, às vezes, as disputas de pênaltis vão além das cinco cobranças obrigatórias, então, mesmo os jogadores que, nessa reunião antes dos pênaltis, expressam abertamente uma indisposição em cobrar uma das penalidades, podem ainda ter que cobrar uma delas. Em um momento como esse, ter que cobrar um pênalti de qualquer forma, após pensar bem na possibilidade e se comprometer em não o fazer, e anunciar essa decisão na frente de todos, pode tornar a cobrança muito mais difícil.

Isso não significa que os técnicos não devem descobrir o que seus jogadores pensam e como se sentem com relação a cobrar pênaltis. A pergunta pode ser feita, porém, como disse Powell, previamente, e provavelmente de forma privada. Scaloni disse que seus jogadores foram consultados sobre o que achavam quanto a participar da disputa de pênaltis: "Quando passamos perguntando quem queria participar, acabamos tendo dois jogadores a mais do que o necessário".[19] Mas isso foi claramente feito previamente. Assim, a recomendação para os técnicos seria: com bastante antecedência de uma partida que pode ir para os pênaltis, pergunte a todos os jogadores do elenco o que pensam sobre participar de uma disputa de pênaltis. Deve ser uma pergunta para suscitar uma resposta elaborada, não só para responder sim ou não, porque a verdade é que ninguém quer uma responsabilidade dessas. Pergunte o quanto eles se sentiriam confiantes, pergunte sobre suas experiências anteriores e sobre detalhes de sua técnica e de suas rotinas pré-cobrança. Com base nas respostas dos jogadores, os técnicos podem formar uma impressão de onde eles se encontram com relação a essa incumbência, o que pode, então, ser uma das várias informações de que se utilizam para basear sua decisão final.

Um desafio que os técnicos sempre enfrentam é que eles nunca sabem previamente quem ainda estará em campo após 120 minutos, e, inevitavelmente, isso complica a elaboração prévia de uma relação completa de cobradores. Deschamps falou sobre isso após a final da Copa do Mundo: "Todos os cobradores planejados tinham sido substituídos". Esse problema pode ser atenuado em poucos dias. A princípio, os técnicos e as equipes precisam se planejar para a eventualidade dos pênaltis de uma forma totalmente diferente do que a maioria deles se planeja atualmente. Assim como a maioria dos técnicos passa quantidades enormes de tempo refletindo sobre quais jogadores deveriam ser titulares em uma partida, eles precisam passar quase o mesmo tempo pensando sobre quais jogadores deveriam terminar uma partida. Obviamente é impossível controlar tudo o que acontece dentro de campo; por exemplo, as substituições serão feitas com base no contexto da partida, nas lesões e na colocação das equipes na tabela do campeonato. Ainda assim, os técnicos precisam planejar pensando no final da partida, o que inclui pensar em quais jogadores eles iriam querer que estivessem no campo caso a partida vá para os pênaltis. Além disso, com base em todas as informações que são reunidas antes do confronto, os técnicos devem ter uma relação dos melhores cobradores de pênaltis da equipe, para que, após os 120 minutos, possam dedicar alguns segundos para simplesmente verificar quem está presente em comparação com a relação. Ainda haverá fatores quanto à situação de momento a serem considerados, mas ainda é possível chegar bastante rapidamente aos cinco melhores nomes para tal ocasião, e com muita reflexão. Suspeito que tenha sido assim que fizeram Scaloni e sua comissão técnica.

O ideal é que as decisões dos técnicos nessa área sejam comunicadas previamente. Acredito que os benefícios da previsibilidade prevalecem sobre o risco total dos jogadores selecionados ficarem previamente com temor de suas cobranças. Poderia ser comunicado aos jogadores que eles sempre terão o direito de se eximir de cobrar uma penalidade, se, por algum motivo, não se sentirem preparados em um determinado dia. Mas o técnico deve enfatizar que o motivo pelo qual um determinado jogador foi escolhido para cobrar um pênalti é que provavelmente ele fará um bom trabalho em circunstâncias extremamente difíceis. Se ele desperdiça a cobrança, o técnico assume a responsabilidade por aquele resultado, e comunicará isso à imprensa após a partida.

Em geral, talvez a incumbência mais importante do técnico seja atenuar a pressão sobre seus jogadores. Às vezes é incrível o quanto isso pode ser obtido com simplicidade. Quando a Noruega estava na Copa do Mundo Feminina de 2019, o técnico, Martin Sjögren, disse o seguinte às suas jogadoras pouco antes de elas irem para a disputa de pênaltis no confronto contra a Austrália pelas oitavas de final do torneio: "Não importa o que vocês façam, estou extremamente orgulhoso de vocês, independentemente de qualquer coisa". A atleta do Barcelona e da seleção da Noruega, Caroline Graham Hansen, disse posteriormente que, com aquelas palavras, "como se nada fosse, toda a pressão desapareceu". A Noruega, então, converteu todas as suas cobranças e passou para a fase seguinte.

Em pesquisas sobre liderança, costuma-se defender que, quando o tempo é curto, os integrantes de uma equipe não costumam ser receptivos a orientações de seu gestor.[20] Além disso, em condições de pressão, costuma-se dizer que as equipes respondem melhor à tomada de decisão individual de um líder do que à delegação de tarefas.[21] Um líder que seja dominante, até agressivo, pode ser positivo em situações como essa.[22] Alguns estudos clássicos sugerem que, em condições extremas, líderes autoritários têm maior probabilidade de serem seguidos.[23] No entanto, esses estudos são bastante datados, e a percepção das pessoas sobre a liderança eficaz pode ter mudado desde sua publicação. Todavia, um estudo alemão mais recente também mostra que, em contextos de emergência sob pressão intensa (combate a incêndios, por exemplo), quando são necessárias ações imediatas, os comportamentos da liderança autocrática criam mais confiança entre a equipe do que os comportamentos democráticos.[24] Por outro lado, quando a tomada de decisão ocorre em um ambiente menos urgente, os comportamentos da liderança democrática criam mais confiança. Portanto, a confiança formada entre as pessoas antes de ocorrências extremas é fundamental para o desempenho dessas pessoas quando a ocorrência extrema acontece.[25] Ou, dito de outra forma: uma liderança fraca em tempos de paz leva a uma liderança ainda mais fraca em tempos de guerra. Assim, os líderes inteligentes constroem um estoque de confiança longe dessas situações de pressão intensa, que eles podem acessar quando a pressão estiver alta.

Falemos novamente sobre Scaloni. Na reunião entre jogadores e comissão técnica antes da disputa de pênaltis, foi ele que tomou todas as decisões, foi ele que fez todas as conversas motivadoras junto aos jogadores, e grande parte de suas comunicações parecia composta por comandos diretos. Entretanto, ele havia convidado explicitamente sua comissão técnica a opinar, e suas sugestões foram imediatamente acolhidas. Tudo isso foi coerente com ideias que Scaloni já expressou publicamente sobre como administrar os jogadores. "Para mim, não existe imposição, e ponto final", disse ele em uma oportunidade. "Não posso mandar um jogador fazer uma coisa que ele não está disposto a fazer. É impossível. É pior para a equipe, e é pior para ele. Muitas vezes, quando terminamos de fazer um exercício tático, pergunto a eles como foi que viram aquilo, se estão à vontade com aquilo, e dispostos a fazer aquilo [daquela maneira]. A 'imposição' não é o meu estilo. Tenho que ser autêntico naquilo que faço, e me sinto melhor assim. É essencial que o jogador confie em você."[26] Consequentemente, é interessante perceber que, dos oito técnicos que estiveram envolvidos em disputas de pênaltis na Copa do Mundo de 2022, aquele que foi mais autoritário e direto na reunião entre jogadores e comissão técnica antes da disputa de pênaltis (Scaloni) também pode ser o mais democrático em outras áreas de sua profissão. Isso é lógico. Quando você passa todos os seus dias de trabalho investindo nas opiniões e nas experiências dos seus jogadores, você obtém a oportunidade de ser mais direto quando acontece uma situação que pede autoridade, velocidade e mensagens claras.

O que fica claro é que, imediatamente antes de uma situação de pressão intensa, como é a disputa de pênaltis, o consenso fortalece a autoridade. Aqueles últimos minutos antes de os jogadores irem para o círculo central devem ser comandados pelo técnico, não por outro membro da comissão técnica. Assim como essa é a hora errada de delegar responsabilidade aos jogadores, tampouco é a hora de terceirizar responsabilidade aos auxiliares técnicos.

Todos os técnicos das seleções vitoriosas nas disputas de pênaltis da Copa do Mundo de 2022 concordavam fortemente com esse princípio. Sem exceção. Os de Argentina, Croácia e Marrocos dominaram pessoalmente do início ao fim a conversa pré-pênaltis e a voz deles foi a única que os jogadores ouviram diretamente. Os das seleções derrotadas não aderiram ao princípio. Sem exceção. O técnico de uma seleção derrotada que chegou mais perto de assumir responsabilidade total nessa fase pré-pênaltis foi o francês Deschamps. Foi ele que se dirigiu aos jogadores individualmente e liderou a conversa motivadora junto à equipe. Mas era seguido de perto por seu auxiliar, Stéphan, que também acrescentava uma coisa ou outra, e em algumas oportunidades, Stéphan também compartilhou informações com jogadores. E quanto aos outros? O técnico do Japão, Hajime Moriyasu, conduziu o processo de escolha, mas quando terminou, um auxiliar assumiu o comando, passando mais informações técnicas aos jogadores de seu bloco. O técnico da Espanha, Luis Enrique, comandou a conversa motivadora com a equipe, mas, naquele momento, ao jogador e capitão Busquets foi dado um papel de destaque tanto na escolha dos cobradores das penalidades quanto na realização da conversa motivadora, enquanto o técnico conversava com o árbitro ou esperava o momento das cobranças próximo ao banco de reservas. O técnico da Holanda, Van Gaal, abordou alguns jogadores individualmente e comandou parte da conversa motivadora com a equipe, mas depois o treinador de goleiros Hoek assumiu o comando, comunicando a escolha dos jogadores, e no final da reunião da equipe, outros auxiliares técnicos e jogadores também haviam se misturado.

Por fim, o técnico do Brasil, Tite, afastou-se totalmente do processo, deixando tudo a cargo de seus auxiliares. Enquanto eles conversavam com os jogadores, Tite andava com nervosismo de um lado para o outro, a vinte metros de distância, ao lado do banco de reservas, sentando-se em determinado momento com uma expressão ansiosa no rosto e parcialmente paralisado pela situação. Mas havia motivo para esse comportamento aparentemente bizarro do técnico da seleção brasileira. Em 1986, Tite jogava no Guarani e enfrentou o São Paulo na final da Série A do Campeonato Brasileiro. A partida de volta terminou 3 × 3 e foi para os pênaltis, e o Guarani perdeu. Tite não cobrou um dos pênaltis naquela oportunidade, porém, compreensivelmente, deixou-se afetar. Naquela noite, sem conseguir dormir, ele e sua esposa decidiram deixar o hotel nas primeiras horas da manhã e ir para casa de carro. Tite recordou esse momento: "Entramos no carro e fomos para Caxias. No meio do caminho, derrapei na estrada. O carro deu duas voltas na pista e quase caiu em uma ribanceira, parando à beira do barranco. Podíamos ter morrido naquele momento, então, fiquei traumatizado. Muito traumatizado".[27]

Por esse motivo, aparentemente, o auxiliar de Tite, Cléber Xavier, estava a cargo dos pênaltis pela seleção brasileira. Ele explicou: "Faço uma lista com os melhores cobradores de pênaltis. Nos treinamentos e em geral, e compartilho essa lista com a comissão técnica, menos o Tite. Ele não trata de pênaltis".[28]

Considerando tudo isso, a reunião entre jogadores e comissão técnica da seleção brasileira pareceu apresentar, de longe, as instruções menos estruturadas se comparadas às das outras seleções de 2022. Em nenhum momento Cléber Xavier teve a atenção exclusiva dos jogadores. Em vez disso, ele parecia conduzir um brainstorm coletivo sem qualquer estrutura, tratando do tema de quem seriam os cobradores. Alguns jogadores como Neymar, Marquinhos e Antony volta e meia se afastavam do grupo. O fato de que o técnico vagava a esmo no plano de fundo de tudo isso também pode ter contribuído para a concentração manifestamente desigual dos jogadores naquele momento.

Para mim, faz sentido que o maior posto da comissão técnica esteja intensamente envolvido tanto na preparação quanto na condução de uma disputa de pênaltis. Se o técnico se envolve na fase de planejamento, o tema é priorizado. O técnico comandar a comunicação antes dos pênaltis passa essa prioridade aos jogadores, e também aumenta a probabilidade de os jogadores se envolverem e se comprometerem totalmente. Quando a pressão está em cima, pode ser profundo o impacto psicológico de o seu técnico estar se comunicando pessoalmente com você. Essa oportunidade não deve ser desperdiçada.

Fazendo conexões

Todos sabemos o quanto o contato visual é importante para a comunicação. E se não soubermos, sempre há a pesquisa neuropsicológica para nos mostrar: o contato visual direto facilita a conexão mais rápida, mais duradoura e mais emocional.[29] Portanto, era de se esperar que os treinadores, diante da imensa pressão de uma disputa de pênaltis, utilizassem com entusiasmo essa ferramenta tão básica, mas essencial, da comunicação. Surpreendentemente, porém, alguns deles se valem de acessórios que prendem efetivamente a atenção dos jogadores e eliminam a conexão direta que pode ser estabelecida quando nos comunicamos olhando no olho.

Blocos de notas, tablets, folhas de papel... esses itens frequentemente parecem proliferar nos momentos que antecedem uma disputa de pênaltis, e nem sempre de forma útil. Repito que nada é absoluto no que diz respeito às probabilidades, mas é no mínimo interessante observar que nenhuma das seleções que se classificaram nos pênaltis na Copa do Mundo de 2022 utilizou acessórios de qualquer espécie em seu momento final de organização junto aos jogadores, e todas as seleções derrotadas utilizaram.

Assim, no caso das seleções derrotadas, vimos a utilização de uma folha de papel com uma lista de cobradores de pênaltis (Luis Enrique/Espanha, Hoek/Holanda, Stéphan/França), uma lista de jogadores na qual números seriam adicionados para indicar os cobradores das penalidades (Cléber Xavier/Brasil) e um tablet com dados sobre os cobradores e goleiros do adversário (Japão). Quando papéis e tablets eram utilizados, pelo menos parte da atenção dos jogadores, inevitavelmente, foi para o acessório, e o contato visual, e possivelmente a conexão, com quem estava falando saíram prejudicados. Os jogadores e comissões técnicas das seleções vencedoras, pelo contrário, buscavam propositalmente olhar diretamente nos olhos uns dos outros e utilizar comportamentos não verbais — gestos, toques — para respaldar as mensagens, sem nenhuma folha de papel ou tablet visível em lugar algum. Todos os técnicos das seleções vencedoras aparentavam estar totalmente presentes, dando aos jogadores sua atenção exclusiva, sem nenhum dispositivo externo à vista para afrouxar a conexão.

Será que a presença ou ausência de uma folha de papel em um momento crucial pode realmente afetar o resultado de uma disputa de pênaltis e de uma partida de futebol? Estou ciente de que isso pode parecer improvável, mas pense no que acontece com uma conversa se o seu interlocutor estiver sempre olhando o telefone. Ao mesmo tempo, consideremos o que aconteceu com os jogadores brasileiros depois que deixaram o campo ao final dos 120 minutos da partida contra a Croácia, e como passaram os cerca de dois minutos que tiveram juntos com sua comissão técnica na lateral do campo antes de retornarem ao círculo central. Em primeiro lugar, eles tiveram que esperar de quinze a vinte segundos pelos dois auxiliares técnicos, Cléber Xavier e Matheus Bachi, que estavam reunidos em uma conversa particular. Esse talvez fosse um momento em que o técnico Tite poderia ter se comunicado com o elenco, contudo, por seus próprios motivos, ele passou esse período sozinho na área tática ao redor do banco de reservas do Brasil. Depois que os auxiliares técnicos terminaram sua conversa, Xavier entrou na formação de jogadores completamente dispersa, com um caderninho em uma das mãos e uma caneta na outra. Em seguida, ele passou algo entre vinte e trinta segundos perguntando a alguns dos jogadores se queriam fazer as cobranças. Quando recebia uma resposta, ele anotava algo em seu caderninho. Muito rapidamente, aquele caderninho pareceu ganhar propriedades magnéticas. Tornou-se a peça central da ocasião, e diversos jogadores esticavam o pescoço para tentar ver o que estava sendo rabiscado nele. Alguns, como Thiago Silva, acabaram olhando hipnotizados para o caderninho durante mais de um minuto. A maioria olhou para ele durante os cerca de quarenta segundos seguintes — ou *tentou* olhar, porque, obviamente, o caderninho produzira uma pequena multidão à sua volta. Finalmente, Xavier baixou o caderninho e o elenco brasileiro rapidamente formou uma união bastante próxima, terminando com um abraço coletivo de quinze segundos liderado por alguns dos jogadores, mais notoriamente, Neymar. No total, os jogadores passaram quase metade do tempo disponível lendo... ou tentando ler... nomes e números em uma folha de papel. Seria essa a atividade cognitiva ideal pouco antes de cobrar um pênalti? Eu acho que não. Mas o certo é que esse minuto gasto lendo impossibilitou quaisquer outras conexões e interações úteis que poderiam ter acontecido naquele momento.

Não estou sugerindo que não seja perfeitamente possível vencer uma disputa de pênaltis ainda que exista um papel na mão do técnico ou mesmo todo um livro de anotações. Porém, acessórios podem ter um custo. Em alguns casos, a falta de contato visual arrisca comprometer a conexão vital entre técnico e jogadores, e pode até afetar negativamente o preparo mental dos jogadores para os pênaltis. No mínimo dos mínimos, os técnicos precisam refletir sobre os acessórios que levam para essas instruções nas quais a pressão é intensa e se indagar se não seria melhor deixá-los no banco de reservas.

Sem esquecer dos goleiros

Em que medida os goleiros foram incluídos na comunicação dos técnicos antes de cada disputa de pênaltis? O goleiro ocupa uma posição singular, normalmente tem sua própria comissão técnica exclusiva, e nós nos acostumamos a ver esses atletas sendo tratados separadamente do restante do elenco. No entanto, em uma disputa de pênaltis, o goleiro é o jogador mais importante da equipe, o único que participa de uma a cada duas cobranças. Ainda assim, minha análise das disputas de pênaltis da Copa do Mundo de 2022 mostrou que houve somente um técnico que, em algum momento da reunião entre jogadores e comissão técnica antes dos pênaltis, abordou pessoalmente o goleiro. Sim, ele mesmo — Lionel Scaloni, da Argentina. Nenhum dos outros técnicos fez isso. O único que fez algo *parecido* foi Luis Enrique, da Espanha, que apertou a mão de todos os seus jogadores assim que eles deixaram o campo após os 120 minutos, incluindo seu goleiro, Unai Simón, mas em nenhum momento depois disso houve qualquer contato entre eles. Os outros não interagiram nem um segundo com seus goleiros, e em algumas oportunidades (refiro-me, com isso, ao croata Zlatko Dalić), quase parecia que o técnico se esforçava ao máximo para *ignorar* seu goleiro. Os companheiros de equipe dos goleiros agiram de forma diferente. Em todas as seleções, os jogadores que convertiam suas cobranças iam até seus goleiros para lhes dar um abraço e transmitir algumas palavras de incentivo, o que parece a coisa natural e humana a fazer quando seu amigo e colega está prestes a desempenhar um papel de destaque e potencialmente decisivo em um evento extremamente tenso. Os técnicos poderiam, talvez, ter aprendido com seus jogadores quando se trata disso.

A revolução que ainda está por vir

Existem algumas lições mais profundas sobre liderança e comunicação em jogo aqui. Um vídeo maravilhoso mostra a reação imediata de Scaloni quando Montiel converte a cobrança que dá o título da Copa do Mundo para a Argentina. Ele literalmente acabou de se tornar campeão mundial, com seu país. Mas nem parece. Não há fanfarronices. Tampouco saltos ou troca de soquinhos com os seus. Nenhuma demonstração de masculinidade exagerada. Antes de a bola entrar, a expressão facial de Scaloni é focada e calma. Depois que a bola entra, sua expressão assim permanece, mas agora com o mais ligeiro dos sorrisos, e pelos trinta segundos seguintes, uma lágrima muito pequena se formando no canto de seu olho. Vi poucas imagens no futebol que expressem mais o poder da vulnerabilidade.

Desde o ano 2000, o futebol passou por algumas revoluções. O esporte em si evoluiu tremendamente, liderado por uma série de técnicos pioneiros, e alguns talvez até os intitulem de revolucionários, que mudaram a forma que ele é praticado com sua sofisticação tática. Houve uma revolução física, na qual os times abraçaram a ciência esportiva e a musculação em níveis nunca vistos. E mais recentemente, houve uma revolução da análise minuciosa dos números, na qual os times se baseiam cada vez mais em dados para tomar ou dar suporte a decisões táticas no campo de jogo. Mas e quanto à quarta revolução que alguns, incluindo Arsène Wenger, previram — a revolução da psicologia?

Discursando em uma conferência em Londres em 2010, Wenger declarou: "Nos últimos dez a quinze anos, temos frequentado as áreas física e técnica. Nos próximos dez a quinze anos, certamente avançaremos em mais áreas mentais. Não só ligadas à vontade de vencer, mas ligadas à visão, à velocidade do entendimento do futebol, e essa é certamente a nova área de desenvolvimento do nosso esporte".

Todavia, por enquanto são poucos os sinais disso. É certo que alguns passos foram dados, e muitos jogadores atualmente enxergam o valor para seu desempenho de utilizar treinadores de mentes. Mas, em geral, os técnicos de futebol permanecem empacados onde sempre estiveram. A revolução da psicologia ainda não chegou. Ou, nas palavras de Wenger, quando voltei a falar sobre isso com ele em 2024: "No lado mental, sim, nós avançamos, mas ainda temos muita coisa a descobrir. Houve progresso com relação ao desempenho sob pressão? Acho que não".

A disputa de pênaltis revela-se o problema maior do microcosmo. Para muitos técnicos, supondo que não sejam da teoria de que "pênalti é loteria", uma disputa de pênaltis é uma questão principalmente técnica — em que a análise minuciosa dos números abastece decisões sobre cobranças e defesas e em que os minutos finais e possivelmente vitais para a comunicação são devorados pela logística básica em vez de pelo apoio aos jogadores selecionados. Considerando isso, conforme espero ter deixado claro nas páginas deste livro, gerenciar uma disputa de pênaltis se trata, no fim das contas, de gerenciar não apenas jogadores de futebol, e sim pessoas. Pessoas que, por acaso, estão potencialmente prestes a dar o chute mais importante de suas vidas.

Ou como diz Scaloni: "A distância entre o jogador de futebol e as pessoas não deveria existir. Afinal, o futebolista é apenas um jogador de futebol, e continua sendo um ser humano".[30]

Epílogo

"Pode conversar comigo sobre preparação para disputas de pênaltis?"

Recebo solicitações como essa frequentemente. Às vezes, de pessoas que trabalham com times de futebol, outras, de jornalistas. Recebi um e-mail em especial do auxiliar técnico da seleção de um país, um cara que eu conhecia, mas com quem não conversava havia algum tempo. O que foi incomum foi o momento. Estávamos no início da noite, um dia antes da seleção que ele treinava jogar uma partida pelas quartas de final de uma Copa do Mundo.

Devemos reconhecer que o futebol existe substancialmente no momento presente. As equipes se preparam para a próxima partida. "Estamos lidando com essa situação pensando apenas jogo a jogo" é, para o bem ou para o mal, um mantra do futebol. As pessoas me procuram quando percebem subitamente que sua próxima partida pode ir para os pênaltis. Fico grato por ser solicitado, e sempre satisfeito por ajudar, é claro, mas na *noite anterior* a uma quarta de final de Copa do Mundo? Não teria sido útil pensar nisso só um pouquinho antes?

Também teve a vez em que recebi um e-mail dizendo: "Oi, Geir, tem um tempinho livre semana que vem para bater um papo?". O remetente trabalhava para um clube que jogava a Champions League naquela temporada. E naquela ocasião, a noção de tempo da pessoa foi ótima. A fase eliminatória da competição seria meses depois; tempo o bastante para colocar em prática qualquer coisa que conversássemos, se eles escolhessem fazê-lo.

No horário marcado para o nosso bate-papo, abri o link do Teams e brevemente vi o rosto do meu amigo que havia me procurado. Contudo, antes mesmo que eu tivesse a chance de dizer "oi", ele pediu licença e a tela apagou. Após alguns momentos confusos, a tela voltou a mostrar a imagem dele, e ele fez uma breve panorâmica com a câmera pelo cômodo em que estava. Havia muitas pessoas lá com ele. "Estamos aqui com todos os principais integrantes da comissão técnica da equipe", disse-me ele. "E eles querem saber tudo o que há para se saber sobre pênaltis. O que pode nos dizer? Temos 45 minutos."

Descia pelo ralo o nosso bate-papo particular. Posteriormente, meu amigo pediu desculpas. Somente cinco minutos antes do horário que marcamos foi que ele soube que todos os integrantes da comissão técnica queriam participar também. Ele, então, pediu que lhe enviasse uma cobrança por aquele tempo.

Não era a primeira vez que algo assim acontecia. Alguns anos antes, eu me reunira com o diretor da academia de um clube para um "bate-papo", e ele me levou alegremente para uma sala lotada de gente, arrumou para mim uma cadeira e abriu a reunião com a seguinte fala amedrontadora: "Mostra pra gente o que você sabe!".

Também teve a vez que marcaram comigo uma reunião que eu faria com um técnico de uma seleção na suntuosa sede de uma importante associação do futebol europeu. O técnico se atrasou, então, fiquei esperando. Quando ele chegou, anunciou brevemente que só poderia me oferecer trinta minutos. Não era o ideal, mas eu sabia que ele era ocupado, e ainda havia tempo o bastante para que eu conseguisse transmitir alguma ideia. Então, ele disse que desejava começar explicando sua própria forma de enxergar os pênaltis. Naturalmente, aceitei, e ele começou a falar. E não parou mais. Depois de 28 minutos, o técnico havia apresentado toda a sua filosofia, e em detalhes. Para concluir, ele perguntou: "O que pensa sobre isso?".

Não havia muito tempo para dizer muita coisa, na verdade, mas agradeci a ele por sua apresentação, e ali encerramos a reunião. Não houve mais nenhum contato entre nós.

Essas histórias passam um pouco do que são as atitudes que ainda prevalecem no futebol, mesmo hoje em dia, quanto à ideia da preparação para os pênaltis. O futebol é caótico, volátil e focado no curto prazo. A prioridade está sempre no que é percebido como algo fundamental para vencer a próxima partida — todo o resto é adiado, inclusive cobranças de pênalti. O esporte é uma indústria multibilionária, mas em torno desse aspecto potencialmente crucial do jogo, continua estranhamente desestruturado, improvisado e reativo. Essa ausência de prioridade e estrutura também pode ser interpretada como evitação fundamental. Há exceções, e várias delas foram citadas neste livro. Mas em geral, os dirigentes, treinadores e outros responsáveis pelas tomadas de decisão nos times de futebol nunca abraçaram a conversa sobre os pênaltis e a preparação para eles. O assunto é evitado ou ignorado.

Isso é problemático. Obviamente, quando as equipes não investem tempo ou esforço na preparação para qualquer tarefa, o desempenho é prejudicado. Mas o maior problema é que muitos dos que são selecionados para fazer uma das cobranças nas disputas de pênaltis nunca receberam o devido treinamento ou apoio. Portanto, não tratar a disputa de pênaltis com seriedade, no fim das contas, expõe, prejudica e sacrifica os jogadores. Não que cobrar pênaltis em momentos decisivos seja impossível, mas também não é garantido que os jogadores vão errar. A disputa de pênaltis é uma coisa extremamente exigente, e alguém desperdiçará sua cobrança — isso é natural. Na verdade, o problema é que existe a expectativa de que os jogadores devem cobrar bem suas penalidades sob essa pressão intensa sem ajuda. Uma quantidade considerável de jogadores não aprendeu as devidas técnicas para lidar com situações como essa, não recebeu treinamento para lidar com a pressão e certamente não obteve o devido apoio de seus técnicos e integrantes das comissões técnicas de suas equipes nos minutos que antecedem os pênaltis. Esses atletas estão sendo mandados para a cova dos leões despreparados e desprotegidos.

Seria fácil culpar os técnicos. Ex-jogadores como Didier Deschamps, Luis Enrique e Hajime Moriyasu colocaram seus jogadores em situações difíceis, aparentemente armados com muito pouco para combater a pressão que encontraram. Todavia, ninguém ensinou a esses mesmos técnicos o que fazer em situações como essa. Quando eles foram jogadores, as coisas eram assim. Ninguém mostrou a eles formas eficazes de treinar, de se preparar de uma maneira abrangente e de oferecer, do jeito ideal, apoio aos jogadores que vão para uma disputa de pênaltis. O problema não são os técnicos, individualmente, tampouco os jogadores, individualmente. O problema é a cultura. O futebol é caracteristicamente tradicionalista e conservador. Tradicionalmente, considerava-se que os jogadores nasciam com ou sem a autoconfiança e a coragem necessárias para cobranças de pênalti. As ferramentas concretas para adquirir, melhorar e aplicar essa autoconfiança não fizeram parte da conversa. Precisamos quebrar esse ciclo.

Historicamente, o foco do futebol tem jazido em outros lugares. Não estou dizendo que as coisas não evoluíram em nada desde as disputas de pênaltis malucas, instintivas e não lapidadas das décadas de 1970 e 1980 discutidas no início deste livro. O que ficou claramente solidificado no início foi uma ideia da gravidade e do horror dessa disputa repleta de pressão e diferenciada — e, com ela, uma sensação de que era impossível se preparar. Os jogadores entenderam rapidamente que desperdiçar uma cobrança de pênalti era o que possivelmente definiria seu legado. Fracassar nessa incumbência pode prejudicá-los para sempre. E ainda assim, a habilidade, por si só, talvez não os salve. Os maiores superastros do futebol desperdiçaram pênaltis nos torneios mais importantes — Michel Platini e Zico na Copa do Mundo de 1986, Diego Maradona na Copa do Mundo de 1990, Marco van Basten na Eurocopa de 1992, Franco Baresi e Roberto Baggio na Copa do Mundo de 1994, Paolo Maldini e (quase) toda a seleção holandesa na Eurocopa do ano 2000, para citar apenas um punhado. Devido aos melhores entre os melhores jogadores terem fracassado tão frequente e espetacularmente nesse quesito,[1] e com consequências devastadoras, a lição para todos era óbvia: a disputa de pênaltis era uma coisa incontrolável. Era loteria. Ou você lidava com ela, ou não.

Não é de se admirar que aquelas primeiras décadas tenham sido uma época de escapismo coletivo. Quando iam para os pênaltis, e buscavam administrar esse estresse tão imenso, os jogadores, em sua maioria, escolhiam o caminho mais simples e optavam pela evitação — a mentalidade do "acabar logo com isso". Mesmo o esporte em si parecia estar em alguma espécie de negação com relação à disputa de pênaltis, buscando, por muito tempo, evitá-la pelos meios mais radicais — tentando se livrar totalmente dela. Joseph Blatter, que foi secretário-geral da FIFA de 1981 a 1998 e presidente da entidade de 1998 a 2015, nunca foi adepto da disputa de pênaltis. "O futebol é um esporte coletivo", disse ele certa vez. "E pênalti não tem nada de coletivo, pênalti é individual". É verdade, essa é uma forma normal de se olhar para os pênaltis, embora eu discorde: uma cobrança de pênalti é um acontecimento de equipe. Então, Blatter respirou fundo e descreveu-a como ele a via: "Em se tratando da final da Copa do Mundo, é paixão, e quando vai para a prorrogação, é um drama. Mas quando vai para os pênaltis, é uma tragédia".[2]

Durante todo o mandato de Blatter, ele fez uma campanha assídua para colocar outra coisa no lugar da disputa de pênaltis para ser o desempate oficial do futebol. Assim, em 1993, a FIFA apresentou o "gol de ouro", uma ocasião em que o jogo terminaria imediatamente quando fosse marcado o primeiro gol na prorrogação. Esse formato foi adotado na Eurocopa masculina de 1996 e 2000 e nas Copas do Mundo masculinas de 1998 e 2002. A final da Copa do Mundo Feminina de 2003 foi decidida com um gol de ouro aos 8 minutos da prorrogação. Contudo, no geral, o sistema aparentava paralisar as ações na prorrogação e introduzir um cuidado extremo em vez de abrir o jogo, e o formato foi abandonado, sem nenhuma reclamação particular dos torcedores.

Ainda assim, com esse recado insistente sendo transmitido pelo órgão regente do futebol, de que as disputas de pênaltis eram inerentemente a maneira errada de se decidir as partidas — e possivelmente passando apenas um curto tempo conosco —, não chega a surpreender que as equipes daquela época não tenham abraçado os pênaltis de uma maneira mais total do que fizeram. Já na década de 2000, a maioria dos técnicos fazia o que podia para evitar pensar nos pênaltis e se planejar para eles.

Pensava-se até que conversar com os jogadores sobre pênaltis criaria um problema maior, além de não resolver, e simplesmente aumentaria a já enorme ansiedade deles quanto às penalidades.

Ainda assim, mais ou menos na virada do século, as disputas de pênaltis haviam se transformado em uma característica frequente das principais competições do esporte, com muitos dos jogos mais importantes sendo decididos dessa maneira. As penalidades ficaram impossíveis de ser ignoradas. E havia alguns padrões de desempenho óbvios para todos verem: a Alemanha costumava ganhar nos pênaltis, ao passo que Inglaterra, Holanda e, em alguma medida, também a Espanha, costumavam perder. Consequentemente, agora os pênaltis também começavam a atrair o interesse de cientistas, analistas e autores. Estudos foram realizados e livros foram escritos. A pesquisa científica à época se concentrava principalmente na capacidade de os goleiros preverem a cobrança. Havia uma preocupação com os chutes em si — esquerda/direita/meio; força ou precisão — e a missão de identificar o pênalti perfeito. Na minha estante há seis livros sobre pênaltis publicados somente entre 1998 e 2005.[3] O que os pesquisadores e os escritores tinham em comum era a forte crença, às vezes discutida de maneira afrontosa,[4] de que pênalti não é loteria, e que os treinamentos beneficiam tanto os cobradores quanto os goleiros.

Esse ainda é o consenso, ainda mais entre os autoproclamados intelectuais do futebol. Entretanto, essa rejeição incondicional da faceta incontrolável dos pênaltis é uma faca de dois gumes. Embora a convicção contrária de que pênalti *não* é loteria ressalte totalmente o valor da habilidade e coloque a ênfase de volta na preparação, ela negligencia indiretamente a percepção igualmente correta de que partes de uma cobrança de pênalti estão, de fato, além da capacidade de controle dos jogadores. O acaso desempenha um papel mais importante no resultado de uma cobrança de pênalti do que no resultado de um jogo inteiro, e a menos que um jogador esteja no nível de proficiência dos melhores cobradores de pênaltis do mundo, pode fazer quase tudo certo na hora de cobrar um pênalti e ainda assim desperdiçá-lo. É claro que, para os cobradores de pênaltis, quando estão de pé ao lado da bola, é benéfico ter 100% de confiança em si mesmo e em sua habilidade, rejeitando totalmente a influência do acaso. Apesar disso, no que diz respeito à preparação e aos treinamentos, precisamos reconhecer o elemento de sorte e a percepção de pouco controle que podem infiltrar-se, para ajudar os jogadores a lidar melhor com o aspecto psicológico das cobranças de pênalti e a se preparar para elas. Além disso, os técnicos que utilizam a "metáfora da loteria" após uma disputa de pênaltis perdida, onde um ou mais de seus jogadores desperdiçaram sua(s) cobrança(s), pelo menos fazem algo para proteger seus jogadores. Não foram capazes de protegê-los antes dos pênaltis (pelo que, é claro, eles deveriam ter assumido mais responsabilidade), mas fazem o que podem para tirar a responsabilidade dos que desperdiçaram depois. Embora isso perpetue a percepção de que os pênaltis são incontroláveis, pelo menos alguém defendeu os jogadores.

A revolução dos dados que varreu os esportes profissionais ao longo da última década, ou mais ou menos isso, trouxe mais uma onda de pesquisas e livros publicados sobre cobranças de pênaltis.[5] Isso, também, sem dúvida, impactou os treinos em áreas como direcionamento da bola, posicionamento do goleiro e a dinâmica cobrador de pênalti-goleiro (teoria dos jogos). Porém, essas análises tendem a transmitir os números sem o entendimento contextual e psicológico. Ironicamente, na minha experiência, alguns dos mais francos promotores dos dados e das análises minuciosas dos números no que diz respeito aos pênaltis são ainda mais tendenciosos em seu pensamento do que aqueles que ficaram empacados na época anterior do "pênalti é loteria". Acredito que isso é normal e humano, e o segredo será sempre reconhecer seus próprios conceitos já formados e agir com eles em mente (como tentei fazer no decorrer deste livro com alguns dos meus próprios conceitos já formados; por exemplo, meu fascínio pela análise do comportamento, o que pode me levar a atribuir significado a comportamentos que, na verdade, são arbitrários).

Para uma demonstração clara do perigo de adotar uma análise puramente baseada em dados, consideremos a adoção, no futebol como um todo, do conceito de "vantagem do primeiro a cobrar", uma noção originalmente concebida pelo economista espanhol Ignacio Palacios-Huerta. Ele chegou à conclusão de que vencem 61% das equipes que começam a fazer as cobranças em uma disputa de pênaltis, e desde a publicação dessa descoberta em 2010, muito poucos capitães escolheram *não* cobrar primeiro quando ganham no cara ou coroa. Além disso, essa pesquisa quase produziu uma alteração no formato da disputa de pênaltis, em que foi discutido que seria mais justo trocar as cobranças alternadas (formato AB) pelo formato ABBA, no qual, após a primeira cobrança, as equipes cobram pares consecutivos de pênaltis. No entanto, quando foram publicados estudos com amostras de dados maiores e atualizados, a vantagem do primeiro a cobrar encolheu de forma progressiva e drástica, com um dos estudos mostrando 55% de vitórias[6] para os que cobraram primeiro, outro mostrando 51%[7], e um terceiro estudo, que é o maior deles, com dados mais recentes, mostrando 49%.[8] Não existe mais a vantagem do primeiro a cobrar. Os times, na prática, parecem ter encontrado uma maneira de compensar e eliminar o impacto do efeito do primeiro a cobrar e neutralizar a sorte do cara ou coroa. A mudança de formato foi discretamente descartada. Os seres humanos nunca são tão simples quanto os números produzidos por softwares de estatísticas. As pessoas aceitam e se adaptam com uma velocidade atualmente maior do que jamais se viu. Assim, o que foram descobertas fundamentais alguns anos atrás não são mais necessariamente perceptíveis. Observações antigas ficam desatualizadas muito rapidamente, os dados precisam ser constantemente atualizados, e as conclusões, revisadas. Minha pesquisa não é exceção. Convido pesquisadores com melhores conjuntos de dados, análises mais precisas e ferramentas estatísticas mais sofisticadas do que as minhas a contestar e replicar as observações apresentadas neste livro. Torço para que algumas descobertas e princípios sobrevivam, mas sei que outros cairão por terra.

Dito isso, a psicologia agora fez sua entrada hesitante na cena. Alguns cobradores de pênaltis hoje em dia se concentram em mais do que apenas a mecânica de suas cobranças. Eles descobriram formas de alcançar uma sensação de controle na marca do pênalti. Enquanto isso, os goleiros identificaram métodos de manipular e perturbar os adversários de uma forma que — como vimos — Maquiavel se levantaria do túmulo para tomar nota. Os jogadores, por sua vez, descobriram maneiras engenhosas de proteger seus companheiros de equipe dessas táticas maquiavélicas. Muitas das principais equipes europeias atualmente elaboram não só uma lista de cobradores de pênaltis (o que a maioria das equipes faz há algum tempo), como também uma lista com dois ou três protetores designados para esses cobradores. Alguns técnicos pioneiros inventaram métodos de simular a pressão nos treinamentos e encontraram formas de se comunicar de maneira ideal quando enviam seus jogadores para a zona de guerra de uma disputa de pênaltis. As equipes e organizações têm conseguido integrar a pesquisa na prática, informar seus jogadores com as dosagens adequadas e executar o pacote completo para obter o máximo impacto possível.

Contudo, é chegado o momento de ampliar e expandir essa nova e mais ponderada abordagem psicológica da disputa de pênaltis. Isso não significa tirar a pressão ou a intensidade do duelo competitivo entre o cobrador da penalidade e o goleiro. Tampouco significa chegar a um ponto em que os jogadores nunca mais desperdicem pênaltis. O jogo psicológico reside mais em aceitar e lidar com a vulnerabilidade e a pressão inerentes a essas situações do que em simplesmente sucumbir a elas. Isso envolve desenvolvimento de habilidades, estratégias de controle, trabalho em equipe, treinamento de qualidade para pressão e comunicação e apoio sensíveis por parte do técnico. Felizmente, a nova geração de jogadores de futebol de elite e de jovens técnicos progressistas está bem equipada para esse desenvolvimento. Eles têm um nível de acesso a recursos pela internet, filmagens de jogos e melhores práticas que são diferentes das que todas as gerações anteriores tiveram. São estudantes apaixonados pelo jogo. E também o são as melhores organizações. Assim como algumas equipes na última década elevaram significativamente seu aproveitamento nas bolas paradas (cobranças de escanteio, de falta, de lateral) para novos níveis de sofisticação e impacto, contratando técnicos especializados e dedicando tempo a treinos de qualidade, acredito que veremos, daqui em diante, algo semelhante acontecer com os pênaltis.

A psicologia desempenhará um papel cada vez mais importante em tudo isso. Aprenderemos a apreciar mais plenamente como uma disputa de pênaltis é muito mais do que apenas uma série de cobranças de penalidades: como também envolve comportamentos pré-cobrança, linguagem corporal, relacionamentos interpessoais, comunicação; como é um acontecimento inteiramente cognitivo, emocional e social. Os jogadores de elite de hoje em dia ficam muito mais à vontade com a psicologia se comparados aos da geração anterior. Não se importam em mostrar sua própria vulnerabilidade, e sendo assim, estão abertos ao que a psicologia pode mostrar e ensinar a eles nessa área. Como vimos, quando Erling Haaland fala sobre cobrar pênaltis importantes, ele não hesita em explicar o quanto fica nervoso. Essa facilidade em expressar sua própria ansiedade teria sido inimaginável para os atacantes mais importantes de antigamente.

Mas isso também revela uma verdade sobre a disputa de pênaltis — e possivelmente uma das principais razões pelas quais esse espetáculo fala conosco tão profundamente. Em um drama de alto risco onde tudo está em jogo, os cobradores de pênaltis deixam seus companheiros de equipe e ficam sozinhos com a bola. Nesse momento, nós os vemos, antes de mais nada, como seres humanos — pessoas colocadas sob pressão, sujeitas a toda a gama de emoções a que as pessoas sob pressão estão sujeitas, e se esforçando ao máximo para lidar com a situação e sair ilesas. E todos nós podemos nos solidarizar intimamente com isso. A pressão deles é a nossa pressão.

Agradecimentos

Este livro, assim como seu personagem principal, o pênalti, pode parecer um esforço individual visto de fora, porém, na verdade, é um esforço coletivo, com contribuições fundamentais de muitos.

Em primeiro lugar, estou muito grato por Rebecca Nicolson e a New River Books terem iniciado as conversas. Outros tentaram criar este livro comigo, mas nenhum deles foi tão persuasivo ou convincente quanto Rebecca. Foi uma honra e um prazer colaborar com ela.

Também sou grato a Aurea Carpenter e Giles Smith pela assistência prestada em diversas fases na edição do texto, e a Susanna Lea e sua equipe, por levarem o livro a um público internacional mais amplo.

Arsène Wenger é um dos maiores pioneiros globais da psicologia do futebol e tem sido uma inspiração há décadas. Fico grato e orgulhoso por suas contribuições.

As pessoas envolvidas no futebol no mais alto nível podem ser muito fechadas e restritivas quanto ao que pensam, sentem e fazem, sobretudo quando se trata de segredos do ofício que terceiros podem explorar. Obrigado por se arriscarem e compartilharem suas ideias: Celso Borges, Yasuhito Endō, Erling Braut Haaland, Niklas Häusler, Alex Hodgins, Robert Lewandowski, Chris Markham, Maren Mjelde, Zećira Mušović, Ørjan Nyland, Fabi Otte, Hope Powell e Martin Ødegaard.

Obrigado pela ajuda: Frank Abrahamsen, Kaori Araki, Aksel Bergo, Christine Bolger, Lars Brotangen, Jan-Erik Buskerud, Thomas Cooper, Maud Craigie, Kuba Galanty, Peter Haberl, Thomas Elinam Jenssen, Pål Arne Johansen, Filip Kopeć, Bjørn Mannsverk, Alan McCall, Scott McLachlan, Anders Meland, Gareth Morgan, Barry Pauwels, Hans Erik Ramberg, Hege Riise, Jaeson Rosenfeld, Atle Røsseland, Christian Schönsberg, Sebastian Høyvik Skjold, Kenny Stamatopoulos, Viggo Strømme, Leif Gunnar Smerud, Bjørn Frode Strand, Rachel Vickery, Krzysztof Waloszczyk, Tania Wight, Takuma Yamanaka e Egil Østenstad, bem como Lone Friis Thing, Kristin Andersen, e meus grandes colegas do Departamento de Esporte e Ciências Sociais da Escola Norueguesa de Ciências do Esporte.

O livro também é o ápice de anos e anos de pesquisas acadêmicas, das quais notáveis contribuintes foram Marije Elferink-Gemser, Esther Hartman, Chris Visscher, Koen Lemmink, Gert-Jan Pepping, Tjerk Moll, Einar Sigmundstad, Philip Furley, Matt Dicks e Foppe de Haan.

Só que o livro nem sequer existiria se não fosse a brilhante Yanique Fletcher, com suas perspectivas realmente abrangentes, seu olhar de perita para detalhes e seu apoio incrível constantemente presentes durante todo o processo.

Notas

Todos os detalhes de todas as referências resumidamente registradas aqui podem ser encontrados na bibliografia à pág. 319.

1 FIFA (2023)
2 Tartaglione (2022)
3 Baseado no estudo de 6.853 partidas das seis principais competições europeias (campeonatos inglês, italiano, alemão, holandês, espanhol e Champions League) de cinco temporadas (2015-2016 até 2019-2020), Veldkamp & Koning (2023).
4 Edgar (2022)
5 MrFrandefoot (2009)
6 FIFA (2022)
7 Wilbert-Lampen et al. (2008)
8 Witte et al. (2000)
9 Vide meta-análise de 13 estudos de Lin et al. (2019) e meta-análise de 19 estudos de Wang et al. (2020).
10 Pearce (2000), p. 3
11 Jordet & Elferink-Gemser (2012)
12 Russell & Lightman (2019); Rohleder et al. (2007)
13 Rogers et al. (2003)
14 Jafari et al. (2017); Stephenson et al. (2022)

15 Shields et al. (2016)

16 Stephenson et al. (2022); Balk et al. (2013)

17 Jordet et al. (2008)

18 Jordet & Elferink-Gemser (2012)

19 Martens et al. (1990)

20 Guardian Sport (2021)

21 Rashford & Anka (2021)

22 Ela fez uma pausa mais longa para a última cobrança de pênalti antes da Copa do Mundo contra Louisville — 7,5 segundos. Porém, naquela cobrança, ela estava arrumando o calção quando a árbitra apitou e terminou de fazer isso antes de começar a corrida de aproximação da bola. Como o objetivo de mostrar esses tempos de pausa é demonstrar a preparação cognitiva, e não o tempo de arrumar roupas e equipamentos, esse pênalti foi excluído do diagrama.

23 Existem vários nomes para essas teorias, por exemplo, "voltar-se para teorias", monitoração explícita ou processamento consciente (Gray, 2020). Para simplificar, me referirei a essas teorias simplesmente como excesso de preocupação.

24 Baumeister (1984)

25 Beilock et al. (2002)

26 Slutter et al. (2021)

27 Entrevista com o jogador holandês após a disputa de pênaltis entre Holanda e Nigéria na Copa do Mundo Sub-20 de 2005.

28 Wegner et al. (1998)

29 Bakker et al. (2006); Binsch et al. (2010)

30 Vickers (1996)

31 Lebeau et al. (2016)

32 Giancamelli et al. (2022)

33 Brimmell et al. (2019); Moore et al. (2013)

34 Eysenck et al. (2007); Wilson et al. (2009)

35 Hayes et al. (1996); Gardner & Moore (2004)

36 Watzlawick et al. (1967)

37 FIFA (2022)

38 Jordet & Hartman (2008)

39 Jordet (2009a)

40 Furley et al. (2012); Furley et al. (2012); Greenlees et al. (2008); Laurin & Pellet (2023)

41 Bijlstra et al. (2020)

42 FIFA (2022)

43 Tanto os defensores quanto os meias marcam mais cobranças quando olham para o goleiro durante a aproximação, mas não de forma significativa.

44 Furley & Roth (2021)

45 Jordet, Hartman & Sigmundstad (2009)

46 Lonsdale & Tam (2008)

47 Jackson (2003)

48 WorldRugby (2021)

49 Stein (1997), p. 1

50 Southgate et al. (2003), p. 191

51 Gerrard (2006), p. 420

52 Gucciardi et al. (2010); Hill et al. (2010)

53 Berns et al. (2006); Mischel et al. (1969)

54 Story (2014)

55 Jordet et al. (2009)

56 Masculino: Eurocopa de 2020, Olimpíadas de 2020, Copa América de 2021, AFCON de 2022, Copa do Mundo de 2022. Feminino: Olimpíadas de 2020, Eurocopa de 2022, Copa do Mundo de 2023.

57 Soccer Illustrated (1994). Todavia, devido aos métodos de medição utilizados na década de 1990, a quantidade real pode ter sido consideravelmente menor.

58 Baggio (2022)

59 Arrondel et al. (2019)

60 Vollmer et al. (2023)

61 Publicado primeiramente por Jordet & Hartman (2008), atualizado com todas as disputas de pênaltis nos mesmos torneios até 2023.

62 As equipes tendem a colocar seus cinco melhores cobradores para bater os cinco primeiros pênaltis, e parece razoável supor que são os cobradores de pênaltis menos habilidosos que frequentemente sobram para as cobranças alternadas, havendo uma preponderância maior desses em uma disputa de pênaltis a partir da cobrança número seis, o que distorceria esses números. Já quando repetimos a análise utilizando apenas as cinco primeiras cobranças, existe uma relação ainda mais forte entre o

tipo de cobrança e o resultado (58% negativo, 72% neutro e 87% positivo), em que a diferença entre as cobranças negativas e neutras também é significativa.

63 Arrondel et al. (2019)

64 Vollmer et al. (2023)

65 Sky Sports (2009)

66 AFP (2022)

67 Lyttleton (2021)

68 White & Murphy (2023)

69 Ball & Shaw (1996), p. 178

70 Navia et al. (2019)

71 Jordet et al. (2006)

72 CIES Football Observatory (2022)

73 Deux-Zero (2023)

74 Dados obtidos em transfermarkt.com

75 Esta taxa de conversão e as seguintes estão em transfermarkt.com

76 Jordet (2009b)

77 Almeida & Volossovitch (2023)

78 Brinkschulte et al. (2023)

79 Wunderlich et al. (2020)

80 Horn et al. (2021); Almeida & Volossovitch (2023)

81 Bar-Eli et al. (2007)

82 Farkas (2023)

83 As citações de Lewandowski constantes deste livro nunca chegaram à versão final do filme, mas estão publicadas aqui com permissão dos produtores do filme e do próprio Lewandowski.

84 Curiosamente, os goleiros acertaram somente sete dessas cobranças (33%). Isso pode indicar que Lewandowski teve um pouco de sorte e que sua taxa de conversão em cobranças que independem da movimentação do goleiro está um tanto inflada.

85 Mukherjee (2022)

86 Hayters TV (2018)

87 Cotterill (2010); Perry & Katz (2015); Hill et al. (2010); Hazell et al. (2014); Cohn et al. (1990)

88 Rupprecht et al. (2021)

89 Jordet et al. (2009)

90 Hustad (2018)

91 Horsinek & Barth (2019)

92 Logicamente, já que geralmente ele está parado perto da bola quando o árbitro apita e demora um tempo para recuar.

93 Robazza et al. (1998). Contudo, as exigências físicas da tensão prolongada do arco podem ter contribuído para os efeitos citados.

94 60 Minutes (2023)

95 Balban et al. (2023)

96 Honigstein (2021)

97 A partir de conversas com Rachel Vickery, treinadora de respiração e consultora de desempenho mental para equipes de elite de diferentes esportes, como o Golden State Warriors da NBA.

98 Na verdade, a palavra que ele usou não foi "incrivelmente", e sim "grævla", que é uma palavra de força, ou palavrão, local, utilizada somente na área da Noruega de onde Erling Haaland veio, na cidade de Bryne na região de Jæren.

99 A expressão "nervoso pra cacete" é uma tradução quase direta do termo norueguês que ele usou: "Dritnervøs".

100 Baseado nas palavras de Mark Twain, Heshmat (2022)

101 Rotella & Lerner (1993), p. 536

102 60 Minutes (2023)

103 Jackson & Delehanty (1995)

104 Jordet (2009a). Observe que tendências semelhantes foram encontradas em jogadores de outras equipes com histórico anterior de derrotas em disputas de pênaltis (Jordet et al. 2011).

105 Jordet & Elferink-Gemser (2012)

106 Ahmed (2017)

107 O prêmio concedido pela France Football ao goleiro com melhor desempenho no ano.

108 Maheshwari (2021)

109 Vignolo (2023)

110 Ben & Gabe (2023)

111 Para ser justo, a seleção holandesa participou ativamente desses joguinhos psicológicos, e pode até tê-los iniciado, quando seu goleiro Andries Noppert enfrentou Messi na primeira cobrança da Argentina. Contudo, a desavença entre as equipes começou

muito antes disso, com confrontos intensos durante a partida e comentários ofensivos nas coletivas de imprensa antes do jogo.

112 Vignolo (2023)

113 LFC History (2023)

114 LFC History (2023)

115 FIFA (2022)

116 Geleit (2022)

117 Wood & Wilson (2010)

118 Furley et al. (2017)

119 Essa diferença simplesmente não foi estatisticamente significativa (p=0,056). Um teste mais sensível e detalhado do desempenho do goleiro (baseado em Dicks et al., 2010) mostrou uma diferença significativa (p=0,029). No entanto, isso sugere que a diferença observada não é tão expressiva.

120 Ramsdale contra Manchester United, 2 de dezembro de 2021, e Gabriel contra Manchester City, 1º de janeiro de 2022

121 Contra Liverpool, 28 de agosto de 2021

122 Contra West Ham, 20 de outubro de 2022

123 Contra Brighton, 23 de abril de 2023 (na disputa de pênaltis)

124 Contra Brentford, 18 de setembro de 2021

125 Guus Hiddink quase conseguiu fazer isso antes de van Gaal quando se preparava para substituir o goleiro da Austrália na partida classificatória para a Copa do Mundo de 2006 contra o Uruguai. O goleiro reserva da Austrália, Zeljko Kalac, com impressionantes 2,02 metros de altura, teria sido um adversário intimidador em uma cobrança de pênalti. Ele estava se aquecendo durante o segundo tempo da prorrogação, pronto para entrar, quando uma contusão obrigou Hiddink a fazer mais uma substituição no final do jogo, levando-o a abortar seu plano. No final, deu tudo certo para Hiddink: seu goleiro titular, Mark Schwarzer, defendeu duas cobranças e a Austrália se classificou para jogar a Copa do Mundo.

126 Roth et al. (2019)

127 Conmy (2005); McDermott & Lachlan (2021)

128 Svenson (1981)

129 Conmy et al. (2013)

130 Yip et al. (2018)

131 Com base em 29 gols após 33 tentativas antes dos dois pênaltis que serão descritos aqui.

132 Van de Vooren (2006)

133 Budgen (2022)

134 Estudo original realizado por Masters et al. (2007); depois replicado por Weigelt et al. (2012), Weigelt & Memmert (2012), Noel et al. (2016) e Noel et al. (2015).

135 Minha recomendação baseada na interpretação dos estudos citados acima, bem como em Memmert et al. (2020).

136 Masters et al. (2010)

137 Brinkschulte et al. (2023)

138 Engber (2005)

139 Sports Illustrated (2012)

140 Engber (2015)

141 Wolfers (2015)

142 Benz (2019)

143 Por fim, eles jogaram cara ou coroa. Quando Ferdinand venceu, pareceu hesitar por um instante, depois se virou para sua equipe e gritou: "Gaffer, ei, prefere cobrar primeiro?". Ele repetiu a pergunta mais três vezes enquanto Terry, impaciente, começava a puxar a camisa de Ferdinand, na tentativa de fazê-lo decidir mais rapidamente.

144 Jordet et al. (2009)

145 Berry & Wood (2004)

146 Goldschmied et al. (2010)

147 Hsu et al. (2019)

148 Veldkamp & Koning (2023)

149 Eysenck et al. (2007); Hsu et al. (2008)

150 Wilson & Richards (2011)

151 Oettingen et al. (2012)

152 IFAB (2023)

153 Kerchnar (2015); Kerchnar (2018); Johnson & Taylor (2018)

154 UEFA (2021)

155 Renard não ofereceu o mesmo apoio às duas jogadoras francesas que haviam desperdiçado suas cobranças anteriormente, e com Becho já era tarde demais — a Austrália marcou mais um gol e venceu a disputa de pênaltis.

156 Foram necessários 48 pênaltis para decidir a final da Copa da Namíbia de 2005 entre KK Palace e Civics, com alguns jogadores de ambos os times tendo que cobrar três pênaltis e a disputa durando quase tanto tempo quanto a partida em si. Esse foi o recorde das disputas de pênaltis até 2022, quando as equipes inglesas de fora da liga, Washington e Bedlington, cobraram 54 pênaltis (49 convertidos) para decidir um empate na primeira rodada da Memorial Cup.

157 Weick & Sutcliffe (2007)

158 Helmreich (2000)

159 Weick & Sutcliffe (2007); Reason (2000)

160 Conseguimos entrevistar oito dos dez jogadores que participaram da disputa de pênaltis.

161 Baumeister & Leary (1995)

162 Eisenberger & Cole (2012)

163 Uchino & Garvey (1997)

164 Ditzen et al. (2008)

165 A primeira vez que Filipe Luís assumiu essa função foi em 20 de agosto de 2020, quando o Flamengo teve um pênalti marcado a seu favor aos 41 minutos do segundo tempo, em casa, contra o Grêmio, quando estava perdendo por 1 x 0. Gabriel Barbosa (Gabigol) fez o gol e o Flamengo empatou.

166 Roberts (2009)

167 Graham et al. (2005)

168 Fox & Sobol (2000)

169 Hobbs et al. (2002)

170 Graham (2000)

171 Henderson (2022), p. 4

172 Coincidentemente, as duas cobranças de Henderson foram contra o mesmo goleiro, David Ospina.

173 Chelsea FC (2022)

174 Kelly (2023)

175 Tracy et al. (2023)

176 FIFA (2022)

177 Moll et al. (2010)

178 Observe que a cobrança de Maradona acima não foi incluída seguindo esses critérios, pois a Argentina estava à frente no placar no momento de sua cobrança.

179 Furley et al. (2015)
180 Morrison (2016)
181 Doms (2017)
182 Crooks (2022)
183 Sky Sport Austria (2019)
184 Nicol (2023)
185 Ricotta (2016)
186 Pardon (2023)
187 McTear (2023)
188 Cruyff (2012)
189 NTV (2019)
190 Purewal (2021)
191 Nair (2022)
192 Purewal (2021)
193 Victor (2022)
194 GetFootball (2022)
195 Inside FIFA (2023)
196 Para mais informações, veja Hiddink & Jordet (2019)
197 Van den Nieuwenhof (2006), p. 145
198 Long (1980); Fletcher & Arnold (2021)
199 Calabrese et al. (2007)
200 Taleb (2012); Kiefer et al. (2018)
201 Russo et al. (2012); Fletcher & Arnold (2021)
202 Parker et al. (2004); Parker et al. (2005); Lyons & Parker (2007)
203 Krishnan et al. (2007); Berton et al. (2007); Greenwood & Fleshner (2008)
204 Fletcher & Arnold (2021)
205 Neff & Broady (2011)
206 Collins et al. (2016); Hardy et al. (2017); Howells & Fletcher (2015); Sarkar et al. (2015); Savage et al. (2017); van Yperen (2009)
207 Hardy et al. (2017)
208 Van Yperen (2009)
209 Collins et al. (2016)
210 Collins & MacNamara (2012)
211 Oudejans & Pijpers (2009); Oudejans & Pijpers (2010)

212 Gröpel & Mesagno (2017)
213 Kent et al. (2018)
214 Low et al. (2021)
215 Fletcher & Arnold (2021)
216 Owusu-Sekyere & Gervis (2016)
217 Fletcher & Arnold (2021)
218 Stoker et al. (2016)
219 Fletcher & Arnold (2021)
220 TalkSPORT (2021)
221 Bloechle et al. (2024)
222 Jordet & Elferink-Gemser (2012)
223 Ellis & Ward (2022)
224 Berander et al. (2021)
225 Tribuna (2019)
226 Noticias & Protagonistas (2022)
227 Phillips (2022)
228 All About Argentina (2024)
229 Noticias & Protagonistas (2022)
230 Chiatorrini (2022)
231 Hannah et al. (2009)
232 Baumeister et al. (2007); Dolinski (2018)
233 Banks et al. (2023)
234 Gilbert & Trudel (2004)
235 Gerenciar pessoas e se comunicar com elas é excepcionalmente complexo, é claro, e não tenho a ilusão de que eu esteja prestes a identificar um estilo único de gestão sob pressão que sirva para todas as situações e que funcione com todos os gestores e grupos, em todos os níveis, culturas e casos. Além disso, o universo amostral é restritivamente pequeno (cinco disputas de pênaltis, mas apenas oito técnicos e seleções diferentes, porque Argentina e Croácia, cada uma delas, participaram de duas).
236 Crossculture2go (2024)
237 Yomiuri (2023)
238 Quaile (2022)
239 Jordet & Elferink-Gemser (2012); Furley et al. (2020)
240 Mavletova & Witte (2016)

241 Powell (2016)

242 Jordet & Elferink-Gemser (2012)

243 Tembah (2023)

244 James & Wooten (2010)

245 Vroom & Yetton (1973)

246 Fodor (1978)

247 Mulder et al. (1986)

248 Rosing et al. (2022)

249 Hannah et al. (2009)

250 New Paradigm (2022)

251 Gilberto (2020)

252 Gilberto (2020)

253 Senju & Johnson (2009)

254 Noticias & Protagonistas (2022)

255 Jogadores altamente renomados desperdiçam mais pênaltis do que jogadores com níveis de habilidade comparáveis, mas com menor visibilidade pública (Jordet, 2009b).

256 Doyle (2006)

257 Em inglês: "He always puts it to the right: A history of the penalty kick" (de Clark Miller, que infelizmente faleceu enquanto concluía o último capítulo, publicado em 1998), "On penalties" (Andrew Anthony, 2000) e "How to take a penalty: The hidden mathematics of sport" (Rob Eastaway & John Haigh, 2005); em holandês: "De strafschop: Zoektocht naar de ultieme penalty" (Gyuri Vergouw, 2000) e "Penalty: Het trauma van Oranje" (Henri van der Steen, 2004); em alemão: "Elfmeter: Kleine Geschichte einer standardsituation" (René Martens, 2003).

258 Ninguém mais do que o escritor holandês Gyuri Vergouw.

259 Em inglês: "Twelve Yards: The art and psychology of the perfect penalty" (de Ben Lyttleton, 2014) e "Beautiful game theory: How soccer can help economics" (Ignacio Palacios-Huerta, 2014; um livro que não trata inteiramente de pênaltis, mas com trechos proeminentes sobre o assunto); em holandês: "Duel in de zestien: De penalty wetenschappelijke ontleed" (Geert Savelsbergh & John van der Kamp, 2014); em alemão: "Elfmeter: Die psychologie de strafstosses" (Daniel Memmert & Benjamin Noël, 2017).

260 Rudi et al. (2020)

261 Santos (2023)

262 Vollmer et al. (2023)

Bibliografia

60 Minutes. "'Ainda que não haja contato físico no tênis, há muito contato visual', diz Novak Djokovic. Ele [...]". [Tweet]. X. Disponível em: <https://twitter.com/60Minutes/status/1734022929141158153?s=20>. Acesso em: 8 out.2024.

Ahmed, M. "How to save a penalty: The truth about football's toughest shot". *Financial Times*, 16 mar. 2017. Disponível em: <https://www.ft.com/penalties>. Acesso em: 8 out. 2024.

AFP. "Van Gaal says World Cup exit on penalties 'incredibly painful'". *New Straits Times*. Disponível em: <https://www.nst.com.my/sports/football/2022/12/859466/van-gaal-says-world-cup-exit-penalties-incredibly-painful>. Acesso em: 8 out. 2024.

All About Argentina. "Vídeo não editado de Lionel Scaloni logo após a derrota para a Arábia Saudita, com legendas em inglês. Você não pode perder. UAU!". [Tweet]. X. <https://twitter.com/AlbicelesteTalk/status/1749326028433186832?s=20>. Acesso em: 8 out. 2024.

Almeida, C. H.; Volossovitch, A. "Multifactorial analysis of football penalty kicks in the Portuguese First League: A replication study". *International Journal of Sports Science & Coaching*, v. 18, n. 1, p. 160-175, 16 fev. 2022. Disponível em: <https://journals.sagepub.com/doi/full/10.1177/17479541221075722>. Acesso em: 8 out. 2024.

Anthony, A. *On Penalties*. [s.l.] Random House, 2011.

Argentina coach Lionel Scaloni talks to Coaches Forum about FIFA World Cup™ campaign. *Inside FIFA*, 9 maio 2023. Disponível em: <https://www.fifa.com/technical/news/

argentina-coach-lionel-scaloni-talks-to-coaches-forum-about-fifa-world-cup-campaign>. Acesso em: 8 out. 2024.

"Argentina coach Scaloni reveals the change in Argentina's style!". *Tembah Football*, 10 maio 2023. Disponível em: <https://tembah.net/en/news?nid=32126>. Acesso em: 8 out. 2024.

Arnold, R.; Fletcher, D. *Stress, well-being, and performance in sport*. Nova York, NY: Routledge, 2021.

Arrondel, L.; Duhautois, R.; Laslier, J.-F. "Decision under psychological pressure: The shooter's anxiety at the penalty kick". *Journal of Economic Psychology*, v. 70, p. 22-35, jan. 2019.

Azpilicueta reveals how he helped Havertz and expresses pride at completing the set. *Chelsea Football Club*, 13 fev. 2022. Disponível em: <https://www.chelseafc.com/en/news/article/azpi-reveals-how-he-helped-havertz-and-expresses-pride-at-comple>. Acesso em: 8 out. 2024.

Baggio, R. "My penalty miss cost Italy the World Cup?". *The Guardian*, 19 maio 2002. Disponível em: <https://www.theguardian.com/sport/2002/may/19/worldcupfootball2002.football>. Acesso em: 8 out. 2024.

Bakker, F. C.; Oudejans, R. R. D.; Binsch, O.; Kamp, J. V. D. "Penalty shooting and gaze behavior: Unwanted effects of the wish not to miss". *International Journal of Sport Psychology*, v. 37, p. 265-280, 1 abr. 2006.

Balban, M. Y. et al. "Brief structured respiration practices enhance mood and reduce physiological arousal". *Cell Reports Medicine*, v. 4, n. 1, 17 jan. 2023. Disponível em: <https://www.sciencedirect.com/science/article/pii/S2666379122004748?via%3Dihub>. Acesso em: 8 out. 2024.

Balk, Y. A. et al. "Coping under pressure: Employing emotion regulation strategies to enhance performance under pressure". *Journal of Sport and Exercise Psychology*, v. 35, n. 4, p. 408-418, ago. 2013. Disponível em: <https://www.researchgate.net/publication/256076286_Coping_Under_Pressure_Employing_Emotion_Regulation_Strategies_to_Enhance_Performance_Under_Pressure>. Acesso em: 8 out. 2024.

Ball, P.; Shaw, P. *The Umbro book of football quotations*. Londres: Ebury, 1996.

Banks, G. C.; Woznyj, H. M.; Mansfield, C. A. "Where is 'behavior' in organizational behavior? A call for a revolution in leadership research and beyond". *The Leadership Quarterly*, v. 34, n. 6, p. 101581, dez. 2023. Disponível em: <https://www.sciencedirect.com/science/article/pii/S1048984321000862>. Acesso em: 8 out. 2024.

Bar-Eli, M. et al. "Action bias among elite soccer goalkeepers: The case of penalty kicks". *Journal of Economic Psychology*, v. 28, n. 5, p. 606-621, out. 2007. Disponível em: <https://www.sciencedirect.com/science/article/pii/S0167487006001048>. Acesso em: 8 out. 2024.

Baumeister, R. F. "Choking under pressure: Self-consciousness and paradoxical effects of incentives on skillful performance". *Journal of Personality and Social Psychology*, v. 46, n. 3, p. 610-620, mar. 1984. Disponível em: <https://pubmed.ncbi.nlm.nih.gov/6707866/>. Acesso em: 8 out. 2024.

Baumeister, R. F.; Leary, M. R. "The need to belong: Desire for interpersonal attachments as a fundamental human motivation". *Psychological Bulletin*, v. 117, n. 3, p. 497-529, maio 1995. Disponível em: <https://psycnet.apa.org/record/1995-29052-001>. Acesso em: 8 out. 2024.

Baumeister, R. F.; Vohs, K. D.; Funder, D. C. "Psychology as the science of self-reports and finger movements: Whatever happened to actual behavior?". *Perspectives on Psychological Science*, v. 2, n. 4, p. 396-403, dez. 2007. Disponível em: <https://journals.sagepub.com/doi/10.1111/j.1745-6916.2007.00051.x>. Acesso em: 8 out. 2024.

Beilock, S. L. et al. "When paying attention becomes counterproductive: Impact of divided versus skill-focused attention on novice and experienced performance of sensorimotor skills". *Journal of Experimental Psychology: Applied*, v. 8, n. 1, p. 6-16, mar. 2002. Disponível em: <https://psycnet.apa.org/fulltext/2002-02431-001.html>. Acesso em: 8 out. 2024.

Benz, L. "Does Arizona State's Curtain of Distraction work?". Disponível em: <https://lukebenz.com/post/asu_curtain/>. Acesso em: 8 out. 2024.

Berns, G. S. "Neurobiological substrates of dread". *Science*, v. 312, n. 5774, p. 754-758, 5 maio 2006.

Berry, S. M.; wood, C. "A statistician reads the sports pages". *CHANCE*, v. 17, n. 4, p. 47-51, set. 2004.

Berton, O. et al. "Induction of ΔFosB in the periaqueductal gray by stress promotes active coping responses". *Neuron*, v. 55, n. 2, p. 289-300, jul. 2007.

Bijlstra, G.; Furley, P.; Nieuwenhuys, A. "The power of nonverbal behavior: Penalty-takers' body language influences impression formation and anticipation performance in goalkeepers in a simulated soccer penalty task". *Psychology of Sport and Exercise*, v. 46, p. 101612, jan. 2020.

Binsch, O. et al. "Ironic effects in a penalty shooting task: Is the negative wording in the instruction essential?". *International journal of sport psychology*, v. 41, n. 2, p. 118-133, 1 jan. 2010.

Bloechle, J.-L. et al. "It's not all in your feet: Improving penalty kick performance with human-avatar interaction and machine learning". *The Innovation*, p. 100584-100584, 1 fev. 2024.

Brimmell, J. et al. "Challenge and threat states, performance, and attentional control during a pressurized soccer penalty task". *Sport, Exercise, and Performance Psychology*, v. 8, n. 1, p. 63-79, fev. 2019.

Brinkschulte, M. et al. "The obligation to succeed when it matters the most–The influence of skill and pressure on the success in football penalty kicks". *Psychology of Sport and Exercise*, v. 65, p. 102369, dez. 2022.

Bugden, S. "Andrew Redmayne reveals throwing away Peruvian goalkeeper's water bottle took a huge toll on him". *Daily Mail*, 17 jun. 2022. Disponível em: <https://www.dailymail.co.uk/sport/football/article-10925559/Andrew-Redmayne-reveals-throwing-away-Peruvian-goalkeepers-water-bottle-took-huge-toll-him.html>. Acesso em: 8 out. 2024.

Calabrese, E. J. et al. "Biological stress response terminology: Integrating the concepts of adaptive response and preconditioning stress within a hermetic dose–response framework". *Toxicology and Applied Pharmacology*, v. 222, n. 1, p. 122-128, jul. 2007.

Campeões, um ano após a conquista. Apple tv, 2023.

"Capello knows penalty takers". *Sky Sports*. Disponível em: <https://www.skysports.com/football/news/12016/5794402/capello-knows-penalty-takers>. Acesso em: 8 out. 2024.

Cohn, P. J. "Preperformance routines in sport: Theoretical support and practical applications". *The Sport Psychologist*, v. 4, n. 3, p. 301-312, set. 1990.

Collins, D.; Macnamara, Á. "The rocky road to the top". *Sports Medicine*, v. 42, n. 11, p. 907-914, nov. 2012.

Collins, D.; Macnamara, Á.; McCarthy, N. "Super champions, champions, and almosts: Important differences and commonalities on the rocky road". *Frontiers in Psychology*, v. 6, 171615, 2016.

Conmy, B. "Investigating a conceptual framework for trash talk: Cognitive and affective states". 1 jan. 2005.

Conmy, B. et al. "Trash talk in a competitive setting: Impact on self-efficacy and affect". *Journal of Applied Social Psychology*, v. 43, n. 5, p. 1002-1014, 3 abr. 2013.

COTTERILL, S. "Pre-performance routines in sport: current understanding and future directions". *International Review of Sport and Exercise Psychology*, v. 3, n. 2, p. 132-153, set. 2010.

COYLE, D. *Equipes brilhantes*. Rio de Janeiro: Sextante, 2019.

CROOKS, G. Ronny Deila aprendeu isso há 10 anos quando estava com @godset & isso ajudou o #NYCFC a conquistar a #MLS Cup. [Tweet]. X. Disponível em: <https://twitter.com/GlennCrooks/status/1489305722684907521?s=20>.

CRUYFF, J. Voetbal. Schuyt Nederland, 2012.

deux-zero.com. "Ligue 1 – Saison 2022-2023 – Penalties – Classement des tireurs de la saison". Disponível em: <https://www.deux-zero.com/ligue-1/penalties-tireurs-epreuve/edition/2022-2023>. Acesso em: 8 out. 2024.

DICKS, M.; BUTTON, C.; DAVIDS, K. "Examination of gaze behaviors under in situ and video simulation task constraints reveals differences in information pickup for perception and action". *Attention, Perception, & Psychophysics*, v. 72, n. 3, p. 706-720, abr. 2010.

DITZEN, B. et al. "Adult attachment and social support interact to reduce psychological but not cortisol responses to stress". *Journal of Psychosomatic Research*, v. 64, n. 5, p. 479-486, maio 2008.

DOLINSKI, D. "Is psychology still a science of behavior?". *Social Psychology Bulletin*, v. 13, n. 2, 2018.

DOMS, K. "Essevee bedankt Noorse psycholoog voor bekerwinst". Disponível em: <https://www.hln.be/zulte-waregem/essevee-bedankt-noorse-psy-choloog-voor-bekerwinst~a214a366/?referrer=https%3A%2F%2Fwww.google.com%2F>. Acesso em: 8 out. 2024.

DOYLE, P. "Blatter suggests scrapping shoot-outs". *The Guardian*, 27 set. 2006. Disponível em: <https://www.theguardian.com/football/2006/sep/27/newsstory.sport3>. Acesso em: 8 out. 2024.

EASTAWAY, R.; HAIGH, J. *How to take a penalty: the hidden maths of sport*. Londres: Robson, 2005.

EDGAR, B. "A history of scorelines in English football: 95 different results in 203,329 matches". www.thetimes.co.uk [s.d.].

EISENBERGER, N. I.; COLE, S. W. "Social neuroscience and health: neurophysiological mechanisms linking social ties with physical health". *Nature Neuroscience*, v. 15, n. 5, p. 669-674, 15 abr. 2012.

Ellis, L.; Ward, P. "The effect of a high-pressure protocol on penalty shooting performance, psychological, and psychophysiological response in professional football: A mixed methods study". *Journal of Sports Sciences*, v. 40, n. 1, p. 3-15, 2022.

Engber, D. "How a Slate scientist changed the NBA forever". Disponível em: <https://slate.com/culture/2005/01/how-a-slate-scientist-changed-the-nba-forever.html>. Acesso em: 8 out. 2024.

Engber, D. "Has ASU discovered the Holy Grail of free-throw distraction?". Disponível em: <https://slate.com/culture/2015/02/asu-curtain-of-distraction-has-arizona-state-university-discovered-the-holy-grail-of-free-throw-distraction.html>. Acesso em: 8 out. 2024.

Eysenck, M. W. et al. "Anxiety and cognitive performance: Attentional control theory". *Emotion*, v. 7, n. 2, p. 336-353, 2007.

Farkas, F. "Liverpool: Dominik Szoboszlai's secret weapon revealed, proving Neymar wrong". Disponível em: <https://clutchpoints.com/liverpool-news-dominik-szoboszlai-secret-weapon-neymar-wrong>. Acesso em: 8 out. 2024.

FIFA. "One Month On: 5 billion engaged with the FIFA World Cup Qatar 2022tm". Disponível em: <https://www.fifa.com/tournaments/mens/worldcup/qatar2022/news/one-month-on-5-billion-engaged-with-the-fifa-world-cup-qatar-2022-tm>. Acesso em: 8 out. 2024.

FIFA (2022). *A longa caminhada* [Série de TV]. FIFA plus. Disponível em: <https://www.plus.fifa.com/en/content/the-long-walk/cfb1f47c-42aa-4c9c-a906-766ae87afe69>.

Fodor, E. M. "Simulated work climate as an influence on choice of leadership style". *Personality and Social Psychology Bulletin*, v. 4, n. 1, p. 111-114, jan. 1978.

Fox, J. G.; Sobol, J. J. "Drinking patterns, social interaction, and barroom behavior: A routine activities approach". *Deviant Behavior*, v. 21, n. 5, p. 429-450, set. 2000.

Furley, P.; Dicks, M.; Jordet, G. "The psychology of penalty kicks". *The Psychology of Soccer*, p. 29-43, 19 mar. 2020.

Furley, P.; Dicks, M.; Memmert, D. "Nonverbal behavior in soccer: The influence of dominant and submissive body language on the impression formation and expectancy of success of soccer players". *Journal of Sport and Exercise Psychology*, v. 34, n. 1, p. 61-82, fev. 2012.

Furley, P. et al. "'Get it out the way. The wait's killing me.' Hastening and hiding during soccer penalty kicks". *Psychology of Sport and Exercise*, v. 13, n. 4, p. 454-465, jul. 2012.

FURLEY, P.; MOLL, T.; MEMMERT, D. "'Put your Hands up in the Air?' The interpersonal effects of pride and shame expressions on opponents and teammates". *Frontiers in Psychology*, v. 6, 8 set. 2015.

FURLEY, P.; NOËL, B.; MEMMERT, D. "Attention towards the goalkeeper and distraction during penalty shootouts in association football: A retrospective analysis of penalty shootouts from 1984 to 2012". *Journal of Sports Sciences*, v. 35, n. 9, p. 873-879, 13 jun. 2016.

FURLEY, P.; ROTH, A. "Coding body language in sports: The nonverbal behavior coding system for soccer penalties". *Journal of Sport & Exercise Psychology*, v. 43, n. 2, p. 140-154, 1 abr. 2021.

Fine Art Of The Free Throw Distraction. Disponível em: <https://www.si.com/college/2012/02/13/13fine-art-of-the-free-throw-distraction#gid=ci0255c941900425l5&pid=utah-state-fans>. Acesso em: 8 out. 2024.

G.S. VERGOUW. *De strafschop*. [s.l: s.n.].

GARDNER, F. L.; MOORE, Z. E. "A mindfulness-acceptance-commitment-based approach to athletic performance enhancement: Theoretical considerations". *Behavior Therapy*, v. 35, n. 4, p. 707-723, 2004.

GELEIT, L. "'It was discussed weeks prior': Aussie hero Redmayne opens up on water bottle tactic". SEN, 2022. Disponível em: <https://www.sen.com.au/news/2022/06/16/it-was-discussed-weeks-prior-redmayne-opens-up-on-water-bottle-tactic/>. Acesso em: 8 out. 2024.

GERRARD, S. *Steven Gerrard autobiography*. Londres: Bantam, 2006.

GIANCAMILLI, F. et al. "When the going gets tough, what happens to quiet eye? The role of time pressure and performance pressure during basketball free throws". *Psychology of Sport and Exercise*, v. 58, p. 102057, 1 jan. 2022.

GILBERT, W. D.; TRUDEL, P. "Analysis of coaching science research published from 1970-2001". *Research Quarterly for Exercise and Sport*, v. 75, n. 4, p. 388-399, dez. 2004.

GOLDSCHMIED, N.; NANKIN, M.; CAFRI, G. "Pressure kicks in the NFL: An archival exploration into the deployment of time-outs and other environmental correlates". *The Sport Psychologist*, v. 24, n. 3, p. 300-312, set. 2010.

GRAHAM, K. "Preventive interventions for on-premise drinking: A promising but underresearched area of prevention". *Contemporary Drug Problems*, v. 27, n. 3, p. 593-668, set. 2000.

GRAHAM, K. et al. "Guardians and handlers: the role of bar staff in preventing and managing aggression". *Addiction*, v. 100, n. 6, p. 755-766, jun. 2005.

GRAY, R. "Attentional theories of choking under pressure revisited". In: TENENBAUM, G.; EKLUND, R. C. (Eds.), *Handbook of Sport Psychology* (p. 595-610). John Wiley & Sons, 2020.

GREENLEES, I. et al. "Soccer penalty takers' uniform colour and pre-penalty kick gaze affect the impressions formed of them by opposing goalkeepers". *Journal of Sports Sciences*, v. 26, n. 6, p. 569-576, abr. 2008.

GREENWOOD, B. N.; FLESHNER, M. "Exercise, learned helplessness, and the stress-resistant brain". *NeuroMolecular Medicine*, v. 10, n. 2, p. 81-98, 26 fev. 2008.

GRÖPEL, P.; MESAGNO, C. "Choking interventions in sports: A systematic review". *International Review of Sport and Exercise Psychology*, v. 12, n. 1, p. 1-26, 19 dez. 2017.

GUCCIARDI, D. F. et al. "Experienced golfers' perspectives on choking under pressure". *Journal of Sport and Exercise Psychology*, v. 32, n. 1, p. 61-83, fev. 2010.

HANNAH, S. T. et al. "A framework for examining leadership in extreme contexts". *The Leadership Quarterly*, v. 20, n. 6, p. 897-919, dez. 2009.

HARDY, L.; BARLOW, M.; EVANS, L.; REES, T.; WOODMAN, T.; WARR, C. (2017). "Great British medalists: Psychosocial biographies of super-elite and elite athletes from Olympic sports". *Progress in Brain Research*, 232, 1-119.

HAYES, S. C. et al. "Experiential avoidance and behavioral disorders: A functional dimensional approach to diagnosis and treatment". *Journal of Consulting and Clinical Psychology*, v. 64, n. 6, p. 1152-1168, 1996.

Hayters TV (25 de junho de 2018). Harry Kane | How to take the perfect penalty — England v Belgium. [Vídeo]. YouTube. Disponível em: <https://www.youtube.com/watch?v=b-jsw0Khan7E>

HAZELL, J.; COTTERILL, S. T.; HILL, D. M. "An exploration of pre-performance routines, self-efficacy, anxiety and performance in semi-professional soccer". *European Journal of Sport Science*, v. 14, n. 6, p. 603-610, 24 fev. 2014.

HELMREICH, R. L. "On error management: lessons from aviation". *BMJ*, v. 320, n. 7237, p. 781-785, 18 mar. 2000.

HENDERSON, J. *Jordan Henderson: The Autobiography*. [s.l.] Random House, 2022.

HESHMAT, S. "10 sources of a courageous mindset". *Psychology Today*. Disponível em: <https://www.psychologytoday.com/intl/blog/science-choice/202207/10-sources-courageous-mindset>. Acesso em: 8 out. 2024.

Hiddink, G.; Jordet, G. "The coach nomad". 2019. In: Collins, D.; Cruickshank, A.; Jordet, G. *Routledge handbook of elite sport performance*. Abingdon, Oxon; Nova York, NY: Routledge, 2019.

Hill, D. M. et al. "A qualitative exploration of choking in elite golf". *Journal of Clinical Sport Psychology*, v. 4, n. 3, p. 221-240, set. 2010.

Hobbs, D. "'Door Lore'. The Art and Economics of Intimidation". *British Journal of Criminology*, v. 42, n. 2, p. 352-370, 1 mar. 2002.

Honigstein, R. "Robert Lewandowski: My game in my words". Disponível em: <https://theathletic.com/2775337/2021/08/19/robert-lewandowski-my-game-in-my-words/>. Acesso em: 8 out. 2024.

Horn, M.; De Waal, S.; Kraak, W. "In-match penalty kick analysis of the 2009/10 to 2018/19 English Premier League competition". *International Journal of Performance Analysis in Sport*, p. 1-17, 10 dez. 2020.

Horsinek, J.; Barth, J. C. "Emil (20) var den siste som reddet en Haaland-straffe". Disponível em: <https://www.tv2.no/sport/fotball/emil-20-var-den-siste-som-reddet-en-haaland-straffe/10972183/>. Acesso em: 8 out. 2024.

Howells, K.; Fletcher, D. "Sink or swim: Adversity- and growth-related experiences in Olympic swimming champions". *Psychology of Sport and Exercise*, v. 16, p. 37-48, mar. 2015.

Hsu, K. E. et al. "Experienced surgeons can do more than one thing at a time: effect of distraction on performance of a simple laparoscopic and cognitive task by experienced and novice surgeons". *Surgical Endoscopy*, v. 22, n. 1, p. 196-201, 20 ago. 2007.

Hsu, N.-W.; Liu, K.-S.; Chang, S.-C. "Choking under the pressure of competition: A complete statistical investigation of pressure kicks in the NFL, 2000-2017". *PLOS ONE*, v. 14, n. 4, p. e0214096, 2 abr. 2019.

Hustad, T. Håland tok ballen fra Aursnes: — Jeg er best på straffespark! Disponível em: <https://www.aftenposten.no/sport/fotball/i/xPJ0dj/haaland-tok-ballen-fra-aursnes-jeg-er-best-paa-straffespark>. Acesso em: 8 out. 2024.

Jackson, P.; Delehanty, H. *Cestas sagradas*. Rio de Janeiro: Rocco, 2022.

Jackson, R. C. "Pre-performance routine consistency: Temporal analysis of goal kicking in the Rugby Union World Cup". *Journal of Sports Sciences*, v. 21, n. 10, p. 803-814, out. 2003.

JAFARI, Z.; KOLB, B. E.; MOHAJERANI, M. H. "Effect of acute stress on auditory processing: A systematic review of human studies". *Reviews in the Neurosciences*, v. 28, n. 1, p. 1-13, 1 jan. 2017.

JAMES, E. H.; WOOTEN, L. P. *Leading under pressure: from surviving to thriving before, during, and after a crisis*. Nova York, NY: Routledge, 2011.

JOHNSON, C.; TAYLOR, J. "More than bullshit: Trash talk and other psychological tests of sporting excellence". *Sport, Ethics and Philosophy*, v. 14, n. 1, p. 47-61, 21 out. 2018.

JORDET, G. "Why do English players fail in soccer penalty shootouts? A study of team status, self-regulation, and choking under pressure". *Journal of Sports Sciences*, v. 27, n. 2, p. 97-106, jan. 2009.

JORDET, G. "When superstars flop: Public status and choking under pressure in international soccer penalty shootouts". *Journal of Applied Sport Psychology*, v. 21, n. 2, p. 125-130, 6 maio 2009.

JORDET, G.; ELFERINK-GEMSER, M. T. "Stress, coping, and emotions on the world stage: The experience of participating in a major soccer tournament penalty shootout". *Journal of Applied Sport Psychology*, v. 24, n. 1, p. 73-91, jan. 2012.

JORDET, G. et al. "The 'Russian roulette' of soccer?: Perceived control and anxiety in a major tournament penalty shootout". v. 37, p. 281-298, 1 jan. 2006.

JORDET, G. et al. "Emotions at the penalty mark: An analysis of elite players performing in an international penalty shootout". 2008. In: REILLY, T.; KORKUSUZ, F. *Science and football VI: the proceedings of the Sixth World Congress on Science and Football*. Londres: Routledge, 2011.

JORDET, G.; HARTMAN, E. "Avoidance motivation and choking under pressure in soccer penalty shootouts". *Journal of Sport and Exercise Psychology*, v. 30, n. 4, p. 450-457, ago. 2008.

JORDET, G.; HARTMAN, E.; JELLE VUIJK, P. "Team history and choking under pressure in major soccer penalty shootouts". *British Journal of Psychology*, v. 103, n. 2, p. 268-283, 9 set. 2011.

JORDET, G.; HARTMAN, E.; SIGMUNDSTAD, E. "Temporal links to performing under pressure in international soccer penalty shootouts". *Psychology of Sport and Exercise*, v. 10, n. 6, p. 621-627, nov. 2009.

KELLY, C. "Keylor Navas penalty twist as he fails to get in Newcastle star Isak's head". Disponível em: <https://www.chroniclelive.co.uk/sport/football/football-news/newcastle-penalty-keylor-navas-twist-26519563>. Acesso em: 8 out. 2024.

Kent, S. et al. "The effects of coping interventions on ability to perform under pressure". *Journal of Sport Science and Medicine*, v. 17, p. 40-55, 2018.

Kershnar, S. "For ownership theory: A response to Nicholas Dixon". *Sport, Ethics and Philosophy*, v. 12, n. 2, p. 226-235, 3 abr. 2018.

Kershnar, S. "The moral rules of trash talking: Morality and ownership". *Sport, Ethics and Philosophy*, v. 9, n. 3, p. 303-323, 3 jul. 2015.

Kiefer, A. W. et al. "Antifragility in sport: Leveraging adversity to enhance performance". *Sport, Exercise, and Performance Psychology*, v. 7, n. 4, p. 342-350, nov. 2018.

Krishnan, V. et al. "Molecular adaptations underlying susceptibility and resistance to social defeat in brain reward regions". *Cell*, v. 131, n. 2, p. 391-404, 19 out. 2007.

Laurin, R.; Pellet, J. "Affective responses mediate the body language of penalty taker — decision-making relationship from soccer goalkeepers". *Research Quarterly for Exercise and Sport*, p. 1-8, 16 jun. 2023.

Law changes | IFAB. Disponível em: <https://www.theifab.com/law-changes/latest/>. Acesso em: 8 out. 2024.

Leadership In The Netherlands — crossculture2go — Global Business. Disponível em: <https://crossculture2go.com/leadership-in-the-netherlands/>. Acesso em: 8 out. 2024.

Lebeau, J.-C. et al. "Quiet eye and performance in sport: A meta-analysis". *Journal of Sport and Exercise Psychology*, v. 38, n. 5, p. 441-457, out. 2016.

LFCHISTORY.NET. Dynasty: The Joe Fagan Years 1983-1985 — LFC History — Stats galore for Liverpool FC! Disponível em: <https://www.lfchistory.net/Articles/Article/898/2>. Acesso em: 8 out. 2024.

Lin, L.-L. et al. "The association between watching football matches and the risk of cardiovascular events: A meta-analysis". *Journal of Sports Sciences*, v. 37, n. 24, p. 2826-2834, 9 set. 2019.

Lionel Scaloni: el líder pacífico — Noticias y Protagonistas. Disponível em: <https://noticiasyprotagonistas.com/editoriales/lionel-scaloni-el-lider-pacifico/?_x_tr_sl&_x_tr_tl&_x_tr_hl>. Acesso em: 8 out. 2024.

Long, B. C. "Stress management for the athlete: A cognitive-behavioral model". 1980. In: Nadeau, C. H.; Al, E. *Psychology of motor behavior and sport-1979*. Champaign, Il: Human Kinetics, Cop, 1980.

Lonsdale, C.; Tam, J. T. M. "On the temporal and behavioural consistency of pre-performance routines: An intra-individual analysis of elite basketball players' free throw shooting accuracy". *Journal of Sports Sciences*, v. 26, n. 3, p. 259-266, fev. 2008.

Low, W. R. et al. "Pressure training for performance domains: A meta-analysis". *Sport, Exercise, and Performance Psychology*, v. 10, n. 1, 16 jan. 2021.

Lyons, D. M.; Parker, K. J. "Stress inoculation-induced indications of resilience in monkeys". *Journal of Traumatic Stress*, v. 20, n. 4, p. 423-433, 2007.

Lyttleton, B. Frank de Boer and Dutch penalty trauma. Disponível em: <https://twelveyards.substack.com/p/frank-de-boer-and-dutch-penalty-trauma>. Acesso em: 8 out. 2024.

Lyttleton, B. *Twelve yards: the art and psychology of the perfect penalty kick*. Nova York, NY: Penguin Books, 2015.

Maheshwari, A. (Ed.). "How Emiliano Martinez resorted to dirty mind games during penalties against Columbia" | Watch. Disponível em: <https://www.india.com/sports/copa-america-how-emiliano-martinez-resorted-to-dirty-mind-games-during-penalties-against-columbia-watch-4797671/>. Acesso em: 8 out. 2024.

"Marcus Rashford sorry for penalty but says 'I will never apologise for who I am'". Disponível em: <https://www.theguardian.com/football/2021/jul/12/marcus-rashford-sorry-for-penalty-but-says-i-will-never-apologise-for-who-i-am>. Acesso em: 8 out. 2024.

Martens, R. *Elfmeter!* [s.l: s.n.].

Martens, R. et al. "Development and validation of the Competitive State Anxiety Inventory-2 (CSAI-2)". 1990. In: Martens, R.; Burton, D.; Vealey, R. S. *Competitive anxiety in sport*. Champaign, Ill.: Human Kinetics Books, 1990. p. 117-190.

Masters, R. S. W.; Van Der Kamp, J.; Jackson, R. C. "Imperceptibly off-center goalkeepers influence penalty-kick direction in soccer". *Psychological Science*, v. 18, n. 3, p. 222-223, mar. 2007.

Masters, R.; Poolton, J.; Van Der Kamp, J. "Regard and perceptions of size in soccer: Better is bigger". *Perception*, v. 39, n. 9, p. 1290-1295, jan. 2010.

Mavletova, A.; Witte, J. "Is the willingness to take risks contagious? A comparison of immigrants and native-born in the United States". *Journal of Risk Research*, v. 20, n. 7, p. 827-845, 22 jan. 2016.

McDermott, K. C. P.; Lachlan, K. A. "Emotional manipulation and task distraction as strategy: The effects of insulting trash talk on motivation and performance in a competitive setting". *Communication Studies*, p. 1-22, 5 set. 2021.

McTear, E. Ancelotti: "We have things to work on, but we don't have training time to work on them". Disponível em: <https://www.managingmadrid.com/2023/1/10/23548250/ancelotti-press-conference-valencia-super-cup>. Acesso em: 8 out. 2024.

Memmert, D.; Noël, B. *Elfmeter*. [s.l: s.n.].

Memmert, D. et al. "The role of different directions of attention on the extent of implicit perception in soccer penalty kicking". *Human Movement Science*, v. 70, p. 102586, abr. 2020.

Miller, C. *He Always Puts It to the Right*. [s.l.] Orion Publishing Company, 1999.

Mischel, W.; Grusec, J.; Masters, J. C. "Effects of expected delay time on the subjective value of rewards and punishments". *Journal of Personality and Social Psychology*, v. 11, n. 4, p. 363-373, 1969.

Moll, T.; Jordet, G.; Pepping, G.-J. "Emotional contagion in soccer penalty shootouts: Celebration of individual success is associated with ultimate team success". *Journal of Sports Sciences*, v. 28, n. 9, p. 983-992, jul. 2010.

Moore, L. J. et al. "Quiet eye training promotes challenge appraisals and aids performance under elevated anxiety". *International Journal of Sport and Exercise Psychology*, v. 11, n. 2, p. 169-183, jun. 2013.

Morrison, I. "Keep calm and cuddle on: Social touch as a stress buffer". *Adaptive Human Behavior and Physiology*, v. 2, n. 4, p. 344-362, 29 ago. 2016.

MrFandefoot. C2: Finale 1980: Valence — Arsenal: 0-0 Pen. Disponível em: <https://www.youtube.com/watch?v=C_DBNAc4FdE>. Acesso em: 8 out. 2024.

Mulder, M. et al. "Power, situation, and leaders' effectiveness: An organizational field study". *Journal of Applied Psychology*, v. 71, n. 4, p. 566-570, 1986.

Mukherjee, S. "What is Diego Maradona's record in penalties?". Disponível em: <https://www.goal.com/en/news/what-is-diego-maradona-s-record-in-penalties/blt8308abdd6b4e890b>. Acesso em: 8 out. 2024.

Nair, R. "I told my players to take 1,000 penalties — Spain's Luis Enrique". *Reuters*, 5 dez. 2022.

Navia, J. A. et al. "Self-control in aiming supports coping with psychological pressure in soccer penalty kicks". *Frontiers in Psychology*, v. 10, 27 jun. 2019.

Neff, L. A.; Broady, E. F. "Stress resilience in early marriage: Can practice make perfect?". *Journal of Personality and Social Psychology*, v. 101, n. 5, p. 1050-1067, 2011.

New Paradigm (2022). "Leaders and leading a team". https://presscoaching-com.translate.goog/los-lideres-y-la-conduccion-de-un-equipo/?_x_tr_sl=es&_x_tr_tl=en&_x_tr_hl=en&_x_tr_pto=sc

Nicol, S. (2023). Vídeo no X. https://x.com/adamkeys_/status/1708885240108740934?s=20

Noël, B.; Van Der Kamp, J.; Memmert, D. "Implicit goalkeeper influences on goal side selection in representative penalty kicking tasks". *PLOS ONE*, v. 10, n. 8, p. e0135423, 12 ago. 2015.

Noël, B. et al. "Scan direction influences explicit but not implicit perception of a goalkeeper's position". *Attention, Perception, & Psychophysics*, v. 78, n. 8, p. 2494-2499, 29 ago. 2016.

Nuestro, R. "El liderazgo de Scaloni". Disponível em: <https://rosarionuestro.com/el-liderazgo-de-scaloni-2/?_x_tr_sl&_x_tr_tl&_x_tr_hl>. Acesso em: 8 out. 2024.

n- tv Nachrichten. Pokal-Krimis: Antwort auf Kovac: "Druck beim Elfmeter kann man simulieren". Disponível em: <https://www.n-tv.de/sport/fussball/Druck-beim-Elfmeter--kann-man-simulieren-article20845498.html>. Acesso em: 8 out. 2024.

Oettingen, G.; Marquardt, M. K.; Gollwitzer, P. M. "Mental contrasting turns positive feedback on creative potential into successful performance". *Journal of Experimental Social Psychology*, v. 48, n. 5, p. 990-996, set. 2012.

Oudejans, R. R. D.; Pijpers, J. R. (Rob). "Training with mild anxiety may prevent choking under higher levels of anxiety". *Psychology of Sport and Exercise*, v. 11, n. 1, p. 44-50, jan. 2010.

Oudejans, R. R. D.; Pijpers, J. R. "Training with anxiety has a positive effect on expert perceptual–motor performance under pressure". *Quarterly Journal of Experimental Psychology*, v. 62, n. 8, p. 1631-1647, ago. 2009.

Owusu-Sekyere, F.; Gervis, M. "In the pursuit of mental toughness: Is creating mentally tough players a disguise for emotional abuse?". *International Journal of Coaching Science*, v. 10, 2016.

Palacios-Huerta, I. *Beautiful Game Theory: How Soccer Can Help Economics*. [s.l.] Princeton University Press, 2016.

Pardon, J. "EdF: Didier Deschamps ne compte toujours pas travailler les tirs au but". Disponível em: <https://www.footmercato.net/a6788749745195094769-edf-didier-deschamps-ne-compte-toujours-pas-travailler-les-tirs-au-but>. Acesso em: 8 out. 2024.

Parker, K. J. et al. "Mild early life stress enhances prefrontal-dependent response inhibition in monkeys". *Biological Psychiatry*, v. 57, n. 8, p. 848-855, abr. 2005.

Parker, K. J. et al. "Prospective investigation of stress inoculation in young monkeys". *Archives of General Psychiatry*, v. 61, n. 9, p. 933, 1 set. 2004.

Pearce, S.; Harris, B. *Psycho*. [s.l: s.n.].

Penalty stats across Europe: Manchester United stands out. Disponível em: <https://football-observatory.com/IMG/sites/b5wp/2021/wp364/en/>. Acesso em: 8 out. 2024.

Perry, I. S.; Katz, Y. J. "Pre-performance routines, accuracy in athletic performance and self-control". *Athens Journal of Sports*, v. 2, n. 3, p. 137-151, 31 ago. 2015.

Phillips, M. "'Saudi Arabia win is statistically biggest World Cup shock', say Gracenote". *Reuters*, 22 nov. 2022.

Polzer, T. "Salzburg holte gegen Rapid 'ganz wichtige' drei Punkte". *Sky Sport Austria*. Disponível em: <https://www.skysportaustria.at/salzburg-holte-gegen-rapid-ganz-wichtige-drei-punkte/>. Acesso em: 8 out. 2024.

Powell, H.; Close, M. *Hope: my life in football*. Londres: Bloomsbury Sport, 2017.

Press Association. "Pep Guardiola and Thomas Tuchel prepared for penalties in Champions League final". Disponível em: <https://www.breakingnews.ie/sport/pep-guardiola-and-thomas-tuchel-prepared-for-penalties-in-champions-league-final-1134792.html>. Acesso em: 8 out. 2024.

Quaile, K. "Luis Enrique: 'I chose the first three penalty takers and the rest were decided by the players'". Disponível em: <https://getfootballnewsspain.com/luis-enrique-i-chose-the-first-three-penalty-takers-and-the-rest-were-decided-by-the-players/?expand_article=1>. Acesso em: 8 out. 2024.

Rashford, M. *You Are a Champion*. [s.l.] Pan Macmillan, 2021.

Reason, J. "Human error: models and management". *British Medical Journal*, v. 320, n. 7237, p. 768-770, 18 mar. 2000.

Ricotta, J. "Euro 2016: ne pas s'entraîner aux tirs au but, une erreur des Bleus?". Disponível em: <https://www.europe1.fr/sport/euro-2016-ne-pas-sentrainer-aux-tirs-au-but-une-erreur-des-bleus-2791987>. Acesso em: 8 out. 2024.

Robazza, C.; Bortoli, L.; Nougier, V. "Physiological arousal and performance in elite archers: A field study". *European Psychologist*, v. 3, n. 4, p. 263-270, dez. 1998.

Roberts, J. C. "Bouncers and barroom aggression: A review of the research". *Aggression and Violent Behavior*, v. 14, n. 1, p. 59-68, jan. 2009.

Rogers, T. J.; Alderman, B. L.; Landers, D. M. "Effects of life-event stress and hardiness on peripheral vision in a real-life stress situation". *Behavioral Medicine*, v. 29, n. 1, p. 21-26, jan. 2003.

Rohleder, N. et al. "Stress on the dance floor: The cortisol stress response to social-evaluative threat in competitive ballroom dancers". *Personality and Social Psychology Bulletin*, v. 33, n. 1, p. 69-84, jan. 2007.

ROSING, F.; BOER, D.; BUENGELER, C. "When timing is key: How autocratic and democratic leadership relate to follower trust in emergency contexts". *Frontiers in Psychology*, v. 13, n. 904605, p. 1-18, 2022.

ROTELLA, R. J. "Responding to competitive pressure". 1993. In: SINGER, R. N.; HAUSENBLAS, H. A.; JANELLE, C. *Handbook of sport psychology*. Nova York, NY: Wiley, 2001.

ROTH, A. M. et al. "A robot's expressive language affects human strategy and perceptions in a competitive game". In: IEEE *International Workshop on Robot and Human Communication*, 2019.

RUDI, N.; OLIVARES, M.; SHETTY, A. "Ordering sequential competitions to reduce order relevance: Soccer penalty shootouts". *PLOS ONE*, v. 15, n. 12, p. e0243786, 30 dez. 2020.

RUPPRECHT, A. G. O.; TRAN, U. S.; GRÖPEL, P. "The effectiveness of pre-performance routines in sports: a meta-analysis". *International Review of Sport and Exercise Psychology*, v. 17, n. 1, p. 1-26, 14 out. 2021.

RUSSELL, G.; LIGHTMAN, S. "The human stress response". *Nature Reviews Endocrinology*, v. 15, n. 9, p. 525-534, 27 jun. 2019.

RUSSO, S. J. et al. "Neurobiology of resilience". *Nature Neuroscience*, v. 15, n. 11, p. 1475-1484, 14 out. 2012.

RYDÉN, A.; ASAHARA, M.; BERANDER, M. Seger knäckt efter OS-silvret: "Hela livet rasar". Disponível em: <https://www.aftonbladet.se/sportbladet/fotboll/a/jaBdmw/segers-besvikelse-efter-os-silvret-allt-ar-brutalt>. Acesso em: 8 out. 2024.

SANTOS, R. M. "Effects of psychological pressure on first-mover advantage in competitive environments: Evidence from penalty shootouts". *Contemporary Economic Policy*, 16 ago. 2022.

SARKAR, M.; FLETCHER, D.; BROWN, D. J. "What doesn't kill me...: Adversity-related experiences are vital in the development of superior Olympic performance". *Journal of Science and Medicine in Sport*, v. 18, n. 4, p. 475-479, jul. 2015.

SAVAGE, J.; COLLINS, D.; CRUICKSHANK, A. "Exploring traumas in the development of talent: what are they, what do they do, and what do they require?". *Journal of Applied Sport Psychology*, v. 29, n. 1, p. 101-117, 31 maio 2016.

SENJU, A.; JOHNSON, M. H. "The eye contact effect: mechanisms and development". *Trends in Cognitive Sciences*, v. 13, n. 3, p. 127-134, mar. 2009.

Shields, G. S.; Sazma, M. A.; Yonelinas, A. P. "The effects of acute stress on core executive functions: A meta-analysis and comparison with cortisol". *Neuroscience & Biobehavioral Reviews*, v. 68, p. 651-668, set. 2016.

Slutter, M. W. J.; Thammasan, N.; Poel, M. "Exploring the brain activity related to missing penalty kicks: An fNIRS study". *Frontiers in Computer Science*, v. 3, 7 maio 2021.

Soccer Illustrated. "1994 FIFA World Cup... By the numbers". Disponível em: <https://www.rsssf.org/wk94/numbers.html>. Acesso em: 8 out. 2024.

Southgate, G.; Woodman, A.; Walsh, D. *Woody and Nord: a football friendship*. Londres: Penguin, 2004.

Stein, M. *Chris Waddle*. [s.l: s.n.].

Stephenson, M. D. et al. "Effects of acute stress on psychophysiology in armed tactical occupations: A narrative review". *International Journal of Environmental Research and Public Health*, v. 19, n. 3, p. 1802, 5 fev. 2022.

Stoker, M. et al. "Elite coaches' experiences of creating pressure training environments for performance enhancement". *International Journal of Sport Psychology*, v. 47, n. 3, p. 262-281, 2016.

Story, G. *Anticipating pain is worse than feeling it*. [s.l.] Harvard Business Review, 2014.

Svenson, O. Are we all less risky and more skillful than our fellow drivers? *Acta Psychologica*, v. 47, n. 2, p. 143-148, fev. 1981.

Taleb, N. N. *Antifrágil* (Nova edição). Rio de Janeiro: Objetiva, 2020.

TalkSport. José Mourinho REVEALS the secrets behind Harry Kane's penalty technique. Disponível em: <https://www.youtube.com/watch?v=5wPZmXQ8lwY>. Acesso em: 8 out. 2024.

Tartaglione, N. "World Cup Ratings: Epic Final sets all-time viewing record in France". Disponível em: <https://deadline.com/2022/12/world-cup-ratings-final-all-time-viewing-record-france-tf1-1235202220/>. Acesso em: 8 out. 2024.

Tracy, J. L.; Mercadante, E.; Hohm, I. "Pride: The emotional foundation of social rank attainment". *Annual Review of Psychology*, v. 74, n. 1, p. 519-545, 18 jan. 2023.

Turner, B.; Turner, G. (Produtores). *Capitães do mundo*. [Série de TV], Netflix.

TRIBUNA.COM. "Maradona fumes about Argentina coach Scaloni: Messi's return comforts me, but where's Aguero?". Disponível em: <https://tribuna.com/en/news/fcbarcelona-2020-03-06-maradona-fumes-about-argentina-coach-scaloni-messis-return-comforts-me-but-wheres-aguero/?utm_source=copy>. Acesso em: 8 out. 2024.

Tudo ou Nada: Seleção Brasileira. Amazon, 2020.

UCHINO, B. N.; GARVEY, T. S. "The availability of social support reduces cardiovascular reactivity to acute psychological stress". *Journal of behavioral medicine*, v. 20, n. 1, p. 15-27, 1997.

UEFA. "UEFA Euro 2020 impresses with 5.2 billion cumulative global live audience". Disponível em: <https://www.uefa.com/insideuefa/news/026d-132519672495-56a014558e-80-1000--uefa-euro-2020-impresses-with-5-2-billion-cumulative-globa/>. Acesso em: 8 out. 2024.

VAN, *Penalty!* [s.l: s.n.].

VAN; HIDDINK, G. *Hiddink*. [s.l: s.n.].

VAN DE VOOREN, J. Het verbrande penaltyboekje van Reker. Disponível em: <https://www.nu.nl/jurryt/769085/het-verbrande-penaltyboekje-van-reker.html>. Acesso em: 8 out. 2024.

VAN DER KAMP, J.; SAVELSBERGH, G. J. P. "Duel in de zestien: De penalty wetenschappelijk ontleed". 20/10 Uitgevers.

VAN YPEREN, N. W. "Why some make it and others do not: Identifying psychological factors that predict career success in professional adult soccer". *The Sport Psychologist*, v. 23, n. 3, p. 317-329, set. 2009.

VELDKAMP, J.; KONING, R. H. "Waiting to score. Conversion probability and the video assistant referee (VAR) in football penalty kicks". *Journal of Sports Sciences*, v. 41, n. 18, p. 1692-1700, 1 set. 2023.

VICKERS, J. N. "Visual control when aiming at a far target". *Journal of Experimental Psychology: Human Perception and Performance*, v. 22, n. 2, p. 342-354, 1996.

VÍCTOR MARTÍN J. Scaloni: "¿Pensar ahora en penales? Eso es de mediocres". Disponível em: <https://argentina.as.com/futbol/scaloni-pensar-ahora-en-penales-eso-es-de--mediocres-n/>. Acesso em: 8 out. 2024.

VOLLMER, S.; SCHOCH, D.; BRANDES, U. "Penalty shootouts are tough, but the alternating order is fair". arXiv (Cornell University), 1 jan. 2023.

VROOM, V. H.; YETTON, P. W. *Leadership and decision-making*. [s.l.] University of Pittsburgh Press, [s.d.]. v. 110.

WANG, H. et al. "Associations of cardiovascular disease morbidity and mortality in the populations watching major football tournaments: A systematic review and meta-analysis of observational studies". *Medicine*, v. 99, n. 12, 2020.

WATZLAWICK, P. et al. *Pragmática da comunicação humana: um estudo dos padrões, patologias e paradoxos da interação*. São Paulo: Cultrix, 2002.

Wegner, D. M.; Ansfield, M.; Pilloff, D. "The putt and the pendulum: Ironic effects of the mental control of action". *Psychological Science*, v. 9, n. 3, p. 196-199, maio 1998.

Weick, K. E.; Sutcliffe, K. M. *Managing the unexpected: resilient performance in an age of uncertainty*. San Francisco: Jossey-Bass, 2007.

Weigelt, M.; Memmert, D. "Goal-side selection in soccer penalty kicking when viewing natural scenes". *Frontiers in Psychology*, v. 3, 2012.

Weigelt, M.; Memmert, D.; Schack, T. "Kick it like Ballack: The effects of goalkeeping gestures on goal-side selection in experienced soccer players and soccer novices". *Journal of Cognitive Psychology*, v. 24, n. 8, p. 942-956, dez. 2012.

White, A. Argentina coach: "We're ready for penalties, all 8 teams are good enough for the final". Disponível em: <https://getfootball.eu/argentina-coach-were-ready-for-penalties--all-8-teams-are-good-enough-for-the-final/>. Acesso em: 8 out. 2024.

White, J.; Murphy, D. talksport. [Rádio]. talksport. Disponível em: <https://twitter.com/talkSPORT/status/1414533241835458568?s=20>.

Wilbert-Lampen, U. et al. "Cardiovascular events during World Cup soccer". *New England Journal of Medicine*, v. 358, n. 5, p. 475-483, 31 jan. 2008.

Wilson, M. R.; Richards, H. "Putting it together: Skills for pressure performance". 2011. In: Collins, D.; Button, A.; Richards, H. *Performance psychology: a practitioner's guide*. Edimburgo: Churchill Livingstone Elsevier, 2011.

Wilson, M. R.; Vine, S. J.; Wood, G. "The influence of anxiety on visual attentional control in basketball free throw shooting". *Journal of Sport and Exercise Psychology*, v. 31, n. 2, p. 152-168, abr. 2009.

Witte, D. R. et al. "Cardiovascular mortality in Dutch men during 1996 European football championship: longitudinal population study". *BMJ*, v. 321, n. 7276, p. 1552-1554, 23 dez. 2000.

Wolfers, J. "How Arizona State Reinvented Free-Throw Distraction". *The New York Times*, 13 fev. 2015.

Wood, G.; Wilson, M. R. "A moving goalkeeper distracts penalty takers and impairs shooting accuracy". *Journal of Sports Sciences*, v. 28, n. 9, p. 937-946, jul. 2010.

WorldRugby. "Amazing and nail biting World Cup Conversions!" [YouTube]. Disponível em: <https://www.youtube.com/watch?v=nJheKNA8C8M>. Acesso em: 8 out. 2024.

Wunderlich, F. et al. "Almost a lottery: the influence of team strength on success in penalty shootouts". *International Journal of Performance Analysis in Sport*, v. 20, n. 5, p. 857-869, 30 jul. 2020.

Yip, J. A.; Schweitzer, M. E.; Nurmohamed, S. "Trash-talking: Competitive incivility motivates rivalry, performance, and unethical behavior". *Organizational Behavior and Human Decision Processes*, v. 144, p. 125-144, jan. 2018.

読売新聞オンライン. **W杯クロアチア戦で採用したＰＫ戦の立候補制 森保監督が指名制に変更方針**. Disponível em: <https://www.yomiuri.co.jp/sports/soccer/world-cup/20230219-OYT1T50076/>. Acesso em: 8 out. 2024.

Este livro, composto na fonte Fairfield, foi impresso
em papel Ivory Slim 65g/m², na Leograf.
São Paulo, agosto de 2025.